Leadership in Transition

어제와 다른
리더십

변화와 혁신의 마하경영을 이루다

Leadership in Transition

어제와 다른 리더십

최혜림 지음

생각의힘

토마토로 주스를 만드는 것이 변화라면 토마토로 케첩을 만들어 조미료로 쓰는 것은 혁신이다. 조직혁신은 새로운 관점에서 바라본 모험으로, 사고의 전환에서 시작된다.

최혜림

프롤로그

　　미국에서 '태양의 서커스(Cirque Du Soleil)' 공연을 처음 봤을 때의 감동을 잊을 수 없다. 한마디로 충격적이었다. 화려한 곡예에 뮤지컬, 연극, 발레 요소가 가미되고, 여기에 음악, 스토리, 정교한 무대장치를 더한 종합예술공연로, 기존에 우리가 봐 왔던 동물쇼나 줄타기 서커스와는 차원부터 달랐다.

　　'태양의 서커스'는 1984년 기 랄리베르테(Guy Laliberté)가 창단한 엔터테인먼트 회사로, 서커스의 재창조라는 모토 아래 혁신적인 새로운 형태의 공연으로 많은 관심의 대상이 되고 있다.

　　그는 사막, 우주와 같은 자유로운 공간과 이미지를 추구하며 초현실적 무대를 꿈꾸는 가치정신과 스토리 중심의 구성으로 창의적이고 아이디어 넘치는 엔터테인먼트 회사를 만들어 나갔다. 이후 태양의 서커스는 어린이부터 성인까지 폭넓은 고객층을 확보하였고, 공연 수익 이외의 상품 개발과 캐릭터 인형 및 실황 중계 DVD 판매 등을 통해 고객층을 더욱 확대시켜 나갔다. 전통적인 곡예와 동물쇼 대신 스토리 위주의 재미와 스릴, 감동의 예술과 테크놀로지의 결합이라는 융합 콘텐츠로 하향세의 서커스를 새로운 장르의 공연예술로 변모시킨 것이다.

태양의 서커스는 영감적 비전과 가치 창출, 스토리를 만들어 가는 문화 전파, 창조적 끼와 도전적 인재를 뽑기 위해 독특한 채용 제도를 채택하고 있다. 45여 개국의 국적을 망라하는 다양한 인종, 12세 소년에서 70세 노부부에 이르는 다양한 연령대가 함께 협력하는 조직문화를 가지고 있어 전 세계인의 문화코드에 부합되는 작품을 계속 선보이고 있는 것이다. 여기에 특급인재로 선발된 단원에 대해서는 최고의 대우를 해 주며, 만일에 있을 사고를 대비하여 각종 장비에 대해 철저한 과학적 안전체계를 마련해 놓고 있어 평균 근속 연수가 15년에 달한다.

다니엘 라마(Daniel Lamarre) 대표는 "위대한 쇼를 만들면 당연히 흥행할 수밖에 없다. 우리는 처음부터 사업적인 틀 안에서 공연을 만들지 않는다. 쇼 자체를 독창적으로 만드는 데만 최선을 다한다. 사업은 그 다음이다."라고 강조하였다.

남들이 모두 불가능하다고 여기는 일에 도전하는 일, 경계를 허물어 버리는 융복합적 사고, 새로운 고객의 창출과 확장, 비전과 가치 전파, 스토리텔링, 독특한 시스템적 지원을 아끼지 않는 조직문화가 바로 태양의 서커스의 혁신을 이룬 원동력이다.

　태양의 서커스는 창조와 융합, 도전과 혁신의 아이콘 기업이라고 할 수 있다. 우리나라의 기업이 혁신을 원한다면 바로 태양의 서커스를 벤치마킹하라고 권하고 싶다. '혁신'은 리더로부터 나오고, 조직문화를 통해 전사적으로 발전되기 때문이다.

2014년

최혜림

· 차례 ·

—— 1부 ——

서문: 변화하는 리더십

Leadership in transition

1

시대가 변하면 모든 것이 변하는 법이다

시대가 변하면 모든 것이 다 변하는 법이다.
옛날의 선(善)이 지금의 선(善)으로 통용될 수 있다고 말할 수 없다.
– 한비자

과거에는 각 개인의 능력이 리더의 중요한 요건이었다면, 현대는 조직의 힘이 경쟁력이 됨에 따라 통합적인 능력을 갖춘 다수의 리더가 요구되고 있다. 즉 과거에는 군주, 영웅처럼 위대한 인물 위주의 개인 역량이 전체 집단의 임무 수행 성패에 결정적인 것으로 간주되었기 때문에 리더와 조직원 간의 관계는 권력과 힘에 의한 일방적, 상하수직적 구조를 형성할 수밖에 없었다. 현대에 들어서 사회적 가치관의 흐름이 수평적 방향으로 변화하고, 조직의 규모도 확장됨에 따라 리더십의 개념도 달라지게 되었다. 사람들의 의식구조 역시 생존과 보호 차원의 욕구에서 자유, 평등, 자아실현 같은 고차원적 동기를 추구함에 따라 지시와 명령만으로는 조직원을 동기화시키기도, 목표를 달성하기도 어렵게 되었다. 이에 따라 현대적 리더십은 리더와 조직원 간의 쌍방적·교호적 관계가 중요한 요소가 되고 있다.

시대가 요구하는 리더십을 비유할 때 흔히 물소와 기러기 떼를 예로 들곤 한다. 두 동물 모두 무리를 지어 다니는 공통점이 있다. 미국의 인디언 부족민들이 물소 떼를 잡기 위해 취한 방법은 비교적 간단한데, 물소 떼의 우두머리를 유인하여 절벽으로 떨어지게 하는 것이었다. 그러면 나머지 물소 떼들이 우두머리를 따라 우수수 절벽으로 떨어졌다. 물소 떼의 예는 1인 리더에 치중된 과거의 리더십 유형으로, 명령하는 리더와 아무 생각 없이 명령을 기다리는 추종자 간의 상하구조를 나타낸다.

V자 형을 지어 날아가면서 71%의 부양효과를 일으키는 기러기 떼는 선두의 기러기가 지치면 돌아가면서 리더 자리를 대체한다. 동료 기러기가 병들었거나 총에 맞으면 좌우에 있는 기러기가 자동적으로 팀에서 이탈하여 동료를 치료한다. 동료가 회복되면 다시 복귀하고, 죽었을 경우에는 죽음을 같이 맞이한 후에 다른 무리를 찾아 나선다. 이들은 서로 협력하는 공동체 의식을 바탕으로 쌍방적·교호적 관계를 유지한다.

오늘날과 같은 현대화 시대에서 필요로 하는 리더는 기러기 떼처럼 책임분담이 가능한 다수의 팀 리더이다. 서로의 역할 분담이 가능하고, 격려하고 코칭하는 새로운 스타일의 리더십이다. 현대의 리더십은 힘과 권력에 의한 추종이 아닌 신념과 가치철학, 조직의 비전으로 조직원들을 일치 단결시켜 자아실현 욕구를 실현시키는 데 그 목적을 두어야 한다.

소크라테스는 "진정한 리더는 자신의 이익이 아니라 추종자의 이익을 찾는 사람이다."라고 하였다. 기원전 고대 그리스 철학자의 말이 현대의 시대 상황과 잘 맞아떨어진다. 리더십은 개인의 이익 추구가 아니라 조직원과 조직을 우선시하는 마음에서 시작되어야 한다.

21세기 들어 시대가 요구하는 새로운 리더십은 무엇이며, 현대인이 원하는 리더십은 무엇인지에 대해 명확히 짚고 넘어갈 필요가 있다. 20세기는 포털 중심으로 정보를 가공해 대중에게 전달하는 형식으로, 이때의 리더십은 수직 구조를 나타냈다. 그런데 21세기는 웹 기반으로 대중이 얼마든지 직접 정보를 선택할 수 있어 리더십 역시 탈권위적이며 수평 구조를 띠고 있다. 따라서 변화의 21세기를 살아가는 현대인들은 조직의 팔로워인 동시에 팀 리더의 역할을 수행하는 유연한 사고가 요구된다. 이것은 모든 것이 예측하지 못할 정도로 빨리 움직이는 디지털 모바일 시대에서의 생존과 적응을 위해 불가피한 것이다. 변화에 민감하고 역동적으로 대처하면서 지식과 지혜를 겸비한 이성과 감성의 새로운 리더가 필요한 것도 이 때문이다.

한편 변화의 속도가 가속화됨에 따라, 요구되는 리더십의 역할 비중도 점차 증가하고 있다. 얼마 전까지만 해도 유능한 최고경영자들이 리더십 업무에 할당하던 시간이 40%이었던 지금은 80%에 이르며, 하위관리자도 20% 정도의 시간을 할애한다고 한다(존 코터, 변화의 리더십).

고대나 중세, 근대에 이르기까지 리더십은 '사람을 움직이는 힘'이었다. 그런데 현대의 리더십은 사람을 어떻게 움직이느냐 하는 과정에 관심이 집중되고 있다. 현대의 리더십은 비전과 전략을 개발하고, 조직원을 올바른 자리에 배치하며, 목표 달성을 위해 적절한 권한과 책임을 위임하는 활동 과정으로, 리더의 능력과 자질 못지않게 직관과 감성의 통합감각을 요구하고 있다. 즉 21세기가 요구하는 리더십은 변화를 감지하여 비약적인 혁신을 주도·창출하고, 이와 동시에 조직원을 동기화하는 능력이 추가적으로 요구된다.

2

리더는
셰르파 역할을 한다

**당신이 변하지 않는 한,
이미 갖고 있는 것 말고는 아무것도 얻을 수 없다.**
– 제임스 론

현대의 기업 생태계는 변화의 속도에 적응하고, 그 가속도에 발맞추어 혁신할 수 있는 리더를 원한다. 21세기형 리더가 되기 위해서는 대학과 대학원에서 배운 전공과목의 전문성은 물론이고, 문제해결 능력과 전략적 응용능력, 융복합적 사고방식을 갖추어야 한다.

클라크(Clark)와 에스테스(Estes)는 기업체 연수과정을 정보, 단기적 · 장기적 직업 훈련, 교육으로 구분지으면서, 훈련은 노하우를 습득시켜 주는 반면에 교육이란 보다 높은 차원의 문제해결 능력을 계발시켜 주는 데 목적이 있다고 하였다. 현대 사회의 인재는 세상을 앞서보는 통찰력을 비롯하여 사람을 다루는 능력, 위기관리 능력, 글로벌 역량까지 갖춘 스페셜리스트(specialist)이면서 동시에 제너럴리스트(generalist)이어야 한다.

각 대학마다 생겨나는 MBA와 EMBA, Global EMBA 프로그램들, 기업 리더십 센터, 사설 컨설팅 및 온라인 교육 프로그램 회사, 각종 명사 초청 강연의 범람은 우리가 평생 교육의 시대에 살고 있다는 것을 반증해 주고 있다. 이러한 현상은 직업능력 개발과 인적자원 개발이라는 단기적 또는 중기적 차원의 교육이 아니라 개인의 재능과 잠재력을 최대한 실현시킬 수 있는 보다 장기적이고 고차원의 교육 프로그램이 필요하다는 것을 암시한다.

오늘날에는 국제화와 무역의 확대로, 제품경쟁력 강화가 기업에게 주어진 중대 미션이다. 시장 다변화에 따른 조직의 비대화는 다국적 기업과 글로벌 기업의 등장으로 이어지고, 이에 맞추어 해외 생산 거점에 맞는 효율적 업무수행 능력과 인적자원 개발을 동시에 관리할 수 있는 다수의 리더를 필요로 한다. 급변하는 시장경제 상황에서 선도하는 기업만이 생존할 수 있으므로 업무수행 능력과 인적자원관리 능력을 동시에 갖춘 인재를 요구하는 것은 필연이다. 기업교육은 물론이고 어린이, 청소년, 대학생에게까지 리더십 교육이 필수과목이 되고 있는 것도 이 때문이다.

우리는 과거의 리더십과 조직문화로는 생존하기 쉽지 않은 시대에 살고 있다. 시대의 움직임을 따라가고 모방, 발전시켜 나가는 속도보다 세상은 더 빨리 움직이고 있다. 따라서 세상을 앞서보는 통찰력과 의사결정에 필수적인 직관적 감각, 계획을 구상하고 실행하는 전략적 사고가 무엇보다 중요하다. 100년 존속 기업의 역사를 만들 수 있는 방법은 리더의 변화 리더십과 조직문화의 혁신에 달려 있다. 조직이 존재한다면, 그 조직은 성공해야 한다. 존속하지 못하는 조직은 더 이상 사회에 기여할 힘이 없기 때문이다. 그리고 성공하는 조직을 위해 반드시 필요한 것이 리더십이다.

21세기 리더가 해야 할 과제는 다음과 같다.

첫 번째, 미래를 앞서 바라보는 조직으로 재정비하기 위해 리더의 변화가 선행되어야 한다. 오늘날에는 리더십을 얼마나 효과적으로 발휘하느냐가 조직 성공에 필수적인 요소이다. 리더는 보다 효과적인 리더십을 주도하기 위해서 조직원과의 빈번한 접촉을 필요로 한다. 이를 위해서는 리더가 먼저 변화해야 한다. 종래의 수직적인 리더십에서 탈권위적이고 수평적인 리더십으로 바뀌어야 하는 것이다. 야단치고 명령하는 권위적 리더, 경청하지 않고 자신의 주장만 관철하려고 하는 보수적 리더, 개인의 능력에 자만하여 팀과 함께 일하지 못하는 소위 엘리트형 리더로는 현대의 발전 속도를 따라가지 못할 뿐만 아니라 재능과 멀티형 지식을 겸비한 다양한 조직원을 관리하지 못한다.

두 번째, 자신의 조직에 맞는 기업문화의 혁신과 현재의 리더를 대체할 젊은 리더의 육성이다. '나 자신'이 조직의 리더라면, 현재의 조직문화가 조직원의 미래 성장과 개발에 도움이 되고 있는지, 그들의 업무 증진과 장기적 발전에 기여하고 있는지 살펴보기를 바란다. 또한 나를 대신할 젊은 리더를 육성하고 있는지 진지하게 자문해 보기를 바란다.

리더의 역할 변화는 조직문화의 변화를 선도함과 동시에 창의적이고 젊은 다수의 리더의 육성으로 이어진다.

"내가 원하는 답을 쓴 사장은 아무도 없다. 1년 앞도 내다보기 힘들 정도로 빠르게 변하는 현실 앞에서 5~10년 후를 예측하는 것은 불가능한 일이다. 결국 해답은 이와 같은 변화에 능동적으로 대처할 수 있는 인재를 구하고 키우는 것이다." 삼성의 이건희 회장이 한 말이다.

기성세대가 새롭게 변화된 리더 역할을 겸허히 받아들이고, 조직문화를 재편성하여 새롭게 성장할 리더를 키워야 하는 이유는 한 가지이다. Y세대라고 불리는 젊은 세대는 지금보다 훨씬 더 예측 불가능한 글로벌 생태계에서 대한민국을 짊어져야 할 운명이기 때문이다. 기성세대는 신세대 리더를 위해 기꺼이 그들의 셰르파가 되어 주어야 한다.

2부

21세기 리더의 역할

Leadership in transition

1

리더는 팔로워인 동시에 리더여야 한다

리더는 잘 따르는 사람이다.
– 볼테르

리더는 팔로워

리더의 역할은 이끄는 일이다. 하지만 따르는 사람이 없으면 더 이상 리더라고 할 수 없다. 그만큼 리더에게 있어서 팔로워의 존재는 값진 것이다. 우리는 어릴 때부터 1인자, 1등, 금메달, 반장, 회장 등 최고의 위치에 대한 주변의 염원과 기대만을 듣고 자라 왔다. 따라서 남을 따르는 정신, 즉 팔로워십이 리더십의 시작이라고 하면 많은 사람들이 의아해 한다.

미국의 부모는 어린 자녀들에게 정직하라고 하고, 일본의 부모는 남에게 폐를 끼치지 말라고 하며, 우리나라의 부모는 기죽지 말라고 요구한다는 우스갯소리가 있다. 우리나라 부모들은 자녀가 1등인 리더가 되기를 원하지, 훌륭한 2인자 또는 나머지 팔로워가 되라고 말하지 않는다. 팔로워를 리더십의 반대 의미로 지도자를 따르고 복종과 충성의 의미로 여기기 때문이다. 하지만 근래에 와서 팔로워의 존재 의미와 역할의 중요성에 대한 논의가 활발히 이루어지고 있다. 팔로워의 호응 없이는 리더의 리더십이 존재하지 않기 때문이다.

나는 리더십 강의 첫 시간에 6하 원칙에 의해 리더란 누구이며, 무슨 일을 하는지, 언제, 어떠한 리더를 요구하는지, 그리고 왜 필요한지에 대한 기본적인 질문을 학생들에게 던지고 자유롭게 토론하는 시간을 갖는다.

리더란 어떠해야 하는가라는 질문에 한 학생이 다음과 같은 재미있는 답변을 한 적이 있다. 조직의 리더란 팔로워와 리더를 합친 팔로워더(followerder)라고 하면서 리더란 단지 자신의 판단에 따라 조직원들을 이끌기만 하는 존재가 아니라 동시에 조직원의 의견을 따를 줄 아는 사람이라고 하였다.

실제로 리더란 동시에 팔로워라고 말한 CEO가 있다. 바로 전 사우스웨스트항공 회장인 허브 캘러허(Herb Kelleher)이다. 그는 "리더십이란 하인 노릇하기라고 말하고 싶다. 뛰어난 리더는 동시에 훌륭한 팔로워이어야 한다. 또한 직원들을 위해 기꺼이 위험을 감수해야 한다."라고 하였다. 그는 조직의 리더가 직원들을 정성으로 대하면, 그들 역시 회사는 물론이고 고객을 진심으로 섬기게 된다는 사실을 깨달았다. 이 경영 철학을 실제 현장에서 몸소 일관되게 보여 준 사람이 바로 캘러허이다(김강석, CEO 파워).

조직원들이 즐겁게 일하는 기업공간을 만들고자 한 캘러허는 '펀 경영'을 경영철학으로 삼았다. 사업전략에 있어서 고객, 주주, 직원 중 직원을 최우선으로 여겼으며, 고객이 무조건적으로 항상 옳은 것으로 여겨지는 기업 속성을 탈피하여 소란을 피워 직원을 괴롭히는 고객은 상대하지 않아도 된다고 주문하였다. 그리고 "자기 자신을 이끌려면 머리를 사용하고, 다른 사람을 이끌려면 따뜻한 가슴을 이용하라."라고 하였다. 실제 자신에게는 철저한 미래 대비와 전략적 사고를 중요시하면서, 직원에게는 유머와 애정을 표현함으로써 직원들이 리더로부터 존중받고 있음을 느끼게 해 주었다.

조직관리 전문가인 로버트 캘리(Robert Kelley) 교수는 "한 명의 리더보다 99명의 팔로워가 회사를 키운다. 조직의 성공에 리더의 기여분은 20% 정도이고, 나머지 80%는 팔로워의 기여"라고 하였다. 조직문화 형성에 가장 중요한 축은 바로 리더와 팔로워의 관계라고 해도 과언이 아닐 것이다.

리더는 조직원이 회사에 적응하고 자신들의 능력을 펼치며, 자기계발이 가능한 조직 환경을 조성해 주어야 한다. 조직원들에게 필요한 정보와 교육이 가능한 학습문화를 형성하여, 역량에 따라 도제식 훈련, 멘토링, 코칭, 위임으로 조직원들의 잠재력을 끌어내 주는 역할을 해야 하는 것이다. 이와 같이 조직의 리더는 명령하는 사령관에서 도움을 주는 교사의 역할로 옮겨가고 있다. 한 사례를 살펴보자.

1987년 가브리엘 오즈라는 이름의 한 소년이 군에 입대하였는데, 그는 6개월 만에 동료 6명과 함께 선발되어 기초훈련을 이수하고 레바논의 실제 전투 지역에 투입되었다. 가브리엘은 그곳에서 유능하고 빠른 상황판단으로 능력을 인정받았다. 이후 가브리엘은 부대에 복귀하여 새로운 지휘관인 유발의 지도를 받게 되었다. 유발은 실력 있는 지휘관이었지만, 자신의 유능함을 부하들에게 주지시키려고 공개적으로 가브리엘을 야단치곤 하였다. 이후에도 유발은 빈틈없는 감시를 하면서 가브리엘과 그의 팀을 꾸준히 나무랐다. 가브리엘은 촉망 받는 젊은 병사였지만 계속되는 지적으로 실수가 많아지면서 능력 면에서 형편없어져 버렸다. 유발은 그를 퇴소시켜야 한다고 훈련단에 건의하였지만, 가브리엘은 관리 규약에 따라 다른 장교의 지휘 하에 한 번 더 훈련을 받을 수 있는 기회를 얻었다.

새로운 훈련 중대장인 라이어는 매뉴얼도 없는 복잡한 상황에서 가브리엘에게 여기에서 무엇을 할 것인지, 어떻게 대응할 것이지 요구하였고, 가브리엘은 복잡한 훈련을 완벽하게 해냈다. 라이어 중대장은 가브리엘에게 "귀관은 유능한 장교가 될 수 있네."라며 칭찬을 아끼지 않았으며, 결국 가브리엘은 눈부신 성적으로 장교 학교에서 1등을 하고, 최고의 전차장 자리에까지 올랐다(리즈 와이즈먼, 멀티플라이어).

가브리엘의 이야기는 동일인물이 상사의 유형에 따라 얼마나 다른 능력을 보여 주는지, 다른 조직 환경에서 조직원의 역량이 어떻게 다르게 발현되는지를 보여 주는 좋은 예이다.

리즈 와이즈먼(Liz Wiseman)은 조직원의 능력을 감소시키는 디미니셔(Diminisher)와 아랫사람을 더 유능하게 만드는 멀티플라이어(Multiplier)의 두 유형의 리더가 있다고 하였다. 조직원들의 재능과 역량을 도리어 사장시키는 리더가 있는 반면에 조직원의 장점을 끌어내어 집단지성으로 활용하는 리더가 있는 것이다. 와이즈먼이 강조한 것은 조직원이 얼마나 똑똑한가가 아니라 리더가 얼마나 그들의 잠재 능력을 이끌어 내어 활용할 수 있는가를 조직 성공의 열쇠로 보았다. 그의 연구에 따르면 멀티플라이어 상사가 디미니셔 상사보다 조직원의 능력을 최소 2배 정도 더 이끌어 낸다는 점이다.

상사가 끊임없이 감시하고, 매번 간섭하고, 실수할 때마다 비난한다면, 높은 스트레스와 사기저하로 일은 점점 더 꼬이고 망치기 마련이다. 리더란 조직원을 훈육시킴과 동시에 그들의 존재감을 인식하고 그들이 얼마나 중요한 사람들인가를 인정해 주어야 한다. 실수를 하였을 때 그 원인을 질문하고 탐색하고 솔루션을 함께 찾아 다음에 같은 실수를 하지 않도록 도움을 주어야 한다. 그래야 조직원들이 새로운 것에 도전하고 맡은 책임에 열정적으로 헌신할 수 있다.

리더는 때론 엄하게, 때론 그저 묵묵히 지켜보기도 하여야 하며, 『칭찬은 고래도 춤추게 한다』라는 책이 있듯이 필요할 때 칭찬과 격려, 피드백으로 관심을 나타내야 한다. 조직원의 업무 과정 속에서 비난보다는 원인을 찾아내고, 명령하기보다는 도전하도록 권장하며, 통제보다는 지원을 해 주고, 혼자 모든 결정을 내리기보다는 조직원의 말을 경청하고 협업할 줄 알아야 팔로워로서의 리더십을 갖추었다고 할 수 있다.

가브리엘의 이야기에 나오는 첫 번째 상사인 유발은 조직원에게 경쟁심을 가진 사람이었다. 그는 부하를 공정하게 평가하는 데 실패하였다. 대학생에게 그들이 원하는 교사상에 대해 질문하면, 과제를 시키기 전에 반드시 알아야 될 가이드라인과 지시문을 정해 주는 사람이라고 한다. 회사에서도 마찬가지이다. 회사 직원들 역시 제안서를 제출하였을 때 잘못 썼다고 야단만 치는 상사보다는 무엇이 잘못되었는지 알려 주고, 제때 필요한 건설적인 피드백을 해 주는 상사를 원한다. 현대의 리더는 우월한 지휘자로서 군림하기보다는 조직원의 재능을 인정하고 그들이 베스트가 되도록 도와주는 사람이어야 한다. 리더와 조직원은 서로 협력자가 되어야 하는 것이다. 이러한 환경과 분위기를 조성하는 사람이 바로 리더이다.

"누군가가 강을 건널 수 있도록 배를 노 저어 주세요. 보세요, 당신도 어느새 강을 건너왔습니다." 이처럼 리더로서의 팔로워 정신이란 명령하고 훈계하는 상사의 모습이 아닌 조직원들의 강점을 찾아내고 애로사항을 들어주는 상사이다. 그들은 조직원이 최고가 될 수 있도록 애쓰는 조력자의 모습을 보여 준다.

일본의 애니메이션을 영화화한 "노다메 칸타빌레"는 천재소녀 노다메와 유능한 오케스트라 상임 지휘자 치아키 두 인물이 메인 스토리라인을 형성하고 있다. 위의 드라마를 모티브로 한 우리나라 드라마 "베토벤 바이러스"는 오랫동안 오케스트라 단원을 꿈꿔온 아마추어 음악인들과 실력은 있지만 고집이 센 한 지휘자와의 좌충우돌 이야기를 그리고 있다. 두 드라마에서는 모두 지휘자의 역할이 얼마나 중요한지, 그리고 지휘자에 따라서 연주자들의 능력이 얼마나 달라질 수 있는지를 잘 보여 준다.

　지휘자는 개개의 악기를 모두 다루지 못한다. 하지만 연주자 각각의 개별 소리를 모두 들을 줄 안다. 그들에게 경청은 필수이다. 지휘자는 각각의 소리를 내는 오케스트라의 소음과 같은 불협화음을 조화의 앙상블로 빚어낸다. 연주자들은 지휘자의 지도 아래 상호 신뢰와 인정으로 조화를 통해 성장, 발전해 나간다.

　조직의 리더도 이와 마찬가지이다. 리더는 조직원 각자의 재능을 인정하고 우선적으로 그들의 말을 경청해야 하는 팔로워이다. 지휘자가 연습과 눈빛, 지휘봉으로 조직을 일원화하는 것처럼, 조직의 리더는 대화와 토론을 통한 소통과 공감, 단일화된 비전을 공유함으로써 조직을 통일화시켜야 한다.

팔로워는 리더

올바른 팔로워의 역할

국내 유통업계 최장수 CEO인 이승한 홈플러스 회장은 훗날 CEO 재목감이라고 판단되는 직원에 대해 다음과 같이 언급하였다.

"허드렛일을 잘하는 사람입니다. 하찮은 일이라도 최선을 다하고, 다른 사람을 배려하는 사람은 반드시 눈에 들어오기 마련입니다."

올바른 팔로워란 조직의 구성원으로서 리더의 지시를 따름과 동시에 리더를 올바르게 보좌하고 조직의 발전을 도모하는 사람이다. 좋은 팔로워는 성실함과 정직, 도덕성, 책임감을 갖추고 있다. 이러한 팔로워는 신뢰와 신용을 얻기 마련이다. 그런데 그들은 좋은 품성을 뛰어 넘는 역할까지 해야 한다. 겸손과 신뢰를 바탕으로 자신의 소신을 확실하게 표현하고, 상사와 동료를 존중하여 의견을 제시하는 사람이 올바른 팔로워의 모습이다.

최고의 팔로워는 스스로 판단하여 일을 찾아서 해내는 창의적인 사람이다. 리더라고 해서 모든 상황에 자신 있게 결단을 내리는 사람은 많지 않다. 자신들의 판단에 늘 100% 자신하고 있지 않다는 뜻이다. 이러한 순간에 필요한 정보를 제공해 주는 사람, 상사보다 더 깊게 그 일의 목표치와 기대치를 고민하고 있는 사람, 자신의 전문성을 바탕으로 각종 데이터를 분석해 제안하는 사람, 결과에 따라 다양한 대안을 제시하는 사람은 팔로워로서 리더의 역할에 충실한 사람이다. 사실 이러한 팔로워가 있기에 리더가 존재할 수 있는 것이다.

현재의 나는 자신의 업무 성과와 아이디어를 상사가 채 갔다고 억울해하며 원망하고 있는가? 아니면 리더의 존재가 부각되도록 적극적으로 나서서 일하고 있는가? 장기적인 측면에서 훌륭한 팔로워의 역할에 충실할 때 더 빨리 리더가 되는 법이다. 또 그래야 자신이 리더가 되었을 때 자신과 같은 팔로워를 만날 수 있다.

요시다 덴세는 『조직을 성공으로 이끄는 리더십, 팔로워십』에서 현대의 분권화, 전문화 조직 안에서는 리더 혼자의 힘으로 조직을 이끌 수도 성공시킬 수도 없음을 역설하고 있다. 그는 팔로워의 유형을 네 가지로 설명한다. 공헌은 별로 하지 않으면서 비판만 일삼는 '파괴자', 비판과 공헌을 균형 있게 사용하여 성과를 거두려는 '협력자', 상사와의 관계 자체를 외면하고 적극적으로 행동할 의사가 희박한 '도피자', 비판은 별로 하지 않고 공헌만 하는 '종속자'이다. 나는 과연 어떠한 유형의 팔로워인가?

진정한 팔로워란 단순히 연봉과 승진을 위해 일하지 않는다. 명령과 지시를 무조건적으로 따르는 구성원이 아니라 소신을 갖고 공동의 목표를 향해 움직이며 리더를 묵묵히, 그리고 한결같이 돕는 사람이다. 요시다 덴세는 진정한 팔로워가 되기 위해 주어진 역할에 충실하려는 '공헌력'과 자신의 사고를 토대로 행동하려는 '비판력'을 두루 갖춘 진짜 실력파가 되어야 한다고 말한다.

"대기업에서 착실하게 말 잘 듣고 능력을 발휘하면 상무이사 정도까지는 될 수 있다. 그러나 사장 자리는 다르다. 베팅을 해야 한다." 베팅이란 대기업 오너의 지시에 맞서 자기만의 의견을 내는 일이다. 수동적으로 따르는 것이 아니라 목을 걸고 "이게 더 좋은 방법입니다."라고 말하는 용기이다. 오너가 이견을 받아들일 자세가 되어 있는지 내다보는 '감각'은 필수이고, 받아들여진 의견이 실제 성공으로 이어지는 '사후 입증책임'도 자신이 져야 한다. 통하면 사장 승진이고 실패면 보따리를 싸야 한다(중앙일보, 분수대, 2012. 9. 25).

대부분의 사람들은 리더에게 솔직한 제안을 하기 힘들어한다. 이런 제안을 하면 동료나 상사가 "나를 어떻게 생각할까?" 고민하다가 조직에 도움이 되는 의견조차도 삼켜버리기 싶다. 특히 우리나라의 오래된 관료적인 조직문화 하에서는 더욱 그러하다. 가만히 있는 것이 상책이라고 여긴다. 가만히 있으면 중간은 가기 때문이다.

나는 수업 첫날 학생들에게 리더십 수업에 대한 소개를 자세히 하는 편이다. 학생들이 자신에게 필요한 과목을 신중하게 선택하길 바라기 때문이다. 이때 학생들이 원하는 바와 기대하는 바에 대해 질문하면 아무런 요구나 제안도 꺼내지 않다가 학기를 다 마친 후 교수 평가 항목에서 자신이 기대한 바와 달랐다고 적는 학생이 있다. 나는 자신의 의견을 솔직하게 제시하고 답변하는 학생들을 선호한다. 실제로 리더는 어느 조직이건 간에 건설적인 방향으로 제안과 대안을 내는 조직원들을 고맙게 생각한다. 솔직하게 의견을 나누는 문화를 형성하기 위해서는 리더의 열린 마음이 필수적이지만, 무조건적인 '예스맨'보다는 의견을 제시하는 '도전맨'을 가까이 두는 지혜를 발휘해야 한다. 팔로워는 리더에게 무조건 찬성하고 반대하기보다는 정당한 이유와 대안을 제시할 줄 아는 예의와 실력, 그리고 융통성 있는 의사소통 능력을 갖추어야 한다.

어느 회사에서 새로 이전하는 5층 신사옥에 엘리베이터를 설치할지 말지 의사결정을 해야 하는 일이 있었다. 그런데 총무부장이 계속 회장의 의견을 물었다.

"엘리베이터를 설치해야 될까요?"

"설치하지, 뭐."

"그런데 동력자원부에서 5층까지는 설치하지 못하게 합니다."

"그러면 설치하지 마세요."

"그런데 생각해 보니까 사세가 확장되면 건물을 더 올릴 텐데 그때를 대비해서 설치해야겠습니다."

"그러면 그렇게 하세요."

"그런데 현재는 5층이라서 규정상 설치하지 못합니다."

"그러면 설치하지 마세요."

"그런데 6층을 올리려면 설치해야 하는데요?"

"당신이 초등학생이야? 총무부장이면 대안을 가져와야지 자꾸 어떻게 하냐고 나한테 물어보면 어떡하란 말이야."

총무부장은 명문대를 나온 사람이었는데 결국 해고되었다.

"회장님, 우리 신사옥은 현재 5층입니다. 동력자원부 규정상 5층 이하 건물에는 엘리베이터를 설치하지 못하게 되어 있습니다만, 우리는 내년에 신입사원이 더 들어오고, 앞으로 사세가 확장되면 건물을 더 올려야 됩니다. 그때를 대비해서 6층 건물로 아예 인가를 받아 놓겠습니다. 그리고 5층까지만 짓고 6층은 나중에 올리겠습니다. 그리고 엘리베이터를 설치하겠습니다." 만약 이렇게 말하였으면 그 사람은 해고되지 않았을 것이다. 실제로 이 기업은 나중에 6층을 올렸다(조서환, 모티베이터).

리더라고 모든 분야에 전문가일 수는 없다. 리더가 원하는 팔로워는 눈치 보고 비위 맞추는 사람이 아니다. 최고의 임원은 즉흥적 답변이 아닌 적절한 제안과 대안을 마련할 줄 아는 용기 있는 조직원이다. 팔로워십은 리더가 되는 첫 관문이다. 리더로 성공하고 싶다면 우선 훌륭한 팔로워가 되어야 함을 잊지 말아야 한다.

주인의식

워런 버핏(Warren Buffett)은 1년에 한 번씩 자신과의 점심식사를 경매에 부친다. 그는 수십억 원을 지불한 경매 당첨자와 점심식사를 하면서 자신이 전해 주고 싶은 인생 지혜의 보따리를 건네준다. "자신을 행운아로 생각하라", "스스로 판단하고 인내하라.", "정말로 사랑하는 일을 하라.", "이미 이루어졌다고 믿어라.", "현명한 동료를 사귀어라.", "베풀며 검소하게 살아라."와 같은 덕담이다.

"주인으로서의 책임감을 갖고 최선을 다하는 것, 직장인이라면 자신의 돈으로 투자하고 판매하는 것처럼 '절박하게' 고민하고 행동해야 성공할 수 있다. 단순히 '대리인'이라는 생각으로 적당히 행동해서는 결코 치열한 경쟁에서 이길 수 없다. 오너처럼 행동해야 자신의 실력도 쌓이고 궁극적으로 CEO도 되고 오너도 될 수 있다."(고수유, 워런 버핏과 함께한 점심식사).

버핏은 위의 문장에서 팔로워의 주인의식(ownership)을 강조하고 있다. 조직의 주인이 아닌데 주인처럼 행동하라고 하면 자칫 주제넘은 일이 아닌가 생각하기 쉽다. 주인의식은 내 조직을 아끼는 작은 마음에서 시작된다. 우리가 자기 집 화장실을 깨끗이 쓰고, 떨어진 휴지를 기꺼이 줍고, 음식과 전기를 낭비하지 않는 것처럼 조직을 위하는 마음도 마찬가지이다. 회사의 시설을 깨끗이 사용하고 비품을 아끼며 낭비하지 않는 마음을 가져야 한다. 이와 같이 주인의식은 사소함에서 시작된다. 회사에서 힘들게 일하고 귀가한 아버지께 자녀들이 "잘 다녀오셨어요."라고 인사하는 것처럼 회사의 궂은일을 하시는 분들에게 감사의 인사를 하는 마음, 상사와 동료의 고단함과 수고를 인정하고 실력을 높이 평가하는 겸손함에서 출발하는 것이다.

'총각네 야채가게'를 만들어 '맨주먹 성공신화'를 일으킨 이영석 사장은 "주인이 아닐 때 주인처럼 행동하라.", "자신이 모시는 사람을 부자로 만들지 못하면, 스스로 부자가 되기 힘들다."라는 말로 자신의 성공 비결을 소개하였다. 즉 자신의 상사가 성공하도록 도움으로써 성공의 비결과 기회를 얻게 된다고 하였다(이영석, 인생에 변명하지 마라).

상사가 필요로 할 때 도움을 주는 사람, 상사가 망설이고 있을 때 제안과 대안을 마련해 주는 사람, 상사의 어려움과 조직의 고충이 자신의 일처럼 느껴진다면, 그리고 무언가를 시도한다면, 당신은 주인의식을 갖춘 사람이다. 철저한 주인의식을 갖춘 극소수의 팔로워만이 최고의 리더로 성장한다.

조직에서 주인의식을 갖춘 헌신적인 팔로워를 원한다면, 그들이 자유롭게 자신들의 의견을 내놓을 수 있는 조직문화를 제시해야 한다. 명령만을 강요하는 문화에서는 제대로 된 주인의식을 가질 수 없다. 마음대로 화분 하나의 위치조차 옮길 수 없는 분위기 속에서는 오직 예스맨만이 존재할 뿐이다. 나무의 종류를 결정할 힘은 없을지라도 화분의 위치를 바꾸는 일에 대한 의견은 제시할 수 있는 권리, 나무에 물을 주는 일에 함께 동참하는 문화 속에서 주인의식이 자라난다. 자발적 참여가 없는 주인의식이란 존재할 수 없다. 조직원들은 자신들이 보다 적극적으로 참여하기 위해 그들의 성과를 문서건 구두로건 발표하였을 때 인정해 주기를 바란다. 많은 신입사원들은 그들의 프로젝트 결과가 단지 상사의 업적으로 여겨지기를 원하지 않는다.

국내 최대 인쇄업체로 꼽히는 '타라'의 강경중 회장은 직원들에게 회사가 내 것이라고 여기며 일하라고 권한다. 그는 주인의식을 갖기 위해서는 실제로 직원을 주인이 되게 해야 한다고 생각하였다. 그는 2008

년에 직원들에게 타라TPS 주식을 5,000원에 구입 가능하도록 하였으며, 현재는 자신의 소유주 100% 중 22%를 직원들이 소유하고 있다. 앞으로 직원 지분율을 51%까지 올리는 것이 목표라고 한다. 주인의식을 갖춘 직원이 열심히 일하는 것은 당연한 일이며, 회사가 성장하는 바탕이 된다.

데렉 시버스(Derek Sivers)는 2010년 TED talk의 '어떻게 움직임이 시작되는가(How to start a movement)?'에서 리더십이 지나치게 미화되어 왔다고 말하고 있다. 외로운 미치광이를 리더로 변모시키는 사람은 바로 첫 번째 팔로워이며, 조직적 행동으로 이어지게 만드는 사람 역시 첫 번째 팔로워이다. 리더가 좋은 제도를 만들어서 시행해도 누군가가 먼저 나서서 따라 주지 않는다면, 그것은 그저 형식일 뿐이다. 먼저 따라 주는 한 명의 팔로워가 리더를 리더로 불리게 만들어 주고, 조직문화를 개선시킨다. 시버스는 모두가 리더가 되는 세상은 효과적이지 않으며, 누군가가 훌륭한 일을 한다면 먼저 그 일을 용기 있고 배짱 좋게 따르라고 결론 내리고 있다.

내 수업에서는 사이버 캠퍼스를 통해 온라인 토론을 한다. 그리고 잘 쓰인 글에 서로 칭찬하고 공감하는 댓글을 쓰도록 한다. 시버스가 말한 대로 첫 번째로 글을 올린 학생이 얼마나 좋은 토론 글을 올렸느냐가 한 학기 토론 글의 질을 좌우한다. 학생들은 첫 번째 토론 글을 읽어 본 후 그 정도 수준에 맞추기 위해 노력한다. 첫 번째로 잘 쓰여진 토론 글은 도미노 현상처럼 좋은 글로 이어지게 만드는 강력한 힘이 있다.

결과적으로 한 학생의 힘이 한 학기 활발한 토론 문화를 만드는 데 보탬이 된다. 첫 번째 좋은 글을 올려준 학생은 적극적 교실문화에 기여하는 팔로워이다. 이 때문에 나는 학기 초가 되면 첫 토론자가 좋은 글을 올리는 학생이기를 기원하는 습관이 생겨버렸다. 좋은 학생들이 좋은 수업을 만드는 것이다.

리더가 팔로워이고 팔로워가 리더라는 말은 모든 권위와 책임이 동일하다는 말이 아니다. 서로가 수행하는 역할에 대한 인정이 전제되어야 하는 것이다. 리더가 매사 팔로워의 의견을 따라야 하는 것이 아닌 것처럼, 팔로워 역시 리더의 의사결정에 사사건건 의견을 제시하며 권한을 요구할 수 없다. 올바른 리더와 팔로워의 관계란 위에 있지만 권위를 내려놓고 아래의 소리에 귀를 기울이는 리더, 아래에 있지만 적극적이고 능동적으로 참여하는 주인의식을 갖춘 팔로워를 말한다.

무조건적인 리더의 명령보다는 조정능력, 상사에 대한 비난이 아닌 건설적이고 비판적인 의견이 조직의 시너지를 양산해 낸다. 서로 먼저 보상받으려는 이기심에서 각자의 다른 역량을 조합하려는 이타심으로의 전환은 리더와 팔로워 역할의 유연성, 각각의 역할 범주에서 자유롭게 역량을 발휘하게 만드는 조직문화에 달려 있다. 자기 자신만을 위해 일하기보다 높은 가치를 가지고 조직을 위해 일할 때, 실제로 더 많이 그리고 더 빨리 성공하는 법이다.

역사학자들은 중국의 혁명가 마우쩌둥과 시장경제 개혁가 덩샤오핑 사이에 외교가인 저우언라이 총리라는 2인자가 없었다면, 오늘날 중국이 G2경제대국으로 성장하기 쉽지 않았다고 말한다. 저우언라이가 중국인들에게 사랑받는 이유는, 2인자였지만 신중국의 부흥을 위해 백성을 섬기는 적극적이고 철저한 리더의 자세 때문이라고 평가한다. 온화하고 참을성 있고 타협적인 성품으로 마오쩌둥의 신임을 받은 동시에 자신의 소신을 굽히지 않고 강청 4인방에 비판적이었으며, 그들의 독주에 지혜롭게 견제한 공적은 역사적으로 높게 평가된다. "자신의 유해를 화장하여 조국 산하에 뿌려 달라."라는 말을 남긴 저우언라이는 중국에서 마오쩌둥의 2인자라기보다 존경받는 리더의 모습으로 기억되고 있다.

우리나라의 세종대왕도 마찬가지이다. 세종대왕이 집현전 학자 없이 홀로 한글을 창제하기는 쉽지 않았을 것이다. 세종대왕과 집현전 학자들의 합작품이 바로 세계에서 가장 독특하고 창의적인 글자인 '한글'이다. 세계적으로 우수하다고 인정받는 한글이 세종대왕의 백성을 사랑하는 마음에서 나왔더라도 그 일에 동고동락한 집현전 학자들의 용기와 헌신이 없었다면 한글은 탄생하지 못하였을 것이다. 한글 창제라는 엄청난 과업은 세종대왕의 진정한 리더십과 집현전 학자들의 충직한 팔로워십의 소산이라고 할 수 있다.

처음 입사하여 사회생활을 시작한 신입사원들은 학창시절과 사회인이 다르다는 것부터 인식해야 한다. 학교는 등록금을 내고 다니는 공동체이고, 회사는 월급을 받고 다니는 조직이다. 어느 일이든 간에 전문인이 되기 위해서는 거쳐야 하는 단계가 있다. 신입사원의 초기 업무가 보잘것없고 하찮은 일로 보일지라도, 그 일조차도 유능하게 잘하는 프로들이 있다. 복사하고 정리하는 일에도 상급과 하급이 있다. 나의 스펙으로 이러한 일을 하느냐고 불평하는 사원이 있는 반면에 일처리 능력뿐만 아니라 늘 배우는 자세로 처신하는 긍정적인 신입사원이 있다.

우리나라의 대기업 신입사원들은 업무의 많음에 불만을 표시하지만, 외국 기업의 신입사원도 고되고 힘들기는 마찬가지이다. 월급이 높은 기업은 그럴 만한 이유가 있는 법이고, 고수익자는 그만큼의 희생을 각오해야 한다. 미국의 애플사는 최고의 인재만을 선발하여 제품개발의 공헌도와 기업 성장의 기여도에 따라 평가와 보상을 한다. 미국 IT 전문매체 더넥스트웹(TNW)은 애플이 신입사원들에게 출근 첫날 주는 편지를 공개해서 화제가 되었다. 편지내용은 애플에 대한 비전과 자부심뿐만 아니라 팔로워의 헌신적 자세와 각오를 당부하고 있다. 우리나라 대기업의 CEO가 신입사원의 부모에게 감사편지를 보내는 것과는 사뭇 대조적이다.

세상에는 그냥 하는 일과 일생을 걸고 하는 일이 있습니다.
당신의 손길이 곳곳에 스며든, 절대로 타협할 수 없는
그리고 어느 주말이라도 기꺼이 희생할 수 있는 그런 일이죠.

애플에서는 그런 일을 할 수 있습니다.

사람들은 이곳에

그저 무난하게 근무하러 오는 것이 아닙니다.

그들은 여기에 끝장을 보기 위해 옵니다.

그들의 일이 어떤 거대한,

애플이 아닌 다른 곳에서는 일어날 수조차 없는

어떤 의미를 지니길 원하니까요.

애플에 오신 것을 환영합니다.

현재 나는 과연 어떠한 팔로워인가 생각해 보아야 한다.

• 나는 내가 속한 조직에 애착이 있는가?

• 내 조직이 내 가정처럼 여겨지며, 조직원이 내 가족처럼 소중한가?

• 나의 실력과 행동이 나의 조직을 더 발전시킬 수 있다고 믿고 있는가?

• 올바른 동료의 태도와 훌륭한 상사의 리더십을 롤모델로 하여 기꺼이 따르고

  있는가?

여러분이 이 네 가지 질문에 자신 있게 "네."라고 대답한다면 당신은 올바른 주인의식과 더불어 훌륭한 팔로워십을 갖춘 리더이다.

불교에서는 "학생이 배울 준비를 마치면 스승이 나타난다."라는 말이 있다(켄 블랜차드, 경호). 팔로워십에 충실할 때 비로소 훌륭한 리더의 존재가 보이기 시작한다. 보이는 그 리더가 바로 스승이 되어 준다.

Question

- 자신의 리더십과 팔로워십에 대한 평가는 어떠한가?
- 조직에서 주인의식을 느낀 경험이 있는가?
- 팔로워로서 리더에게 건설적인 의견을 제시해 본 적이 있는가?
- 나는 리더로서 내 조직원의 성장에 도움이 되는 피드백을 주고 있는가?

Activity

능력과 실력을 겸비한 신입사원이 입사 후 의욕적으로 여러 가지 아이디어와 안건을 제출하고 적극적으로 일에 임하였다. 하지만 상사나 동료로부터 좋은 평가를 받지 못하고 있다. 그 원인은 무엇인지 그리고 이 상황을 어떻게 받아들이고 대처할 것인지 생각해 보자. 신입사원의 대처방안은 무엇인가? 상사는 어떻게 도움을 주어야 할까?

Reflection

성실하고 정직하고 책임감 강한 4년차 직원을 대리로 승진시켰다. 그런데 승진

을 하고 조직원을 두게 된 그 직원은 도리어 업무 능력이 떨어지고 팀 리더의 역

할을 하지 못하고 있다. 그 원인은 무엇이고 상사는 이 문제를 어떻게 해결해야

할지 방법을 찾아보자.

2
기대감을 주는 리더이자 임무를 완수하는 관리자가 필요하다

리더십은 사람들로 하여금 그들이 하고자 하는 것을 하게끔
하는 것이 아니라, 그들이 이루고자 하는 것을 이루게끔 하는 것이다.
– 톰 랜드리

미국 특별작전군(Special Operations Forces) 소속 네이비 실(Navy SEALs)은 어려운 임무에 고도로 숙련된 뛰어난 특수대원을 필요로 한다. 그만큼 훈련 강도가 세다. 기초 수중 폭파 실(BUDS, Basic Underwater Demolitions SEAL) 훈련에서 6개월 훈련에 통과한 지원자가 20%에 불과할 정도이다. 그들이 가장 자랑스럽게 생각하는 교육 훈련은 두 가지이다. 첫 번째는 팀워크이며, 두 번째는 임무 성공을 위해 자신이 희생하는 일이다. 지옥훈련을 통해 자신을 포함하여 동료대원들을 위험에서 구출해 내야 하지만, 이 과정은 강한 자신감과 조직 연대감을 구축한다.

그들은 6개월의 훈련 과정 속에서 리더십에 대한 중요한 교훈을 얻는다. "인간은 정신력으로 많은 것을 이겨 낼 수 있고, 이겨 내야만 한다는 것, 리더는 다른 사람들이 높은 기대감을 가지도록 이끌어야만 한다는 것, 그리고 무슨 일이 있어도 그 임무를 완수해야 한다는 것"이다(노엘 티시, 엘리 코헨, 리더십 엔진).

네이비 실에서 말하는 교훈이란 강도 높은 훈련에 순종하고 헌신하는 팔로워, 기대감을 제공하는 리더, 무슨 일이 있어도 임무를 완수하는 관리자 역량에 대한 강조이다. 워렌 베니스(Warren Bennis)는 "리더십은 높은 곳에서 비전과 지도만 전달하고 끝나는 것이 아니다. 결과물을 이끌어 내야 한다."라고 말하였다(필 도라도, 필 블랙번, 영감으로 이끄는 리더경영).

관리자는 안정성을 도모하지만, 리더는 안정성을 추구함과 동시에 변화를 촉진한다. 근래 들어 리더십이 강조되면서, 관리 능력을 과거 시대의 유물로 여기는 것은 잘못된 생각이다. 리더를 관리자보다 우월한 개념으로 여기는 것도 옳지 않다. 자가 진단서에서 관리형 인재로 평가받은 학생들은 실제로 적잖이 실망한다. 현대는 관리 능력이 없는 리더를 원하는 것이 아니라 체계화된 관리 역량을 표출해 내는 리더를 원한다. 관리자가 되지 못하는 리더는 몽상가에 불과하다. 사람을 다루는 일이 중요하지만 결과를 내지 못하는 리더는 조직에서 무능하게 여겨질 수밖에 없다.

데이빗 볼초버(David Bolchover), 크리스 브래디(Chris Brady)의 『90분 리더십』은 세계 최고의 축구 감독에게 배우는 인재경영 리더십에 관한 책이다. 스포츠 감독의 리더십은 인재관리에서부터 조직경영까지 전략과 지혜로 조직을 결성하고 통제하기 때문에 경영학적 측면에서도 배울 점이 많다.

두려움을 주는 감독으로 유명하지만, 일관성 있는 리더십으로 장기적 성과에 성공한 대표적인 감독이 있다. 바로 기사작위를 받은 알렉스 퍼거슨(Alex Ferguson) 경이다. 영국의 프리미어 리그 맨체스터 유나이티드(이하 맨유)의 퍼거슨 감독은 2013년 72세의 나이로 은퇴하였다. 그는 맨유의 역사이며, 영국의 영웅이다. 1986년 처음 부임하였을 당시 맨유는 2부로 밀릴 상황에 처해 있었다. 그러나 그가 감독을 맡은 후 27년 동안 38개의 우승컵을 차지하는 등 전무후무한 기록을 세웠다. 하지만 내가 관심을 가지는 부분은 그의 리더십이다.

"축구는 축구판에서 4만 명이 넘는 주주를 모시고 일 년에 40회쯤 주주총회를 한다고 보면 된다. 퍼거슨 감독은 매주 토요일 7만 명이나 되는 사람들 앞에서 2시간 동안 자신의 업무수행 능력을 공개하여 리그 순위라는 형태로 평가서를 제출한다. 일반 회사라면 1년에 두 번 하면 되는 것을 말이다."

스포츠 분야 리더십은 인사와 경영 전략이 그대로 평가되는 결과의 투명성 때문에 주목 받을 수밖에 없다. 감독들은 리더십 능력을 수차

레씩 공개적으로 평가받는 셈이다.

퍼거슨의 리더십을 '불 리더십'이라고 부른다. 맨유 선수들은 그에게서 "죽을 정도의 두려움을 느낀다."라고 고백한다. 그는 강력한 카리스마를 가진 존재로 원칙을 고수하고 목표에 도달하는 데 열정적이고 도전적이었다. 스타 선수도 그의 눈에 벗어나면 짐을 싸야만 하였다. 그의 열정적이고 불 같은 성격은 경기에 져 화를 못 참고 마구 걷어차다가 데이비드 베컴의 눈두덩이 찢겨졌다는 일화로도 유명하다. 선수들은 그에게 '화난 퍼기'라는 별명을 붙였지만, 모두 그에게 경외심을 표하였고 충성을 다하였다. 그 이유는 무엇일까?

"퍼거슨 감독은 구단 주요인사는 물론 프로그램 책자를 파는 직원이나 청소부, 매점 판매원 등의 이름까지도 외어 그들에게 인사라도 건네려고 노력하였다. 그는 다양한 사람들의 다양한 욕구를 인지하고 조절하여 그들의 신뢰를 얻었다."(데이빗 볼초버, 크리스 브래디, 90분 리더십).

그는 선수들의 모든 것을 파악하고 완전한 조직 통제로 팀을 유지시켰다. 화장실 습관까지 알 정도로 철두철미하였다. 선수들의 컨디션이 100%가 아니면 절대 시합에 나가지 못하게 하였으며, 당장의 성적에 대한 유혹보다는 선수들의 안전을 지킬 줄 알았다. 또한 '로테이션'으로 후보급 선수들을 뛰게 함으로써 열심히 하면 주전 선수가 될 수 있다는 강한 동기부여를 주입시켰다.

시합이 마음에 들지 않으면, 라커룸에서 선수들의 귀에다 대고 소리를 지른다고 해서 '퍼거슨 헤어드라이어'라는 별명도 있었다. 원칙과 승리에 엄격하였지만, 선수들이 곤경에 빠졌을 때 그는 늘 그들의 방패가 되어 주었다. 다독여 주기도 하고 고민도 들어주었다. 눈두덩이 찢어진 경험이 있는 베컴도 그를 아버지와 같은 존재로 기억하고 있다. 퍼거슨 감독은 두려운 존재였지만, 수행관리에는 완벽을 기하는 관리자이자 동기와 영감을 고취시키는 리더였다.

미국의 야구 감독 빌리 마틴(Billy Martin)은 뉴욕 양키스 감독에 5번 고용되고 5번 해임된 감독으로 유명하다. 그는 빠른 시간 내에 약한 팀을 강한 팀으로 전환시키는 능력이 있었다. 강력한 팀의 변화가 필요할 때 구단주들은 마틴을 찾았다. 하지만 그가 구단에서 떠나고 2∼3년이 지나면 다시 팀은 원래의 상태로 돌아갔다. 두려움과 위협, 그리고 권위로 무장된 변화는 단기간의 성과를 불러올 수는 있어도 진정한 변화 창출에는 기여하지 못한다. 그 이유는 마틴이 단지 성과와 결과에만 치중한 관리형이었기 때문이다.

우리나라에서 '야구의 신(야신)'이라고 불리는 감독이 있다. 바로 김성근 감독이다. 그는 마틴처럼 약한 팀을 최고의 팀으로 키우는 재주가 있다. 그러나 성적이 좋지 않았던 최하위 SK팀을 한국시리즈 우승으로 만든 그의 리더십은 강압과 보상에 기반을 둔 마틴과는 다르다. 선수의 장점, 1%의 잠재력을 보는 감독, 팀에 스타는 없지만 팀 자체를 최고로 성장시키는 감독이 바로 김성근 리더십의 핵심이다. 끈기와 인내를 바탕으로 선수들 스스로 연습을 더 하고 싶다는 동기를 갖게 한다. 조직원들의 내재적 동기를 자극하여 변화시키고, 열정의 도화선에 불을 지피는 리더형이다.

　김성근 감독의 리더십은 일관된 신념과 행동으로 조직원들의 행동과 정신을 전환시키는 데 있다. 대표적 리더십의 요체는 조직원들의 장점만을 보고 그것을 전문성으로 갖추게 하는 일이다. 그는 모든 선수들의 연습 장면, 투구, 타격 습관, 시합에서 맞이하는 상대 투수 등 모든 것을 관찰하고 기록한다. 조직의 리더가 갖추어야 할 점이 바로 관찰과 통찰력, 그리고 분석과 솔루션을 통한 과학적 사고이다. 관리자는 체계적인 계획하에 목표를 수립하고, 미션 달성을 위한 체계적인 업무 수행 능력을 가져야 한다.

　김성근 감독은 리더란 모든 어리광을 다 받아 주는 자애로운 할아버지가 아닌 때론 엄하게 훈계하는 아버지와 같아야 한다고 말하였다. 하지만 단 한 번도 사적인 감정을 섞은 적은 없다고 하였다. 그는 재능 경영 코디네이터로서, 선수들의 재능이 성장, 발전하도록 개개인의 역량을 분석하고 그에 따른 훈련과 훈계를 한 감독이다. 관찰하고 분석하는 데이터 야구를 통해 선수와 그들의 수행능력을 관리할 줄 알았다. 그는 최초의 독립야구단인 고양 원더스의 감독으로 부임한지 8개월 만에 3명의 선수를 프로팀에 입단시켰다. 실패와 좌절을 경험한 선수들의 패배의식을 희망으로 전환시킨 결과이다. 1%의 재능에 99%의 노력이란 말을 한다. 김 감독은 늘 "피칭 머신이 고장 나는지, 우리가 먼저 쓰러지는지 한 번 해 보자."라고 말하였다. 누구나 싫어할 혹독한 훈련을 이겨 내고 끝까지 해 내도록 동기를 부여하는 데 필요한 것이 바로 리더십인 것이다. 그는 관리형과 리더형 모두를 갖춘 사람이다. 바로 목전에서 승부가 결판나는 운동경기 감독들은 데이터를 통한 관리와 사람 관리를 동시에 성공적으로 수행한 리더이다.

김성근 감독의 『리더는 사람을 버리지 않는다』에는 그가 얼마나 철저한 관리형이면서 동시에 아버지 같은 영감적 존재의 리더였는지 잘 나타나 있다.

"데이터는 어제까지의 원칙이다. 가장 참고할 만한 자료이지만 오늘의 원칙은 아니다. 야구는 원칙 이외에도 고려해야 할 사항들이 너무 많다. …… 리더는 결과를 만드는 사람이다. 과정이 힘들면 선수들에게 순간적으로 원망을 들을 수도 있다. 그러나 진심을 갖고 있다면 비정하다고 욕은 먹을지라도 시간이 지나면 이해받을 수 있다. 모두가 진심이 바탕이 되었기에 가능한 일이다."(김성근, 리더는 사람을 버리지 않는다).

근래 들어서 리더십에서 빠지지 않고 거론되는 단어가 있다. 바로 공감과 소통이다. 조직원과 서로 공감하고 소통하는 일은 너무나 중요한 일이다. 그렇다고 공감과 소통이 마치 리더십의 전부인 것처럼 여겨서는 안 된다. 리더란 결과의 기록을 제시할 수 있어야 한다. 매 순간 실패 없이 성과를 창출하라는 말이 아니라, 남보다 앞서보는 혜안으로 목표를 설정하고 이를 바탕으로 준비하여 성공적 결과를 내는 사람이 리더이다. 업무를 수행하는 관리능력과 사람을 다루는 리더의 자질 모두가 중요하다는 사실을 잊지 않아야 한다. 조직에서 관리형이면서 동시에 리더형 인재를 선호할 수밖에 없는 것이 현실이기 때문이다.

변화무쌍한 시대적 흐름에 맞서서 성공적 결과에 도달하는 관리형 리더에 대한 요구는 더욱 증대될 전망이다. 우리나라의 제조업에서도 연구개발(R&D) 인력에 대한 투자가 매년 늘어나고 있다. 기업 연구 기관 CXO 연구소의 오일선 소장은 "앞으로 CEO는 연구, 개발 직군 출신이 아니면 꿈도 꾸지 못할 정도로 주력 기업의 경영전략에 커다란 변화가 진행되고 있다."라고 하였다.

조선비즈의 업종별 한국 베스트 최고경영자로 꼽히는 삼성전기의 최치준 사장은 하드웨어 부분에서 정보기술(IT) 부품업체로 가장 높은 점수를 받았다. 재료공학박사 출신인 최 사장은 LCR 사업부장으로 있으면서 MLCC(다층세라믹콘덴서) 사업을 글로벌 선두주자 수준으로 성장시킨 공로를 인정받았다. 그는 공학인으로 기업 내에서 과학적 사유를 강조하지만, 동시에 소통 경영을 강조하고 있다. 실제로 한 달에 두 번씩 CEO 블로그에 CEO 레터를 쓰고 있으며, 현장경영을 강조하고, 산행을 통해 임직원과 화합을 다지고 있다. 그가 2011년 말 취임하자마자 CEO 응접실 자리에 기업문화 팀을 배치한 것도 기업문화 팀과 수시로 의견을 교환하여 직원들과 소통하기 위해서였다. 그의 성공 사례는 이공계를 전공하였음에도 다독과 어문학 실력을 바탕으로 인문학적 소양까지 갖춘 덕분이라고 할 수 있다. 이와 같이 이공계를 전공한 CEO가 인문학적 소양을 갖추면 리더 자질에 더 유리할 수 있다.

나는 미국에서 박사 논문을 쓰면서 경영대학의 EMBA(Executive Master

of Business Administration) 과정 학생들을 상대로 연구를 한 적이 있다. 양적 연구였는데, EMBA 수업에서 기대하는 것에 대한 서술형 질문을 추가하였다. 그 결과 리더십에 대해 더 배우고 싶다거나 리더십에 관한 과목수가 더 많았으면 좋겠다고 쓴 참가자들이 상당수 있었다. MBA나 EMBA의 커리큘럼을 보면 회계, 마케팅, 재무, 합병, 조직관리 등 주로 관리자 양성을 위한 교육과정이 시행되고 있다. 기획과 예산 기능, 조직 및 충원, 통제 체제 및 시스템 관리는 관리자에게 필요한 능력이다. 하지만 현대는 관리적 능력만으로는 부족하다. 21세기는 방향을 설정하고 인적 자원을 집중화시키면서 권한 이임을 하고 동기부여 및 사기진작을 촉진하며 영감을 주는 새로운 리더 역량이 강조되고 있다. "관리자가 일정 기간 내에 완벽하게 일을 수행해 내는 역할이라면(get the things done), 리더는 미래의 조직과 현재의 조직원을 위해 올바른 일을 하는 사람이다(do the right things)."라는 말이 있다. 많은 학생들이 관리형 인재보다 리더형 인재를 선호하는데, 리더가 올바른 일을 하는 사람이라는 표현보다는 올바른 선택을 하는 사람이라는 어구가 더 적절해 보인다. 리더는 관리자보다 옳은 일을 하는 사람이 아니라 다른 상황과 환경, 윤리적 딜레마에서 올바른 선택과 처신을 하는 사람이다.

관리자가 과업을 제대로 돌아가게 만드는 것이 목표라면, 리더는 조직원들을 제대로 돌아가게 만드는 것이 목표이어야 한다. 관리자의 임무로 일을 성공적으로 수행하던 사람이 리더로 승진해서 의외로 제대로 된 역할을 하지 못하는 경우가 있다. 관리자는 물리적인 자원에 초점을 두고 일을 처리하는 문제해결사라면, 리더는 정신적이고 감성적이며 직관적인 자원에 초점을 맞추고 있는 문제발견자인 셈이다.

21세기 들어 시장이 급변하고 변화를 일으키는 요인도 다양해졌다. 하버드대학교 경영대학원 교수인 존 코터(John Kotter)가 "관리의 비만, 리더십의 결핍"이라고 말할 정도로 현대는 리더십을 필요로 한다. '사람 관리'에 대한 리더십이 그 어느 때보다 중요하지만, 그렇다고 관리 능력이 소홀해도 된다는 말은 아니다.

리더십 이론 책에서는 리더의 역량 중에서 직관을 강조한다. 아직도 우리나라 대다수의 기업은 CEO의 직관에 따라 주요 사항이 결정된다. 주요 정책 역시 CEO의 연설과 회의록에 따라 수립된다. CEO의 경험적 직관은 무시할 수 없지만, 현대처럼 변화무쌍한 시대에서 리더의 직관에만 의지하는 탑 다운(Top down; 상부지시형)식 경영에는 무리수가 있다. 마이크로소프트(MS) 창업자 빌 게이츠(Bill Gates)도 자신의 직관적 결정을 후회한 적이 있다고 한다. 영국의 일간지 「데일리메일」은 게이츠가 14년 전 평생 후회할 오판을 한 적이 있다고 보도하였다. MS의 e북(ebook) 개발 프로젝트에 참여하였던 한 프로그래머가 1998년 게이츠에게 터치스크린 기술을 채택한 전자책 초기 모델을 보여 주었는데, 이때 그는 이를 중요하지 않게 생각하여 전자책 개발 프로젝트 자체를 무산시켜 버렸다. 게이츠는 키보드를 쓰는 MS 프로그램에 집착하였고, 터치스크린을 통한 포스트 PC 시대를 예측하지 못하였다.

이와 같이 리더십의 역량으로 리더의 영감과 직관만을 지나치게 강조하는 것은 옳지 않다. 리더에게는 의사결정에 있어서 빠른 시간에 사물을 꿰뚫어 보는 순간적 직관력이 매우 중요하다. 리더는 숲을 보아야 하지만, 나무도 토양도 날아오는 벌과 나비 떼도 보아야 한다. 즉 예리한 관찰력으로 계절의 변화에 대한 감각, 생태계의 구조 등 보다 다양한 환경을 읽어내는 힘인 통찰력이 있어야 하는 것이다. 더욱이 현대의 리더에게는 성찰과 경험을 통한 직관 못지않게 데이터를 통한 분석적 사고와 관찰, 직원들과의 토론을 통한 깨우침의 '아하 모멘트(aha moment)'의 통찰력이 모두 요구된다.

내 경우, 성공한 기업의 리더를 만날 기회가 적잖이 있다. 이때 나는 종종 "자신의 조직원의 역량을 얼마나 알고 계십니까?"라고 질문하곤 한다. 이때 일부 팀장급 리더들은 팀원의 능력을 파악하기 힘들다고 답변한다. 하지만 임원급 이상 리더의 경우 직원의 역량을 잘 파악하고 있으며, 능력에 따라 적재적소에 인재를 재배치하고 있다고 답변한다. 21세기의 리더는 프로젝트를 성공적으로 완수해 내는 것과 동시에 각 개인의 역량을 파악하고, 그 능력들을 조합하여 상승 작용을 일으킬 수 있는 방법을 잘 알아야 한다.

궁극적으로 목표를 달성하지 못하는 비전은 의미가 없다. 리더란 조직의 수행목표 관리와 조직원의 성장관리를 동시에 해낼 수 있어야 한다. 또한 관리능력을 바탕으로 성과를 지향하고 리더의 자질을 토대로 비전을 제시해야 한다. 결국 리더십이란 매니저십의 우위적 개념이 아니라 상호보완 관계에 있다고 할 수 있다.

Question

- 나는 관리형인가 리더형인가?

- 관리형과 리더형을 동시에 가지고 있는 인물은 누구인가?

Activity

관리형 대 리더형의 자가진단 평가를 해 보자.

Reflection

- 관리형 인재와 리더형 인재가 팀으로 형성되어 성공한 사례를 찾아보고 토론

  해 보자.

- 리더가 가져야 할 '과학적 사고'란 무엇을 의미하는지 생각해 보자.

3

리더의 역할은
팀장에서 시작된다

리더는 팀을 창조한다.
- 데일 카네기

팀 리더십은 21세기 들어서 가장 빠르게 주목 받으며 그 중요성에 대해 연구되고 있는 분야이다. 조직의 브랜드 역량 강화, 글로벌 조직의 확장 등 급변하는 경영 변화에 발맞추어 팀 시너지를 위한 집단역학과 브레인 스토밍을 통한 집단지성이 그 어느 때보다 요구되고 있다. 조직이 거대하면 거대할수록 소규모 인원수(20명 내외)의 조직구조로 편성하여 시간적·지리적 소모를 줄이고, 보다 신속한 대응 역량을 갖춘 실질적·전문적 업무 역량 팀을 형성해야 한다(예: 고객 관리팀,

업무 개선팀, 품질관리팀, 태스크포스팀 등). 현대에 들어서 '팀워크'라는 말이 강조되는 이유도 이 때문이다.

팀으로 일하는 이점은 동일한 목적을 갖고 있기 때문에 상호보완적 관계를 형성한다는 것이다. 같은 목적을 추구함으로써 친밀한 관계 속에서 지속적인 소통이 가능하여 문제제시와 해결에 더욱 효과적이다. 근래 들어 팀 리더십이 더욱 강조되고 있는 또 다른 이유는 팀으로 일하는 것이 시대 상황에 따른 신속한 대응, 높은 생산성, 효율적 자원의 활용, 보다 좋은 서비스와 제품, 그리고 혁신과 창의적 사고를 존중받을 수 있는 구조 체계이기 때문이다.

팀 리더십을 연구하는 학자들은 성공적 요인에 관심을 가지고, 이것을 '팀 업적(team performance)'과 '팀 개발(team development)' 두 가지 핵심 기능으로 분류하였다. 직무 완성, 원만한 의사결정과 계획 수립, 문제 분석과 해결 방안, 팀 업적 기능과 친화적 분위기 조성, 대인 간의 갈등 해결, 팀원들의 욕구 분석과 만족, 집단 응집성(group cohesiveness)의 제고가 팀 개발 기능으로 분류된다.

팀으로 일한다는 것은 공동의 목표 하에 일사분란한 업무처리가 가능하며, 친근한 관계 형성으로 업무 속도가 신속해지는 장점이 있다. 반면에 개인 능력이 개발되지 못하는 역기능이 발생할 수 있으며, 개인의 잠재력 개발에 방해가 될 수 있다. 이외에도 집단사고의 위험성, 팀 경쟁, 다른 팀과는 소통하지 않는 팀 이기주의가 단점으로 지적되고 있다.

팀 리더십에서 가장 중요한 것은 리더의 역할이다. 팀의 리더는 팀 공동의 사기 진작과 더불어 팀원 전체에게 목표 달성 의지를 고취시켜야 하며, 공정함과 더불어 정서적 유대감을 강화시켜야 한다. 또한 팀워크의 가치를 주지시켜야 하고, 개인의 사기를 높이기 위해 정확하고 도전할 만한 가치의 목표 설정, 필요한 정보와 지식 제공, 타이밍에 맞는 칭찬과 격려, 피드백을 제공해야 한다. 개인의 자신감의 총합은 팀의 사기로 이어지며, 팀의 사기는 팀원들이 동료의 능력을 신뢰함과 동시에 개개인보다 팀워크가 목표 달성에 유익하다고 믿는 신뢰에서 시작된다.

맥그래스(McGrath)는 팀 리더의 대표적 역할이 팀의 내부와 외부를 모니터링하고 조치를 내리는 일로 보았다. 팀 리더는 내부에서 일어나고 있는 문제를 먼저 분석하고 외부의 환경적 변화를 예측하여 팀의 문제를 해결할 수 있어야 한다. 또한 내부적 관계를 위해 대인 관계적 기술이 필요하며, 협동체를 만드는 노력, 갈등 해소, 팀워크 수립, 윤리적 원칙으로 공정성과 일관성을 갖추어야 한다. 외부적 환경 요소의 문제를 해결하기 위해서는 조직 내외의 연결망을 활용하여 정보를 수집하고, 팀을 위한 자원과 지원을 상부와 협상하고 외부 정보를 팀원과 공유해야 한다.

팀 리더십을 성공적으로 발휘하기 위해서는 전략적 분석을 위한 이성적 사고와 팀원과의 단합을 위한 감성적 공감 능력이 동시에 이루어져야 한다. 때로는 자신이 속한 팀과 팀원을 위해 협상할 수 있는 정치적 능력도 요구된다. 팀 리더십이 중요한 또 다른 이유는 유니트(unit) 단위의 팀 행동이 전사적인 움직임으로 이어지는 톱니바퀴 역할을 한다는 데 있다.

팀 프로젝트 베이스로 구성되어 업무를 추진하는 대표적인 기업은 고어(Gore)이다.

"우리는 작은 팀의 힘을 확고히 믿는 회사입니다. 창업자인 빌 고어 때부터 세워진 원칙이죠. 빌은 작은 팀이 문제해결 능력은 물론 동료 간의 사이도 훨씬 좋다는 것을 알고 있었죠." 고어의 CEO 테리 켈리(Terry Kelley)의 말이다. 고어는 공장의 규모가 커지면 포도알처럼 팀을 분사시켜 포도송이 조직이 되도록 만든다. 그리고 고어의 동료(이 회사의 직원은 직함대신 associates라고 불린다)들은 자유롭게 자신들이 원하는 스폰서를 선택하고, 스폰서는 그들이 성공할 수 있도록 도와주는 멘토 역할을 한다.

HRD 분야의 마이클 마쿼트(Michael J. Marquardt) 교수는 소규모로 구성된 집단이 실제 당면하고 있는 문제의 원인을 찾고 실행한 후 점검, 학습하여 조직에 혜택이 가는 프로그램을 액션러닝이라고 정의하였다. 즉 성공적인 리더와 팀을 중심으로 조직의 성장을 도모하는 문제해결 도구라고 할 수 있다.

우선 4~8명으로 구성된 학습 팀이 해결해야 할 중대과제를 부여받으면 팀 미팅을 통해 대안을 마련한다. 대안을 개발한 후에는 경영층에 보고하고 실행하며 평가하고 다시 재설계하면서 궁극적인 목표 달성을 위해 노력한다. 이러한 학습방법은 팀 주도적으로 자율성이 보장되며, 질문과 피드백, 성찰을 통해 복잡한 과제를 해결하는 데 효과적이다. 이것은 결과적으로 학습효과를 유도하고, 차기 리더의 육성과 개발로 이어지는 장점이 있다.

오늘날 이러한 액션러닝 팀을 활용하는 기업의 수는 점차 늘어나고 있으며, 우리나라도 1990년대 중반에 대기업에서 활용하기 시작하였다. 예를 들어 포스코(POSCO)는 문제해결과 전문가 양성을 위한 기술교육에 액션러닝 기법을 적용하고 있다.

액션러닝 기법은 다음과 같은 단계로 이루어진다. 첫째, 과제를 선정하고 오리엔테이션을 통해 액션러닝에 대한 이해와 개인별 역량 진단을 하고 수행하고자 하는 과제에 대한 액션플랜과 학습플랜을 수립한다. 둘째, 팀 구성원 간의 상호작용을 촉진하여 서로 협력하는 분위기를 만들어 준다. 워크샵을 통해 구성원 간의 경험을 공유하고 서로 피드백 후 성찰의 시간을 제공한다. 셋째, 해결방안 중 최적의 안을 선정한 후 이를 현장에 적용하고 결과를 평가한다.

현대오일뱅크의 'Let's(Learning by Executing Together for Solution)'는 문제를 해결하고 지식을 공유하는 모임이다. 매월 팀 간의 정기모임을 열어 자유 토론을 벌이고, 회사 내 문제를 해결하기 위한 혁신과제를 발굴한다. 액션러닝 팀을 통해 문제해결역량을 강화하고, 업무 프로세스 개선을 추구하며, 보다 효과적인 성과를 창출함을 목표로 한다. 이러한 방법을 통해 임직원 간의 소통능력 강화와 팀워크의 강화를 이루어 전사적으로 과제를 실행하는 것이다. 인재개발팀은 Let's 핸드북을 발간하여 Let's에 대한 이해도를 높이고 각종 문제해결 방법을 소개하여 사원들의 문제해결 역량 강화를 지원한다. 매년 수행결과가 우수한 팀에게는 평가와 보상이 이루어진다(백정석, 창조적인 기업은 액션러닝으로 성공한다).

스티븐 C. 런딘, 존 크리스텐슨, 해리 폴의 저서 『펄떡이는 물고기처럼』은 팀 리더십에 대해 많은 교훈을 준다. 이 책은 팀 리더 메리 제인이 '유독성 폐기물 덩어리'라고 불리는 비효율적이고 무기력한 팀을 변화시키는 내용으로, 그녀는 어시장의 사람들이 활기차게 일하는 모습을 보면서 '나만의 하루 만들기', '놀이터와 같이 재미있는 곳', '의미 있는 날 만들기', '고객을 위해 항상 그 자리에 있기'의 네 가지 팀 업무와 팀 개발 전략으로 자신의 팀을 활성화시켰다. 메리 제인은 우선 규칙을 만들고, 팀 구성원의 자존감 확립과 더불어 개개인의 존재감을 부각시켰다. 직장에서 즐거움을 제공하는 펀 경영과 고객우선 경영을 목표로 상징적 이벤트를 만들어 나갔다.

팀으로 일하는 데 있어서 팀 리더 못지않게 중요한 것이 팔로워의 자세이다. 팔로워는 의사결정을 내리기 전에는 다양한 의견 제시와 아이디어 회의로 리더에게 보다 건설적인 정보와 방안을 제공해야 하지만, 의사결정 후에는 수행업무에 헌신적인 자세를 취해야 한다. 리더의 비전과 목표 제시가 올바르다고 여겨진다면, 팔로워는 리더를 신임하고 따라주어야 한다. 성공적인 팀워크의 시작은 팔로워십에서 나온다.

나는 팀에서의 팔로워십을 설명할 때 보여 주는 방송 프로그램이 있다. Mnet에서 방송하는 '슈퍼스타 K'라는 공개 오디션 프로그램이다. 이 프로그램은 예선을 통과하면 슈퍼위크(super week)에 진출하기 위해 콜라보레이션 작업을 해야 한다. 5명 정도가 한 팀이 되어 자발적으로 팀 리더를 선출하고 곡명을 정하여 연습을 하게 된다. 이 단계는 팀 리더와 팔로워의 자세와 역할을 선명하게 보여 줄 수 있어 수업용 학습 자료로 많이 활용한다.

이를 살펴보면 팀원에게 동기를 부여하고 용기를 주는 리더가 있는 반면에 아무런 결정을 내리지 못하는 우유부단한 리더가 있다. 일을 나눠서 즐겁게 할 줄 아는 리더가 있는 반면에 혼자 일을 도맡아 책임감의 무게를 감당하지 못하는 리더가 있다.

팔로워의 경우, 열정적으로 따르면서 의견을 내는 긍정적 팀원이 있는가 하면 의사결정 후에도 불평하며 헌신하지 않는 팀원이 있다. 리더에게 용기를 주는 팀원이 있고 태클을 걸어 난처하게 만드는 팀원이 있다. 팀으로 일하는 것이 이익이라고 생각하는 사람이 있는 반면에 자신에게 손해라고 여기는 사람도 있다. 팀으로 일할 경우, 온 힘을 다해 일하지 않는 경향이 있는데, 클라크와 에스테스는 팀으로 일할 경우 10~20% 덜 열심히 일하기 쉽다고 하였다. 1913년 막스 링겔만(Max Ringelmann)은 집단 업무에서 과업에 참여하는 사람들이 증가할수록 1인당 기여도가 감소한다고 하였는데, 이를 링겔만 효과(Ringelmann effect)라고 하고, 이 현상을 심리학에서는 사회적 태만(social loafing)이라고 부른다.

'나 하나쯤이야.'하는 책임 회피의식은 구성원들의 사기저하를 유발한다. 더군다나 이 현상은 팀 전체로 확산되는 전염성을 띤다. 개인별 업무의 경우 모든 것이 자신의 역할, 책임, 수고, 성과이지만, 팀의 경우는 공동업무이며, 이에 따라 성과와 배분이 이루어지기 때문에 자신의 책임을 미루고 회피하게 된다. 집단의 크기가 크거나 자신의 업무 역할이 불분명할 경우, 자율적이라서 느슨한 감독을 받을 경우 사회적 태만 현상은 더욱 커진다.

우리나라의 대학 과목에서도 학생들의 팀 활동 과제가 증가 추세이다. 학생들이 팀을 형성하고 나면 팀 리더를 선정하는데, 거의 대부분이 학번 순서에 따라 고학번 선배가 리더 역할을 맡기 마련이다. 그러나 팀 리더는 팀 프로젝트가 요구하는 지식과 기술, 경험이 많은 사람이 맡아야 한다. 단지 나이를 고려하여 팀의 리더를 선정하는 것은 현명하지 못하다. 고학번인 팀장이 도리어 취업 준비로 리더의 역할에 충실하지 못하여 팀원들의 사기를 떨어뜨리는 경우도 있다. 팀워크에서 중요한 첫 과제는 리더의 선출에 있다.

특히 우리나라처럼 위계질서가 강조되는 문화에서 나이도 어리고 경력도 짧은 사람이 팀 리더가 되면 팀을 인솔하기 거북스러운 것이 사실이다. 연배의 선배들을 리드해야 하는 부담감도 배가된다. 결국 구성원의 의견을 백분 들어주고 공감하며 시간을 보내든가 아니면 무리하게 회식을 주도하면서 친화적 팀 분위기를 조성하려고 애써야 한다. 하지만 중요한 것은 나이 어린 자신이 바로 팀 리더라는 사실이다. 리더는 자신의 능력을 입증해야 한다. 자신의 전문적 지식, 다양한 경험, 수행업적에 대한 역량을 표출해야 함과 동시에 다른 구성원들이 해내지 못하는 업무를 수행해야 한다. 외부적 네트워크를 활용하여 컨설팅을 받는다든가, 내외부의 다양한 자원을 활용하여 유익한 정보를 제공하는 것도 좋은 방법이다.

팀 리더의 입장에서 볼 때, 늘 요리조리 빠지고, 지각하고, 핑계와 이유를 대면서 자신의 과제 할당에 충실하지 않고 적당히 묻어가려는 팀원이 있기 마련이다. 이런 경우 대부분의 리더는 팀원들의 무성의에 불평하고 팀 과제를 내준 교수를 원망하며, 혼자서 또는 마음에 맞는 팀원과 과제를 해치워 버리기도 한다. 아쉬운 사람이 우물을 파는 격이다. 그래서 성실하고 책임감 강한 학생들은 팀 프로젝트를 선호하지 않는 경향이 있다. 우수한 소수 몇몇의 노력으로 나머지 팀원들이 똑같이 이익을 나누는 '무임승차 효과(Free Rider Effect)' 때문이다.

유능한 팀 리더라면 혼자서 모든 일을 해결하려고 해서는 안 된다. 먼저 팀이 원하는 결과를 예상하여 공동목표와 개별미션을 설정해 주고, 각각의 역량에 맞는 역할을 배분해 주어야 한다. 원칙과 규율을 세워 공정성과 단합 정신, 참여의식을 유도하여 팀 성과를 달성하는 동시에 모니터링과 피드백을 통해 팀 구성원의 성장을 추구해야 한다. 효과적인 팀워크를 위해서는 팀 리더와 팀원 모두 서로의 장점과 전문성을 이해하는 것이 중요하며, 자신들의 목표를 위한 헌신적인 자세, 건설적으로 토론할 수 있는 문화를 형성해 나가야 한다.

팀 리더는 구성원들이 업무에 힘겨워할 때, 일을 나누어 하나씩 달성하도록 업무 프로세스에 관여하기도 하고, 불필요한 단계와 절차를 제거함으로써 업무 효율성을 도모해야 한다. 또한 리더는 긍정적이고 건설적인 팀 문화를 형성해 나가야 한다. 의사결정에 팀원의 의견을 경청하고, 서로의 의견을 교환하는 기회를 주며, 개별의 기여도를 보상하고 칭찬하며, 공동목표 도달에 보람과 자신감을 독려하는 팀 문화를 만들어 나가야 한다.

팀 리더는 직책에 따른 공식적인 힘을 발휘하여 자신의 목표를 밀고 나갈 수 있지만, 구성원 간의 신뢰와 윤리성, 공정성이라는 비공식적 힘을 동시에 발휘해야 한다. 반면에 팀원은 리더의 목표와 계획을 현실로 바꾸고 팀 역동성을 유지시키는 힘이 바로 자신들에게서 나온다는 사실을 명심해야 한다. 리더의 열정은 팀원의 열정으로 연결되며, 리더의 헌신은 팀원의 헌신으로 이어진다. 이것이 바로 성공하는 팀의 원동력이다.

내 수업 시간에 어느 한 학생이 리더란 구성원의 대표이며 동시에 판단하는 결정자의 두 가지 중요한 역할이 있다고 발표한 적이 있다. 리더가 구성원의 대표로서의 역할에 치우치면 구성원과의 관계는 좋을지 모르지만 우유부단해지고, 결정자의 역할에 치우치면 업무에 성공적일 수 있지만 독불장군이 되기 싶다고 본 것이다. 이 두 가지 역할의 균형을 효과적으로 타협할 수 있는 사람이 바로 리더라고 강조하였다.

위 학생이 말한 것처럼 실제로 관계와 업무를 효과적으로 성공시키기는 것은 쉬운 일이 아니다. 때론 관계를 미루고서라도 과업 수행에 매진해야 할 경우가 있으며, 때론 관계를 더욱 중요시 여겨야 할 상황도 있다. 관계와 업무의 효과성에 대한 적절한 시기와 두 역할의 균형을 결정하는 일은 바로 리더의 판단력에서 나온다.

켄 블랜차드(Ken Blanchard)는 『경호』에서 한 부서의 팀 정신이 전체 공장으로 확산되어 조직에 열정을 불러일으키고, 생산성을 증대시켜 회사를 살리게 된다고 이야기하고 있다. '경호'는 중국어 공화(工和)에서 유래된 말로, 열정과 에너지, 임무에 대한 충성의 의미로 '파이팅'과 같은 일종의 구호이다. 이 책에서는 다람쥐, 비버, 기러기가 가지고 있는 특별한 생존 방식에 경영기법을 대비시켜 조직혁신을 추구하고 있다. 첫째, 다람쥐는 가치가 있다고 믿기에 열심히 일을 한다. 조직에서 하는 일이 중요한 가치라고 믿을 때 조직원은 헌신한다. 둘째, 비버에게는 우두머리가 없다. 스스로 정한 목표에 따라 움직인다. 자기주도적이고 자기결정적 목표 수립은 자발성으로 이어진다. 셋째, 기러기 떼는 요란한 소리를 내며 날아간다. 이는 서로를 응원하고 격려하는 메시지를 담고 있다.

이 책에서 말하는 팀 리더십의 교훈은 팀 안에서 팀 업무에 대한 가치를 공유하는 일, 자기주도적인 업무 수행 효과, 용기와 격려를 해 주는 팀 문화 형성의 중요성이다. 팀 리더는 팀원들이 하는 일이 조직의 가치를 추구하는 데 얼마나 중요한 미션을 담고 있는지부터 인식하게 해 주어야 한다. 팀도 작은 조직이므로, 팀이 잘 운용되기 위해서는 팀 자체의 가치와 책임감, 격려가 필요하며, 존중과 위임으로 자발적인 헌신을 유도해야 하고 적절한 보상이 주어져야 한다. 인간은 누구나 물질적인 보상을 좋아한다. 그렇다고 보상이 반드시 물질적일 필요는 없다. 대부분 물질적 보상을 가장 선호한다고 여기지만, 정신적·정서적 보상이 때론 보다 강한 강화작용을 한다. 인정과 칭찬, 수고에 대한 감사 표시는 강력한 동기부여가 되어 팀 강화로 이어진다. '나'만 잘하고 있는 리더가 아니라 팀원 모두가 잘하게끔 'one team, one spirit'을 유도해야 한다.

21세기 들어서 그 어느 때보다도 팀 활동이 활발하게 이루어지고 있지만, 팀 운용 방안에 대해 한 번 점검할 필요가 있다. 에이미 에드먼슨 하버드대학교 교수는 과거에 팀워크의 활용이 주목을 받았다면 이제는 시시각각으로 변화에 걸맞게 팀을 재구성해야 한다면서 '즉석에서 나오는 팀워크(Teamwork on the fly)'를 강조하였다. 인원을 고정시키지 않고 상황에 맞추어 언제든지 교체하면서 협동성을 극대화시킬 수 있는 방안으로, 그 누구와도 협조할 수 있고 요구에 따라 자유자재로 분야와 부서를 넘나드는 팀워크를 말한다. 따라서 팀 리더의 지위는 전문성의 비중에 따라 전환이 가능하며, 지배와 통제보다 협업을 주관하고 장려하는 역할로 바뀌어야 한다.

워렌 베니스는 "리더는 팀 속에서 위대함을 발견하고 구성원들이 스스로의 내면에서 그 위대함을 찾을 수 있도록 돕는다."라고 하였다. 인간은 단지 금전적인 가치만으로 일하지 않는다. 내재적인 동기부여를 일으키는 일은 가치 있는 일에 대한 기대심리와 결과에 대한 보상심리이다. 조직 공동의 가치를 인식하고 공유하는 일, 공동목표 속의 개별적 책임감, 적절한 보상과 격려는 조직에 대한 헌신과 업무에 대한 열정으로 이어진다.

팀 안에서 책임감과 소속감을 심어주는 일, 동시에 각 개인의 장점을 바탕으로 전문성을 지닌 구성원으로서의 존재감을 부각시켜 주는 일, 한 권의 책을 구상할 때 단독 저자가 아닌 팀원이 함께 집필하여 공동 저서를 출간하는 일이 바로 팀 리더십이다. 조직에서 중요한 것은 '거대함'이 아닌 '위대함'을 발견하고 나누는 일이다.

Question

- 자신은 팀으로 일하는 것을 좋아하는가 아니면 혼자서 일하는 것을 좋아하는가? 그 이유는 무엇인가?
- 성공적으로 팀워크를 수행한 경험이 있는가? 이때 팀의 리더와 팔로워의 역할은 어떠하였는가?

Activity

1. 미래대학교 총장은 세계로 뻗는 글로벌 대학을 위해 향후 20년을 목표로 하여 비전과 미션 선언문, 전략방침을 작성하기로 하였다. 이에 인문과학, 자연과학, 의학, 경영학, 법학과 교수 한 명씩 5명의 교수와 대외협력처, 국제협력처, 기획처의 관리직 스태프 3명으로 총 8명의 글로벌 대학 프로젝트 팀을 구성하였다.

팀장은 국제협력처장이 맡았고 두 달 후에 총장에게 보고드리기로 하였다. 이를 위해 매주 한 번씩 2시간 동안 회의를 하고 많은 정보 수집과 리서치를 거쳐 발표하기로 하였다. 하지만 회의 진척이 순탄하지 않자 지각과 불참 사태가 벌어졌고 성과 없이 시간만 흘러갔다. 이때 다음 상황에 대해 생각해 보자.

- 팀의 업무수행을 방해하는 장애물은 무엇인가? 또 문제점은 무엇인가?
- 팀 기능을 향상시키기 위한 팀 리더의 개입은 어떠해야 하는가?
- 팀장은 내부적 관계 리더십/외부적 환경 리더십 기능으로 어떻게 이 문제를 해결할 수 있는가?

2. 마케팅 팀장인 박 부장은 새로운 상품의 마케팅 전략 방안에 대한 회의를 마친 후 팀원들끼리 서로 어색함을 발견하고, 무언가 갈등이 있다는 것을 간파하였다. 팀워크 개선을 위한 중재안을 생각해 보아라. 어떻게 접근할 것이지 토론해 보고, 팀 리더십의 과업 기능과 팀 개발 기능을 참고하여 문제를 해결해 보자.

Reflection

- 팀의 리더로서 조직의 목표 달성을 위해 성과와 관계, 보상과 평가를 어떻게 관리하고 있는지 생각해 보자.
- 사회적 태만과 무임승차 팀원을 방지하기 위한 방안을 고안해 보자.
- 팀내에서 자신들의 능력을 백분 발휘하지 않는 구성원들의 사기를 올리기 위

한 방안을 강구해 보자.

• 우리 조직에서 가장 급하게 필요한 '즉석에서 나오는 팀워크(Teamwork on the fly)'는 어떤 업무일지 우선순위별로 작성해 보자.

4

리더는 카멜레온처럼 대처한다

> 인간이 현명해지는 것은 경험에 의한 것이 아니고
> 경험에 대처하는 능력에 의한 것이다.
> – 조지 버나드 쇼

21세기 리더는 수륙양용차

수륙양용차는 육지와 물에서 주행이 가능한 차이다. 21세기 리더가 수륙양용차이어야 한다는 것은 무슨 말인가? 리더란 상황과 환경, 조직원의 능력에 따라 리더십을 각각 다르게 발휘해야 한다는 뜻이다. 신념과 태도에는 변함이 없더라도 리더십 방법은 상황에 따라 다르게 발휘되어야 한다.

21세기 들어서 '서번트 리더십', '변혁적 리더십'에 대한 말을 많이 하지만, 내가 가장 강조하고 싶은 21세기형 리더는 수륙양용차처럼 상황에 따라 바뀔 수 있는 열린 사고의 소유자이다. 수륙양용차는 육지에서의 주행을 위해서는 바퀴가 있어야 하고, 수상 항행을 위해서는 부력 구조를 갖추어야 한다. 내가 말하는 상황적 리더십이란 자신의 가치관과 철학에는 일관성을 유지하되, 조직원의 자질과 능력, 그리고 다른 환경과 문화에 따라 다른 대처 방법과 전략을 구현하는 융통성을 말한다.

다른 상황

　　타조는 위험한 순간 머리를 모래 속에 박아 자신을 숨기는 습성이 있다. 실제로는 타조가 체온을 조절하기 위해 수분기 많은 땅에 엎드려 쉬는 습성에서 비롯된 속설이지만, 타조가 적이 나오면 머리를 모래 속에 박고 안전하다고 착각한다고 생각하여 주어진 상황을 무시하고 쉽게 행동하는 리더를 타조에 빗대어 이야기하곤 한다.

　그렇다면 상황에 적합한 행동이란 무엇일까? 상황적합이론 (contingency theory)을 주장하는 대표적인 학자는 피들러(F. C. Fiedler)이다. 상황적합이론은 리더가 다양한 상황에 얼마나 조화롭게 행동을 변화하여 효과적으로 리더십을 발휘하느냐에 달려 있다.

　21세기 들어서 조직의 인적 구조가 다양해지고 있다. 즉 조직원이 신참 또는 고참인 경우, 남성 또는 여성 중심인 구조, 다양한 인종과 언어의 조직 등 그 구조가 점차 복잡해지고 있는 것이다. 따라서 리더-구성원 간의 관계에 따라 다른 리더십이 요구된다. 넓은 의미에서는 군대에서의 리더십이 다르고, 종교기관에서의 리더십이 다르며, 정치, 산업, 교육기관에서 요구하는 리더십이 다르다. 지역이 다른 해외문화권에서의 리더십 역시 달라야 한다. 좁은 의미에서는 기업의 분야, 업종, 부서에 따라서도 리더십 방법이 달라야 한다.

피들러는 리더십 상황의 변인으로 세 가지 요인을 측정하였다. 세 가지 상황요인은 첫째 리더-구성원 관계, 둘째 과업구조, 셋째 지위권력이다. 리더-구성원 관계는 집단의 분위기, 신뢰도, 충성도를 가리키며, 과업구조는 과업내용의 조직화, 체계화 정도, 지위권력은 조직의 수장이 가지는 합법적 권력의 권한 정도를 말한다. 리더와 구성원 관계는 좋고 나쁨으로, 과업구조는 높고 낮음으로, 권력구조는 강하고 약함으로 측정하였다. 이 세 가지의 상황요인들이 결합하여 조직 내 여러 가지 상황의 유리성(favorableness)을 결정한다. 그의 연구결과에 따르면, 리더십 유형은 상황에 따라 다른 효과성을 나타낸다. 즉 조직문화의 상황에 따라 리더십의 적용 방법이 달라야 한다는 것이다. 상황이 속한 특성을 측정하고 나면 리더와 그 상황 간의 적합성 여부를 평가할 수 있다.

영국의 윈스턴 처칠(Winston Churchill)은 재무장관직에 있을 때 나라의 경제를 흔들리게 한 적이 있었다. 하지만 그는 긴박하고 위급한 위기

상황에서 담대한 리더십 능력을 발휘하였다. 그는 치밀한 전략적 전술가와 국민들에게 용기를 주는 명연설가, 그리고 외교술가로서 조국을 위기에서 구해 낸 위기 대처형 리더였다.

전쟁의 소용돌이 속에서 총리가 된 처칠은 장관들을 만나 "내가 바칠 것은 피와 땀과 눈물밖에 없다."라고 호소하며 단합을 요구하였다. 2002년 BBC가 영국인 100만 명을 대상으로 조사한 '위대한 영국인 100명' 가운데 뉴턴과 셰익스피어를 제치고 처칠이 1위를 차지하였는데, 이것은 위기상황에서 영국을 구해 낸 처칠의 용기 있는 대처 능력과 올바른 상황 판단을 보여 준 그의 리더십에 존경을 표한 것이다.

위기관리 또는 리스크 관리는 리더십에 있어서 중요한 부분이다. 파산 위기에 몰린 크라이슬러 자동차를 회생시킨 리 아이아코카(Lido Anthony Iacocca), 음반 사업과 항공업의 선택 기로에서 수익성 높은 버진 뮤직을 정리하고 버진 항공에 그룹의 운명을 건 리처드 브랜슨(Richard Branson), IBM이라는 거대 코끼리를 다시 춤추게 만든 루이스 거스너(Louis Gerstner)는 탁월한 위기경영 관리자였다.

능력 있는 위기경영 관리자들은 조직원들이 당연하게 생각하는 조직의 시스템과 프로세스를 변화시킨 사람들이다. 그리고 그 조직원들을 한 방향으로 움직일 줄 알았다. 유능한 리더는 다른 조직문화를 만났을 때 상황에 따른 변화가 가능하다. IBM, RJR 나비스코, 아메리칸 익스프레스에서 CEO로 일한 거스너에게 각 기업에 따라 어떻게 리더십 유형이 다른지 물었다.

"IBM에 부임해서 특별히 이전과 다른 리더십 유형이 필요하지는 않았지만, 일하는 방식에는 큰 차이가 필요하였다." 그는 아메리칸 익스프레스에서는 직접 수시로 경영 실적을 챙겼지만, 거대한 조직인 IBM에서는 다른 사람들에게 위임하는 방법을 썼다. 그는 다른 조직문화의 상황에서 다르게 행동할 줄 알았다.

내가 21세기 리더는 수륙양용차라고 한 것은 자신의 자동차를 다른 차종이나 브랜드로 바꾸라는 말이 아니다. 이것은 다른 환경과 상황에 맞추어 업무방식에 변화를 주는 것을 뜻한다. 나는 자신의 리더십 유형으로 일하는 방식에 변화를 준 것이 위기경영의 성공 요인이었다는 거스너의 말에 공감한다.

여성의 교육 기회가 동등해지고, 사회 진출이 점차 가속화됨에 따라 세계적으로 여성 리더들이 늘어나고 있는 추세이다. 남성과 여성의 리더십 유형에 대한 연구도 활발해졌고, 상황에 따른 리더십에 대한 연구 역시 많이 발표되고 있다.

이글리(Eagly)의 연구에 의하면, 군대와 같이 남성지배적 집단에서는 여성 리더보다는 남성 리더가 더 효과적인 반면에, 사회, 교육, 정부, 또는 서비스 분야에서는 여성 리더가 더 유리하다고 한다. 군대에서도 전시와 평화 시 상황에 따라 리더십이 달라야 하는 것처럼, 대기업과 중소기업, 직업군, 부서별로 요구하는 리더십 방법이 다를 수밖에 없다. 내가 강조하고 싶은 점은 다른 상황에서 다르게 행동할 수 있는 리더의 열린 마음과 더불어 올바른 결정을 내릴 수 있는 판단력이다.

다른 환경

과거에는 문화적 상황, 즉 환경에 대한 연구가 그다지 필요하지 않았다. 하지만 근래 들어 글로벌 기업이 늘어나고, 해외 근무 파견 주재원의 수가 증가함에 따라 글로벌 인재의 수요가 절실해지고 있다. 이에 따라 문화적 차이에 대한 올바른 인식과 다른 환경에서의 적절한 리더십 수행에 대한 필요성, 다문화 교육의 중요성이 부각되고 있다. 로버트 하우스(Robert House)에 의해 시작된 GLOBE 리서치(The GLOBE research program)는 전 세계 62개국 950여 기관에서 1만 7,000명의 관리자를 대상으로 각 국가 간의 문화적 성향에 대한 연구를 진행하였다. 이와 같이 최근 들어 다른 문화권에서의 리더의 유형 및 문화적 갈등을 해소하는 방법, 다른 문화에 대한 이해와 문화적 배경에 따른 효과적인 리더십이 무엇인지에 대한 연구가 점차 활발해지고 있다.

획일적인 리더십은 다른 언어, 문화, 종교권에서는 통하지 않는다. 기업이 다른 국가로 진출할 때는 그 나라의 언어와 가치관, 음식문화와 종교, 생활관습 등을 세세히 조사해야 한다. 서양의 문화와 동양의 문화가 다르듯이 북아메리카와 남아메리카, 유럽의 문화도 다르고, 아시아권에서도 가깝게 위치하고 있는 중국과 일본 역시 사뭇 다른 문화와 종교관, 국민성을 가지고 있음을 숙지해야 한다.

내가 미국에서 유학할 당시 멘토 역할을 해 주신 CalState LA의 로리 킴 교수가 해 준 첫 번째 충고는 모든 중요한 서류나 영수증을 컴퓨터에 보관하거나 복사해서 여분을 가지고 있으라는 것이었다. 미국이란 나라는 서류를 통한 증거가 논리로 형성되며, 우리나라처럼 정에 의해 움직여지는 일이 없기 때문이다. 일 처리 진행 과정을 설명하기 위해 내 이메일 내용을 해당자 이외에 상사에게 포워드(forward)하는 것 역시 배우게 되었다. 미국은 매뉴얼에 따른 규칙과 규율, 법률 준수에 매우 엄격하다.

  미국은 자신의 의견을 자신 있게 표현하는 문화이다. 우리나라의 전통처럼 '침묵이 금'인 나라가 아니다. 그들은 어릴 때부터 토론과 발표가 몸에 배어 있는 사람들이다. 부끄러워 우물쭈물하는 모습은 정직하지 않은 모습으로 비추어질 수 있다. 그들은 모르는 것을 당당하게 질문하며, 거리낌 없이 자신의 의사를 표현하고 주장하는 데 익숙하다. 하지만 정치, 종교, 인종 문제는 민감한 이슈이기 때문에 솔직하기보다는 정치적으로 표현하는 기술이 필요하다. 미국인들의 발표와 토론, 칭찬의 문화는 아이들이 자신감을 갖고 성장할 수 있는 기반이 된다. 미국 학생들은 대부분 자신들이 똑똑하다고 생각하고, 우리나라 학생들은 자신들이 얼마나 똑똑한지 잘 알지 못한다. 본인이 리더라고 생각하는 사람은 손을 들라고 하면 미국 학생들은 대다수가 손을 들지만, 우리나라 학생들은 거의 손을 들지 않는다. 우리나라에서는 리더에 대한 인식부터 전환되어야 하는 것이다.

  나는 유학시절 석사와 박사 과정에서 유일한 외국 학생이다 보니 자연히 미국인 친구들과 어울릴 수밖에 없었다. 우리가 밖에서 바라본

문화와 실제로 안으로 들어가서 보는 문화는 확연히 다르다. 문화란 것은 참으로 조심스럽고 섬세하다. 해외진출기업이 성공하기 위해서는 단순히 일상적 언어 수준을 넘어선 그 나라의 문화를 이해할 수 있을 정도의 사전 지식이 필요하다.

세계미래학회는 2028년 인도의 인구가 중국을 넘어설 것이라고 내다보았다. "인도는 코끼리 같다. 처음엔 느리지만 일단 움직이면 누구도 멈추게 할 수 없다." 인도의 씽 총리의 말이다. 『인도경영 시크릿』의 저자이자 기업인인 김광로 씨는 실제로 인도인은 한국 사람에 비해 경쟁의식이 덜한 편이라고 말한다. 인도에서는 다양성과 다문화에 대한 존중과 기다려 주는 미덕이 필요하며, 직원 스스로 결정 내리기 위한 토론문화를 이루는 것이 중요하다고 하면서 인도인을 뽑아 인사책임자로 두라고 조언한다. 그러면서 인도에서 성공하려면 혁신, 열린 마음, 동반자 정신의 세 가지를 갖추어야 한다고 강조하였다.

혁신, 열린 마음, 동반자 정신으로 인도에 진출한 기업은 현대자동차이다. HMI는 1998년 인도에 공장을 짓고, '상트로'라는 이름의 자동차 생산에 돌입한지 32개월 만에 20만 대를 돌파하였다. 인도의 대표적 자동차 제조업체인 마루티 스즈키의 독과점 판매로 고객들이 품질, AS, 유통 등에 불만이 있음을 알아낸 현대 HMI는 이러한 문제점을 염두에 두고 사업을 시작하였다. 먼저 인도의 고온 다습한 기후에 맞는 에어컨의 성능 강화, 복잡하고 혼잡한 도로 여건에 필수인 경적과 브레이크 기능 보강, 터번을 쓰는 인도인을 위해 차체 높이를 높이는 등 현지인에게 맞는 자동차로 개선시켜 나갔다. 인도인에게는 인도인을 위한 차가 필요하다는 마음에서 현지인에 맞는 자동차 공급을 최우선으로 여긴 것이다. 또한 공장 뒷편에 망고나무를 키워 직원들이 간식으로 이용하도록 하였다. 이러한 세심한 배려가 인도인들의 마음을 사로잡았고, 현대자동차는 불과 몇 년 만에 인도의 톱 메이커로 자리 잡을 수 있었다.

인도 외국인 투자비율 최고 한도가 51%로서 단독투자가 불가능한 상황 속에서 김양수 부사장은 인도 수상과의 담판으로 단독투자 허가를 받아냈다. 인도 현지에 엔진과 트랜스 미션공장을 건설하여, 부품의 현지화로 원가절감을 이루었고, 적극적인 기술 이전을 통해 고객만족 품질경영을 일구어낼 수 있었다.

현대자동차 인도법인 HMI는 법인장과 주재원 이외에 사장과 생산담당 간부 직원 모두 인도인으로 구성되어 있다. 현대가 성장하면 그것은 바로 인도 직원이 잘살게 되는 것이고, 그만큼 인도가 성장한다는 것을 암시하고 있다. '사람 우선 경영'을 모토로 경력사원보다는 신규사원을 채용함으로써 현대자동차의 문화를 전수하고 오랜 계급사회에 익숙한 인도인의 의식에 변화를 주었다. 직급에 상관없이 동등하게 직원을 대하는 기업문화는 인도인에게 커다란 변화와 자긍심을 불러일으켰다.

"문화적 차이를 극복한 것은 우리 회사가 성공할 수 있었던 또 다른 요인입니다. 사실 도요타 같은 회사가 처음 인도에 진출하여 실패한 데는 현지인에 대한 차별대우가 크게 작용하였습니다. 사무실도 따로 쓰고 회의도 따로 하는 식이었으니까요. 거기에서는 현지인이 일본인의 회의에 끼어드는 것을 상상할 수도 없었습니다. 이제 와서 그들은 그런 차별을 없애려고 합니다. 저희는 그룹별 위원회를 만들어 구조적으로 한국인과 인도인을 통합하였습니다. 제가 처음 입사해서 들은 말 중의 하나가 'Single Unified Culture(하나로 통합된 문화)'였습니다." 현대자동차는 현지화를 통한 글로벌화를 경영철학으로 하였다는 것이 라메시 부사장의 설명이다.

인도에서의 성공은 아시아와 유럽의 관문의 위치에 있는 터키에서도 전개되었다. 터키가 외환위기를 맞고 IMF 관리체제로 들어가자 이즈미트의 현대자동차 합작공장은 엄청난 타격을 받게 되었다. 다른 업체들이 철수할 때 현대자동차는 "이 위기를 극복하려면 구조조정을 택할 수밖에 없지만, 우리는 떠나지 않는다. 여러분이 도와준다면 우리가 다시 일어서는 날 여러분을 다시 불러들일 것이다." 직원들은 이 말에 자진 퇴직을 하였으며, 회사는 위기를 넘기고 퇴직한 직원들을 다시 불러들였다(디지털내일, 현대자동차 글로벌 리더십).

이러한 감동의 스토리는 현대자동차라는 브랜드의 위상을 높여 주었고 터키 공장의 부활은 유럽 수출에 청신호로 작용하였다. 현대자동차는 현지의 특성을 사전 파악한 후 현지인을 활용하고 그들의 삶의 질을 높이는 데 공헌하였다.

이와 같이 다른 문화권에서 성공하기 위해 중요한 것은 먼저 그 나라 사람들에 대한 문화적, 역사적 이해이다. 중국인의 특성을 가장 잘 표현하는 사자성어는 '우공이산(愚公移山)'이라고 한다. 노인이 곡괭이 하나를 들고 산을 파서 옆으로 옮기려고 하였다는 고사에서 유래된 말인데. 이 말은 현재에도 적용되고 있다. 1937년 12월에서 1938년 1월까지의 6주간의 난징대학살에 대해 중국인들은 30만 명이 살육되었다고 주장하고, 일본인들은 3만 명이라고 주장하였다. 중국인들은 더 이상 일본과 시시비비를 가리지 않고, 침묵으로 일관하였다. 이후 중국은 자국의 연구원들이 전 세계를 뒤지고 일본의 도서관과 문서보관소의 자료를 손으로 베끼고 옛 자료를 복원하는 등 은밀하고 끈질기게 준비한 끝에 방대한 분량의 증거 자료집을 근거로 하여 난징대학살 기념관을 건립하고, 70주년 행사를 기다려 왔다. 바로 우공이산의 면모를 보여 주고 있다.

조선족 출신인 소춘애 씨는 연세대학교 음악대학원을 수료하고 음악가로 활동하다가 주방가구업체 한샘의 중국 법인장으로 북경에서 활동하고 있다. 그녀가 전해준 한 일화에 의하면, 한국의 중소기업가가 중국에서의 사업을 중단하였을 때 10년간 그의 운전기사로 일한 중국인이 두툼한 노트 한 권을 꺼냈다고 한다. 그 노트에는 근무 외 시간에 대한 특별 수당 청구서가 들어 있었다. 파산을 당한 한국인 사장은 청구서를 수용할 수밖에 없었고 그것을 지불하지 않고는 귀국할 수 없었다. 소춘애 씨는 "평소에 종업원들의 생일이나 가족들의 길흉사를 잘 챙기는 현지 진출 경영인들은 실패할 확률이 적다. 특히 어린 자녀들의 입원비나 부인의 출산 후 작은 선물이라도 챙겨 주는 사장들은 성공한다.”라고 말하였다(김용구, 9988 김용구의 4.0시대의 중소기업 이야기).

임영철 토프톤 칭다오 법인장은 23년 간 중국에서 공장을 이끌고 있다. 그는 대한무역투자진흥공사(KOTRA)의 주선으로 중국 시찰을 다녀와 중국법인을 결정한 후 한 달 동안 중국어를 배워 중국으로 파견되었고, 23년 체류라는 중국 최장기 기업인이 되었다. “중국인을 친구로 만들지 못하면 중국에서의 사업은 성공할 수 없습니다.” 그는 꽌시(인적관계) 없고 친구를 만들지 못하면 중국에서 사업하기가 힘들다고 하면서, 중국인들은 친구로 여기는 사람에게만 물심양면으로 도와준다고 충고하였다.

비즈니스 관계가 아닌 진심으로 그 나라 사람과 문화를 좋아하는지는 시간이 지날수록 느껴지기 마련이다. 중국에서 통하는 꽌시(인적관계)란 ‘우공이산’이란 사자성어처럼 시간과 정성이 수반된 신뢰를 바탕으로 한다. 중국과 중국인에게 실이익이 될 사람과 기업, 상호협력이 가능하다고 믿어지는 신뢰관계 속에서만 ‘꽌시’가 이루어진다.

적극적인 신뢰 구축으로 성공한 중국 진출 기업으로 5,300여 개의 직영 매장을 운영하는 이랜드 차이나를 꼽을 수 있다. 이랜드 차이나는 2000년부터 50% 성장하여 현재는 영업이익에서 글로벌 패션회사의 위치에 있다. 여기에서 2011년에 있었던 이랜드 차이나의 사례를 하나 들어 보자. 이랜드 차이나는 당시 소비자 불만 건수가 한 건도 없는 여성용 겨울 코트에 약간의 홈이 있다는 이유로 1,770벌(총 10억 7,000만 원)

을 절단해 버렸다. 그 이유는 프리미엄 고급 브랜드로서 제품의 흠을 묵인할 수 없다는 것이었다. 이 사건으로 이랜드 차이나는 단기적으로는 손실을 보았지만, 장기적으로는 중국인의 신용을 얻는 투자를 한 셈이 되었다.

또한 이랜드 차이나는 전담 문화팀을 두어 4C(Campus, Commercial, Camp, Charity) 1F(Family) 원칙 아래 '하나의 가족'을 추구하는 현지화에 성공하였다. 즉 이랜드 전 직원의 단합과 열정을 보여 주는 각종 체육 문화활동(Campus), 현장교육(Commercial), 각종 구호와 발표 및 해외연수 프로그램(Camp), 직원 자원봉사 및 바자회(Charity)를 통해 단합을 추구 하였다. 또 부녀절, 밸런타인데이, 아동절을 비롯하여 중국 최대 명절 인 춘절과 중추절에 직원에게 선물을 하는 등 하나된 가족(1F)을 실천 하는 현지화 노력으로 '중화자선상'을 2년 연속 수상하였다. 사회공헌 전담팀을 두어 장학사업을 대표사업으로 하는 등 납세, 브랜드, 사회 공헌 부문에서도 100회 이상 수상하는 결실을 맺고 있다.

내가 미국에서 이사하였을 때의 일이다. LA의 한인이 운영하는 이 삿짐센터에서 두 명의 멕시코 사람이 왔는데, 내가 아무 말도 하지 않 았음에도 그들은 내 눈만 마주치면 한국말로 "빨리빨리"라고 말하는 것이었다. 왜 그러냐고 물어보니 한국 사람들은 빨리빨리 하라고 자 주 재촉을 한다는 것이다. 한국 사람하면 '빨리빨리'가 생각나는 것처 럼 우리가 생각하는 중국인에 대한 이미지는 '만만디(慢慢的)', 즉 '느리 다'이다. 중국 CEO들의 최고 MBA 과정의 쟝강상학원(CKGSB)의 샹

빙 원장은 중국 시장에서 꽌시가 중요하지만 핵심은 속도라고 말한다. "일본 기업은 어느 산업 분야든 10년이 지나도 변하지 않고 더 정밀하게 한 분야에만 집중한다. 반면 중국은 3~5년에 한 번씩 구조적인 변화가 일어난다. 발 빠른 한국 기업은 적응력이 높아 견디지만, 일본 기업은 이런 시장에서 버티기 힘들어한다." 그는 외국 기업이 중국 시장에서 범하는 오류는 중국이 발전 단계가 다른 많은 지역으로 구성되어 있다는 사실을 인식하지 못한 채 균일 시장으로 대응한다는 점이라고 덧붙였다. 중국처럼 급변하는 시장에서는 속도가 빠르지 않으면 생존하기 힘들다고 그 원인을 설명하였다. 우리가 생각하고 있는 것처럼 중국인은 더 이상 '만만디'가 아니다.

프랑스의 베이커리 브랜드 폴과 포숑이 북경과 상해에 지점을 냈다가 몇 년 만에 사업을 접고 철수한 일화가 있다. 하지만 파리바게트는 현지화 전략에 성공하여 큰 인기를 끌고 있다. 파리바게트 중국 매장에는 다른 나라에서는 생산하지 않는 '육송빵(肉松面包)'이 있다. 이 빵은 빵 위에 다진 고기를 얹은 것으로, 현지인의 입맛에 맞는 중국인을 위한 제품이다. 이처럼 현지인의 입맛에 맞춘 빵의 생산이 20%에 달한다. 한 관계자는 "중국 시장에서는 충분한 관찰과 시장조사만큼이나 유연한 변화와 대응이 필수 요소이다."라고 말하고 있다.

오영훈 KOTRA 사장은 중국 시장에서의 기업 전략에 대해 'Made in China'가 아닌 'Made for China'로의 인식전환이 필수라고 말한다. 단순한 수출기지가 아닌 중국인들이 필요로 하는 제품을 만들어야 한다는 것이다. 이에 그는 'Made with China'를 제안하고 중국 기업과 상호 협력하여 경쟁자가 아닌 동반자적인 입장에서 중국 시장을 개척해 나가야 한다고 이야기한다. 오영훈 사장의 말은 단지 중국 시장에만 국한되는 것이 아니다. 우리나라 기업이 해외에 진출하여 성공하기 위해서는 현지 공장화의 전략보다는 현지인들과 동고동락하면서 그들을 위한 제품을 판매해야 한다는 점을 강조하고 있다.

중국 내수시장의 규모가 점차 확대됨에 따라 글로벌 기업은 그들의 마음을 사로잡는 마케팅을 강화하고 있다. 삼성은 2008년 쓰촨 대지진 당시 중국 내 외국계 기업 중에서 가장 많은 3,000만 위안의 성금을 지원하며 지속적인 사회공헌 활동에 앞장서 왔다. 2013년 4월 쓰촨성 야안에서 지진이 발생하자 중국 내 외국기업의 움직임이 5년 전과 사뭇 다르다. 홍콩계 음료기업 자워바오는 1억 위안(180억 원), 삼성 중국법인은 6,000만 위안(110억 원), 애플은 5,000만 위안(90억 원)의 성금을 쾌척하였다. 중국 내 대기업과 국유은행이 500만~1,000만 위안을 성금으로 낸 것에 비하면 글로벌 기업의 성금 액수는 가히 천문학적인 숫자인 셈이다.

우리나라의 기업은 1992년 한중 수교 이후부터 2000년 대 초반까지 가까운 지리적 위치의 이점을 발판으로 중국 시장을 선점하기 용이한 상황이었다. 그러나 이후 세계적 글로벌 기업이 중국으로 대거 진출해 오고, 중국의 기업이 추격해 옴에 따라 삼성전자와 현대자동차 이외의 기업들은 현재 고전을 면치 못하고 있는 실정이다. 국내 전문가들은 이를 두고 시장의 변화에 대응하는 데 실패하였다고 말한다. 중국인이 필요로 하는 제품의 이해에 더 많은 고민이 요구된다. 즉 더 빈번한 현지인과의 교류와 협력이 필요하다는 뜻이다.

2012년에는 1998년에 영국에 진출한 스타벅스가 14년 동안 5조 3,000억 원이 넘는 매출을 올리고도 법인세는 1%도 안 되는 120억 원을 내는 데 그쳤다는 사실이 알려졌다. 비난 여론이 커지자 스타벅스는 2013년부터 2년 동안 매년 170억 원 정도의 추가 세금을 내겠다고 밝혔지만 영국 여야 국회의원까지 다국적 기업에 대한 단속을 촉구하고 나섰다. 영국 가디언 인터넷판에 의하면, 영국인들은 경제적으로 쪼들리는데 다국적 기업은 아무런 어려움이 없는 것을 보고 분노한 시민들이 불매운동을 벌이게 되었다고 보도하였다. 스타벅스 외에 구글과 아마존도 제도를 악용하여 교묘한 수법으로 세금을 피하고 있다고 비난받는다.

글로벌 기업으로 성공하기 위해서 지역 사람들을 관찰하고, 문화를 파악하고 존중하는 일은 기본적인 사항이다. 중요한 것은 다른 문화권의 커뮤니티와 동반 성장하는 모습을 보여 주는 것이다. 글로벌 기업은 해외 진출국에서 발생하는 국가적 아픔과 기쁨을 함께하는 마음으로 지역 사회에 기여하고 공헌하는 기업 이미지 구축에 공을 들이고 있다.

해외시장 성공 사례를 보면, 그 나라 사람들에 대한 세심한 배려와 다른 문화에 대한 존중에서 성공이 비롯된다는 것을 알 수 있다. 요즘은 단지 물건을 파는 데 그치는 것이 아니라 브랜드의 가치와 더불어 기업의 이미지가 상품 판매에 긍정적 상호관계를 형성하고 있다. 세계 미래학회의 20대 미래예측 리스트를 보면, "주가 대신 인터넷 평판이 기업 가치를 좌우한다."라고 적혀 있다. 전 세계적으로 동반성장으로 사회에 기여하려는 기업의 사회적 책임(CSR, Corporate Social Responsibility)이 강조되고 있는 것이다.

이건희 삼성 회장은 글로벌 인재 육성 수단으로 지역전문가 제도를 적극 강조하였다. 5~10년 후를 내다보고 지역전문가를 양성할 것을 지시하였으며 현재 50개국에서 285명이 지역전문가로 활동하고 있다. 지역전문가는 현지의 문화나 지역 특성을 체험하고 느끼면서 휴먼 네트워크를 형성하는 임무를 맡고 있다. 원기찬 삼성카드 사장(당시 삼성전자 부사장)은 "향후 5년 간의 주재원 수요를 예측하여 인원을 선발하고 있으며 중동, 아프리카, 중국, 인도 등에 파견 인원을 늘리고 있다."라고 하였다. 이어 그는 여성 인력의 비중이 20%까지 올라갔다고 소개하였다.

서경배 아모레퍼시픽 대표는 '글로벌 인재 육성'을 목표로 용인의 인재개발원 안에 외국으로 나가는 주재원을 위한 교육과 숙박을 담당하는 '혜초 하우스'를 설립하였다. 이것은 신라 720년 불법(佛法)을 구하기 위해 인도와 중동을 여행한 승려인 혜초의 개척정신을 본받자는 취지에서 만든 프로젝트이다. 해외 파견직 근무자들은 현지에서 3~6개월 동안 머물면서 화장품 시장 상황을 파악하고 사업성을 타진한다.

이와 같이 우리나라 기업이 글로벌 기업으로 도약하기 위해서는 전문적 지역전문가를 육성하는 일이 반드시 필요하다. 영국이 전통을 중요시한다면 프랑스는 자유와 아이디어, 독일은 규율과 원리원칙을 중요시 여긴다고 한다. 미국의 경우는 실용적이며 합리성을 추구하며 감성보다는 이성적 판단을 선호한다. 하지만 위의 이야기는 어디까지나 책에 나오는 이야기이고, 지역전문가들은 보다 생생하게 현지인들의 삶과 현지의 문화를 그들과 함께 실전으로 체험해야 한다.

다른 나라의 문화를 미리 익히는 것이 중요하기 때문에 우리나라의 글로벌 기업은 해당 국가의 문화교육과정을 만들어 사원들을 교육하고 있다. 그 나라의 언어뿐만 아니라 해당 국가의 지역 문화를 배우도록 하기 위해서이다. 대부분의 기업은 이전에 다녀온 주재원이 다음에 파견될 주재원을 교육시키곤 한다.

청와대에서는 2013년 중국을 방문한 박근혜 대통령과 시진핑 주석과의 식사 장면을 국내 언론에 제공하기로 하였다가 중국측의 관례를 뒤늦게 알고 번복하는 해프닝이 있었다. 상하이의 둥화대학교 우수근 교수는 중국에서는 최고 지도자의 식사 장면을 공개하지 않는다는 불문율이 있다면서 양측의 합의에 따른 조율을 따라야 한다고 하였다. 내가 강조하는 것은 자국인 전문가가 아닌 해당 국가의 현지인을 통한 전문적 교육이 필요하다는 사실이다.

내 수업을 들은 상해 출신의 한 대학원 학생에게 들은 말이 떠오른다. 중국이란 나라는 영토가 방대하고, 다수의 민족과 언어로 이루어진 나라이기 때문에 현지인이 아니면 그 나라의 문화를 알기 힘들다고 한다. 각각의 지역에 따라 취향과 문화가 천차만별이라는 것이다. 지역별로 선호하는 자동차 브랜드가 따로 있을 정도라고 덧붙였다. 현지에서 온 한국인 주재원은 70% 정도 중국어를 알아듣고 중국문화는 30% 정도밖에 알지 못한다고 부연 설명하였다. 따라서 해외 주재원 파견근무를 보내기 전, 선임주재원의 현지 근무 체험에 대한 노하우 전수도 중요하지만, 우리나라에 거주하는 해당 국가 외국인이나 현지에 거주하는 교포 1.5세대나 2세대를 초청하여 연수교육을 받게 하는 것도 좋은 방법이다. 한 나라의 문화를 이해하기에 그 나라 사람과의 교류만큼 빠른 방법은 없다.

예를 들면 우리나라의 한 SNS 전문가가 영국 런던의 본사를 중심으로 뉴욕, 상해, 홍콩 등 세계 주요 도시에 지사를 두고 있는 투자 리서치 회사에서 파트너 자문위원직 제안을 받았는데, 그의 업무는 소셜 마케팅 및 한국의 해당 분야 트렌드에 대해서 유무선 전화로 자문해 주는 것이다. 다국적 기업의 성공 방정식은 바로 그 나라 문화코드와 트렌드를 정확히 읽는 데서 시작되는 것을 보여 주는 예이다.

"비즈니스를 하려면 '깡'을 키워야 한다. 나는 중국 상해에서 홍콩의 주요 고객을 접대할 때 바퀴벌레 튀김까지 먹었다. 미국 사람이 한국에 사업을 하러 왔다고 하자. 한국 바이어와 김치찌개를 먹게 되었는데, 땀 뻘뻘 흘리면서 먹는 사람과 한 입 먹고 숟가락 놓는 사람 중에 어떤 사람이 주문을 따낼까?" 유상호 한국투자증권 사장이 후배들에게 조언한 말이다. 같은 음식을 나누고 즐길 때 신뢰가 생긴다. 그리고 자신의 문화를 좋아해 주는 외국인에게 호감이 가는 것이 사실이다.

내가 멕시코에 방문하였을 때 현지인의 여름 별장에 초대를 받은 적이 있다. 이때 내가 멕시코 음식인 타코, 브리또와 화이타뿐만 아니라 현지인들도 즐겨 먹지 않는 사람이 있는 선인장 피클까지 좋아하자 크게 기뻐하였다. 게다가 프리다 칼로(Frida Kahlo)와 디에고 리베라(Diego Rivera)의 러브 스토리와 그들의 작품 세계, 화려한 스페인식 건축 문화 양식, "21그램"과 "바벨"을 감독한 알레한드로 곤살레스 이냐리투(Alejandro Gonzalez Inarritu) 등 멕시코 문화에 대한 나의 관심은 현지인들과의 관계를 더욱 가깝게 만들어 주었다. 실제로 그 나라의 문화와 사람을 좋아하면, 그 감정은 그대로 상대방에게 전이된다. 외국에 나가면 개개인이 자국의 이미지를 전파하는 친선 외교 사절의 역할을 하며, 개인에 대한 좋은 인상이 국가의 이미지로 전이되는 것도 이 때문이다.

해외로 진출하고자 하는 개인과 기업은 현지인들이 자부심을 가지는 문화에 대한 최소한의 지식 정도는 습득하고 출발해야 한다. 해외 주재원들이 해외진출기업에서 성공하기 위해서는 그 나라의 고유문화와 예절, 역사, 생활양식을 존중, 배려하고 이해하는 수준을 넘어 본인 역시 그것을 즐길 수 있어야 한다. 그 나라의 문화를 배우고 익히고 즐기고 싶다면, 그들의 문화 속으로 하루라도 빨리 들어가 현지인들과 섞이기를 바란다. 사례를 하나 살펴보자.

에스티로더 화장품 한국 대표인 크리스토퍼 우드는 한국어와 한국문화에 친숙한 지사장으로 알려져 있다. 그는 8개 국어를 구사하는데, 이것은 그의 뛰어난 어학능력 때문이라기보다 새로운 환경에 적응하기 위한 그의 부단한 노력의 결과이다. "새로운 나라에 한 번 가면 그곳에서 영원히 살 것처럼 다짐한다. 그러면 당연히 언어와 문화를 배워야 하고, 친구들도 만들어야 한다. 그것이 가장 중요하다. 영어로 'Diving into the deep end', 즉 깊은 물속으로 뛰어드는 일이다."라는 그의 말에서 현지인들을 대하는 그의 태도를 알 수 있다.

요즘 우리는 '국제화'와 '글로벌 사회'라는 말을 쉽게 접하고 있다. 각 대학 홈페이지에서도 글로벌 대학을 육성한다는 구호를 쉽게 볼 수 있는데, '글로벌 인재'를 육성한다는 대학의 문구와 달리 우리나라의 글로벌 교육은 많이 뒤쳐져 있다. 우리는 하루라도 빨리 더 빈번하게 글로벌 네트워크에 접속하여 미래를 대비해야 한다. 우선 우리의 젊은 이들이 미래에 대한 시야를 보다 넓힐 수 있도록 우리나라에 거주하고 있는 다양한 국적의 사람들과 교류할 수 있는 정기적인 오프라인 네트워크 커뮤니티를 형성하였으면 한다. 현재 우리나라 대학에 다니는 외국 학생의 숫자는 증가 추세이므로, 이러한 소중한 글로벌 인적자원을 활용하여 국내 대학생들과 서로 교류하는 프로그램을 더 많이 형성하여야 할 것이다. 글로벌 인재가 되기 위해서는 우선적으로 글로벌 네트워크 안으로 들어가야 하며, 그 다음 다국적의 사람들과 편견 없이 다양한 주제의 대화로 시작하여 전문가적 토론으로 이어져야 한다. 이것은 국내에서 내국인끼리 해결할 수 있는 문제가 아니다.

다른 조직원

　리더십의 상황적 접근법에서 주목해야 할 또 하나의 이론은 허시(Hersey)와 블랜차드의 상황적 리더십이다. 리더십이 상황에 맞게 적절하게 적용되어야 함을 의미하는 것으로, 업무지시적 차원과 관계 지원적 차원의 리더십이 있다. 리더는 조직원의 헌신적 자질과 유능한 실력 수준에 맞는 리더십을 발휘해야 한다는 것이 핵심 요체로 리더의 유연성과 융통성을 강조하고 있다.

　상황적 리더십은 팔로워의 발달 수준에 따라 리더십의 행동유형 방식을 다르게 변화시켜 적절하게 적용하는 데 그 목적이 있다. 팔로워의 낮은 능력/높은 동기부여(헌신성)의 경우는 지시적 리더십(directing approach), 약간의 능력/낮은 동기부여의 경우는 코칭 리더십(coaching approach), 중간에서 높은 정도의 능력/낮은 동기부여의 경우는 지원적 리더십(supporting approach), 마지막으로 높은 능력/높은 동기부여의 경우는 위임적 리더십(delegating approach)을 발휘하는 접근 방법이다. 이 이론은 리더십의 효과성과 리더십 행동을 처방할 수 있는 장점을 가진다.

　예를 들어 자신이 커다란 피자 전문점의 주인이라고 가정해 보자. 아르바이트생이 새로 들어오면 작업 환경, 고객과의 관계, 안전사고 등 업무 파악에 대해 일일이 작업지시를 하고 작업활동을 세밀히 감독해야 한다. 이때 필요한 유형이 바로 지시형 행동유형이다. 이러한 상황적 리더십은 리더는 관계성보다는 과업업무를 지시하는 데 보다 많은 시간을 할애한다.

아직 주방에서 일하기에는 능력이 부족하고 자발적 헌신성도 낮은 직원에게는 직원의 소질과 장래성을 발견해 주는 데 힘써야 한다. 신개발 피자에 대해 아이디어의 제출을 권유하고 적극적으로 참여할 수 있도록 고무시켜 주며 나아가 주방에서 일하는 셰프와 연결시켜 주어 주방에서 일하고 싶다면 어떤 각오와 목표가 필요한지에 대해 코치를 받게 한다. 이는 코칭 리더십 행동유형으로, 이 경우 업무지시와 관계성 양쪽 모두의 지원을 받는다.

주방에서의 능력은 우수하나 성실하지 못하고 일에 대한 헌신도가 떨어지는 보조 주방장이 있다. 이러한 직원에게는 달성할 과업을 준다거나 그에 따른 피드백을 제공하고 신 메뉴 개발에 대한 아이디어를 낼 것을 권유하여 보다 적극적인 활동을 할 수 있도록 촉진시킨다. 즉 높은 동기유발을 촉진시키기 위해 경청, 칭찬, 인정, 보상지원을 한다. 이 경우는 지원형 리더십 행동유형으로, 보조 주방장의 동기를 유발시키는 데 힘쓰지만 최종 결정권은 리더가 가진다.

피자 점문점의 수석 주방장은 경력도 오래되고 요리 실력 및 자부심과 헌신도도 높은 편이다. 이 경우에는 주방장이 하는 일에 일일이 간섭하기보다는 일에 대한 강한 책임감을 갖게 하는 데 중점을 둔다. 신 메뉴나 기존 메뉴에 대한 고객의 평가와 직원들의 아이디어 결과를 바탕으로 합의하에 수행해야 할 업무를 지정하고, 단계별 수행 방법과 업무 방법, 주방에서 일어나는 일에 대한 책임을 다하게 한다. 이 경우는 위임 리더십 행동유형으로 지나친 개입을 삼가도록 한다.

내가 피자 점문점을 예로 들어 조직원 능력에 따른 다른 리더십 유형을 설명한 것처럼, 조직원이라고 누구나 위임받는 것은 아니다. 조직원이 위임받기 위해서는 상당한 능력이나 경력이 동반될 때 가능하다. 많은 신입사원들은 상사가 지시만 하고, 자신의 능력을 발휘할 기회를 주지 않는다고 불평한다. 위임을 받기까지는 상당한 기간의 숙련 기간이 필요하며, 위임이란 최종 책임을 지는 일이라는 점도 알아야 할 것이다.

유능한 조직원인 경우, 자신에게 부여된 권한이 없다는 현실에 불만을 일으킬 수 있다. 자기주도적 업무수행 능력이 뛰어난 조직원에게 성장의 기회를 제공하는 일은 리더의 업무이다. 권한위임을 하였을 때, 리더는 큰 틀 안에서 전략을 구상하여 올바른 의사결정을 내릴 시간적 여유가 생긴다. 조직원은 상사가 자신을 신임한다는 자부심과 더불어 결과에 대한 보람을 느낄 수 있다. 권한위임은 조직의 성장과 직결되기 때문에 전사적으로 위임과 책임소재 및 배분에 대한 프로세스를 정립해야 한다.

책임소재라고 함은 성과에 대한 보상과 실패에 따른 추궁이나 처벌을 말한다. 미국의 경우 우리나라보다 권한위임의 범위와 책임소재가 분명하다. 이것은 능력에 따른 개인성과급제와 해고자유의 원칙이 적용되기 때문이다. 우리나라에서 권한위임이 잘 되지 않는 이유는 누가 어디까지 책임져야 하는가의 불분명함에서 나온다. 하급자의 실수가 상급자의 피해로 연결되기 때문에 권한위임이 쉽지 않다. 또한 리더로서 권한에 따른 힘과 통제권을 상실한다는 두려움도 작용할 수 있다. 성공적인 조직문화를 원한다면, 조직에서 어떤 방식으로 권한을 위임할 것인지, 업무 배분은 어떻게 효율적으로 조율할지, 책임소재와 범위는 명확한가에 대한 원칙이 있어야 한다.

요즘 기업에서 코칭이란 말이 범람하고 있다. 코칭이란 업무지식만을 전수하는 일이 아니다. 능력과 동기부여 단계가 낮은 하급자에게 전문성을 향상시켜 주는 것과 동시에 동기부여를 위해 정서적, 심리적 상담을 동반하는 것을 목적으로 한다. 코칭을 한다는 것은 조직원의 능력을 발견하고 조직원으로서의 일체감을 주기 위한 방법으로, 훈련자이면서 동시에 심리치료사이어야 한다. 기업에서 좋은 코치를 만나는 것이 힘든 이유도 이 때문이다.

상황적 리더십 이론의 단점은 조직원들의 능력과 동기부여 수준을 객관화하여 개념화하기 힘든 모호함에 있다. 하지만 내가 개인적으로 이 이론이 중요하다고 생각하는 것은 리더는 조직원들의 자질과 능력을 자세히 평가할 줄 알아야 하기 때문이다. 그 평가를 바탕으로 현장에서 보다 적극적이고 효과적인 멘토링 역할을 할 수 있다. 이 이론은 조직원들이 보다 성장, 발전하는 데 도움이 되는 처방을 내릴 수 있으며, 교육 훈련 및 개발 프로그램에서 조직원의 성숙도에 맞는 수업방식을 채택할 수 있는 장점이 있다. 조직원이 리더에게 무조건적으로 맞춘다기보다 리더가 조직원의 자질과 능력에 따라 다른 리더십 방법을 보여 줌으로써 리더와 조직원 간의 신뢰 형성에 도움이 된다.

사람들은 나의 리더십은 어떠한지, 얼마나 유능한지 고민한다. 또한 완전한 리더십은 무엇인지 정의하고자 한다. 주변의 조직문화가 다르고, 상황이 동일하지 않으며, 팔로워의 역량 또한 일치하지 않는다. 우리는 틀에 박힌 사고에서 자유로워져야 한다. 현대는 문화적 맥락과 팔로워의 역량을 고려하여 융통성 있는 리더십을 운용해야 하는 시대이다.

21세기가 원하는 리더는 유연한 사고를 지닌 지혜로운 사람이다. 조지 버나드 쇼(George Bernard Shaw)가 말한 것처럼, 21세기 리더란 경험에 의해 현명해진 것이 아니라 다양한 경험에 대처하는 능력을 훈련함에 따라 리더로 거듭나는 것이다.

Question

- 나는 다른 상황과 환경에 변화하는 사람인가?
- 나는 다른 나라의 문화에 잘 적응하는 편인가?
- 나만의 적응 방법은 무엇인가?

Activity

- 조직의 관리 계층에 요구되는 역량에 대한 자기평가를 해 보자(관리기술, 인간관계 기술, 창의적 기술).

Case study

제약회사의 HRD 팀장은 연구직과 사무직 직원들 간의 벽을 허물고 보다 협력하는 문화를 만들기 위해 6주간의 새로운 의사소통 방법에 대한 세미나를 기획하였다. 먼저 연구개발 부서의 석사급 이상의 중간 계층 관리자를 선정하여 첫 세션을 시작하게 되었다. 다양한 커뮤니케이션 프로그램에 유명강사, 그리고 다양한 교수방법의 활용으로 높은 참여도가 기대되었다. 그리고 매주 한 번 아침 10시에서 12시까지 수업이고, 중간에 간단한 다과와 한 번의 휴식시간을 갖는 것으로 하였다. 그런데 세 번째 세션부터 50명의 참가자가 35명으로 줄었고 35명 중 5명은 늦게 나타났다. 참여자들이 보다 적극적으로 세션에 참여하고 의사소통 방법을 성공적으로 습득할 수 있도록 하기 위해서는 세미나를 어떻게 개선시켜야 할까? 어떠한 구체적인 변화가 필요한지 생각하여 발표해 보자(허시와 블랜차드의 상황적 리더십 모델 참고).

Reflection

- 자신이 속한 조직은 어떠한 상황과 조직문화에 대해 움직이는지 체크해 보자 (리더−구성원 관계, 과업구조, 지위권력).
- 자신이 속한 조직 내에서 조직원의 자질과 능력에 따른 리더십 스타일은 어떻게 다르게 실행되는지 체크해 보자(지시/코칭/지원/위임).
- 해외주재원을 두는 기업의 경우, 주재원에 대해 언어뿐 아니라 정치, 경제, 사회, 문화, 스포츠 등 전반적인 문화 교육 프로그램을 실시하는지 점검해 보자.
- 글로벌 관리자, 글로벌 리더의 자질 요건에 대해 토론해 보자.

5

리더는
촉매 역할을 한다

리더가 집단에서 가장 명석한 사람인 경우는 드물다. 리더는 특별한 안목을 가지고 있으며, 크리에이터보다는 큐레이터에 가깝다. 리더는 사람들의 재능을 평가하고 키워 주며, 가치 있는 생각을 알아보는 능력이 있다.
- 워렌 베니스

인물중심

과거에는 리더를 위인이론(Great man theory)에 따라 기질적으로 타고 난 사람이라고 여겼다. 성격적 특성에 따른 유전적인 성향이 위대한 리더를 만든다고 본 것이다. 스토그딜(R. M. Stogdill)은 1948년 연구에서 지능, 민감성, 통찰력, 책임감, 진취성, 지속성, 자신감, 사교성 등을 리더의 성격적 특성으로 보았고, 1974년에는 이외에 협동성, 참을성, 영향력의 세 가지를 추가하였다. 위인이론에 따르면, 리더의 그

릇은 유전적이고, 한 번 리더는 영원한 리더이다. 만(Mann), 로드(Lord)
와 동료들, 커크패트릭(Kirkpatrick)과 로크(Locke)의 연구들을 종합해 보
면 리더의 특질은 통합적으로 지능, 자신감, 결단력, 정직, 사회성으로
요약할 수 있다.

과업중심

미국의 사회심리학자인 맥그리거(McGregor)는 XY이론에서 과
거 권위적 경영체계를 X이론, 인간의 자기실현 욕구에 맞는 새로운 관
리체계를 Y이론이라고 명명하였다.

X이론으로서의 인간은 태생적으로 게을러서 변화하기 싫어하며 책
임감이 없고 자기중심적이다. 따라서 이들은 통제와 권위, 외재적인
유인으로 다스려야 한다. 반면에 Y이론으로서의 인간은 본성적으로 일
을 즐기고 문제해결 능력과 창의성, 도전정신이 있다. 그들에게는 자아
실현 욕구에 맞는 동기부여가 필요하다. 따라서 조직의 리더는 X이론을
바탕으로 한 외재적 보상에 의한 동기부여를 할 것인가 아니면 Y이론
에 근거한 내재적인 자기실현을 위한 동기부여를 할 것인가에 대해 고
민해야 한다.

맥그리거의 X이론은 거래적 리더십(transactional leadership)으로 발전되
었으며, 조직의 업무수행에 있어서 대가를 주고받는 교환이 이루어진다

고 해서 거래적 리더십이라고 불린다. 이는 업적에 따른 보상(contingent reward)을 기초로 수행한 만큼의 노력과 과업이 보상됨을 의미한다. 따라서 거래적 리더는 조직원들의 개별 욕구와 개인 성장에 무관심하다.

이러한 거래적 관계는 가정이나 학교 기관에서 흔히 볼 수 있는 권력관계이다. 예일대학교 로스쿨 에이미 추아(Amy Chua) 교수는 『타이거 마더』에서 자녀 양육에 거래적 관계를 도입하여 스파르타식 통제와 관리, 엄격한 규칙으로 '엄친딸'로 키운 비결을 소개하여 미국 등 전 세계에 격렬한 양육 논쟁을 불러일으켰다. 이러한 모습은 우리나라의 가정에서도 흔히 볼 수 있다. 반에서 높은 등수를 얻으면 원하는 것을 사 준다거나 시험 점수가 나쁘면 컴퓨터 게임을 금지시키는 일은 가정에서의 부모와 자녀 간 일종의 거래적 협상이다.

조직에서도 마찬가지이다. 리더는 조직원의 업무수행을 지켜보다가 실수나 규칙 위반 시에는 적극적으로 수정 조치를 내리거나 기준에서 미달될 때에 개입한다. 수행 업적에 따른 금전적 보상 및 인사고과 반영은 조직과 조직원의 거래행위이다. 거래적 리더십은 과업에 따른 적절한 외재적인 유인으로 조직원을 자극하고, 보상으로 사기를 고취시킴으로써 조직의 업적달성에 기여한다.

조직원 중심

맥그리거의 Y이론에 해당되는 리더십은 바로 변혁적 리더십(transformational leadership)의 근간이다. 변혁적 리더는 이상적인 목표와 가치에 대한 중요성을 조직원들에게 인식시키고, 이 공통된 목표를 향해 조직원들에게 동기부여를 제공하며 사기를 진작시키는 역할을 한다. 이것은 인간 내면 저변에 자리 잡고 있는 자기성취감, 존재감, 가치 있는 삶을 추구한다.

바스(Bass)와 아볼리오(Avolio)는 이상적 영향력, 영감적 동기부여, 지적 자극, 개별적 배려를 변혁적 리더십의 중요한 요인들로 보았다. 조직의 비전을 달성할 수 있도록 개인의 비전과의 접점을 찾고 자신의 이익보다는 공동체의 이익을 위해 행동하고 헌신하는 리더를 목적으로 하고 있다. 하지만 유능한 리더라면 보상을 중요시하는 거래적 리더십과의 적절한 조화를 이루어야 한다. 바스와 아볼리오가 말하는 변혁적 리더십의 주요한 요인으로는 이상적 영향력, 영감적 동기부여, 지적 자극, 개별적 배려의 네 가지가 있다.

이상적 영향력

이상적 영향력 리더의 대표적인 인물로는 예수, 간디, 마틴 루터 킹, 테레사 수녀, 이태석 신부 등을 들 수 있다. 이들은 한평생을 사랑과 헌신, 고귀한 이상으로 보냈다. 이상적 영향력을 주는 리더는 숭고한 정신과 영혼을 담은 진정성으로 세상 사람들의 이익을 대변한다.

남아프리카 대통령이었던 넬슨 만델라(Nelson Mandela)는 높은 수준의 도덕관과 헌신적 의지로 신뢰와 존경을 받았다. 그는 눈에 보이는 상처보다 눈에 보이지 않는 상처가 더 깊은 법이며, 남을 무시하고 모멸감을 주는 것은 잔인한 일이라고 생각하였다. 그는 인간의 기본권과 존엄성 수호라는 명확한 비전을 제시하여 국민들에게 절대적인 호응을 얻었으며, 인종차별 국가인 남아프리카 전체를 변혁하는 데 힘썼다.

"착한 머리와 착한 가슴은 언제나 붙어 다닙니다. 강철 같은 의지와 필요한 기술만 있다면, 세상의 어떤 불행도 자기의 승리로 탈바꿈시킬 수 있습니다. 사람들 간에는 무엇을 가지고 태어났느냐가 아니라, 자기가 가진 것으로 무엇을 이루어 내느냐의 차이가 있을 뿐입니다. 어느 민족에게든, 발전을 이룩하기 위한 가장 위대한 무기는 평화입니다."

만델라는 살아가면서 마주치는 두려움을 담대함이라는 가면을 쓰고 두려움을 감추었노라고 말하였다. 다음은 만델라에 대한 유명한 일화이다. 만델라가 업무 차 비행기를 타고 이동하고 있을 때였다. 갑작스러운 기류 변화로 비행기가 추락할 정도로 심하게 흔들렸다. 이때 수행원을 비롯한 모든 승무원들이 만델라를 쳐다보았는데, 만델라는 아무 일 없다는 듯이 조용히 책을 보고 있었다고 한다. 이를 본 사람들은 역시 만델라는 자신들과 다르다며 칭찬하였다. 그런데 비행기가 안전하게 착륙한 뒤 만델라가 승용차에 오르고 한 첫 말은 "너무 무서워서 죽는 줄 알았다."라는 것이었다. 그는 용감한 사람이란 무서움을 느끼지 않는 사람이 아니라, 두려움을 정복하는 사람이라고 하였다. 그는 자신이 국민들에게 어떻게 비추어지는가 그리고 얼마나 커다란 영향력을 행사하고 있는지를 늘 의식하고 행동하였다. 이것이 만델라 식 카리스마 리더십이었다.

카리스마 리더와 변혁적 리더는 모두 이상적 영향력을 주는 사람이지만, 카리스마 리더는 리더로서의 자신만의 특출한 이미지나 능력을 보여 준다. 만델라는 변혁적 리더의 모습도 보여 주었는데, 그는 자신의 원대한 비전을 달성하기 위해 조직을 형성하고, 다른 사람들과의 협상을 통해 목표를 실현하고자 노력하였다. 그는 대통령으로 당선되기 전에 아프리카 민족회의(ANC)의 지도자로서 인종차별에 맞서 투쟁하였으며, 1994년 남아프리카 공화국 최초의 흑인 대통령으로 취임한 후에는 진실과 화해위원회(TRC)를 결성하였다. 그는 27년간 투옥생활을 하였음에도 용서와 화해를 강조하며 과거사 청산을 실시하였다. 만델라는 인간존엄이라는 높은 가치관을 가지고 불의에 용맹하게 대처하였으며, 이와 동시에 적대보다 화해와 용서의 손을 잡았다. 2013년 95세로 타계한 그는 세계인권운동의 리더로, 그리고 남아프리카공화국의 자유와 민주 평화의 상징적인 존재로 기억되는 이상적인 지도자로서 높이 평가받고 있다.

영감적 동기부여

　　'inspire'라는 단어는 'in+spire(breathe)'로 누군가가 내 안에 숨을 불어넣어 주는 일, 즉 생명을 불어넣어 주는 일을 뜻한다. 즉 영감은 삶의 의지, 욕구, 열의와 동기를 불어넣어 주는 역할을 한다. 내가 영감을 받는 대상은 책과 예술세계, 소설 속의 가상인물, 역사 속의 인물, 존경할 만한 실존 인물이다. 영감을 받은 순간에는 용기, 활력, 자기 효능감, 강한 내재적 동기가 자극된다.

　리더의 영감적 동기부여 능력은 조직원들의 의욕을 자극하고 고무시키는 일이다. 2011년 타계한 애플의 스티브 잡스(Steve Jobs)가 대표적인 인물로, 경영학자인 짐 콜린스(Jim Collins)는 「포춘」지에 잡스를 '경영의 베토벤'이라고 표현하면서 그의 비전과 경영능력을 높이 평가하였다.

　잡스의 고난과 좌절의 삶, 청바지와 터틀넥 의상, '계속 갈망하고, 무모하라(Stay hungry, stay foolish)'의 명연설, 애플의 로고 등은 그 자체가 혁신과 창조의 상징적 영감이 되었다. 그는 경영전략에 있어서 기술의 우수함과 감성적인 영감을 고객들에게 자극하는 능력이 뛰어났다. 애플의 제품은 기술과 디자인의 융복합체로, MP3, 아이폰, 아이패드 등 제품이 출시될 때마다 세상을 바꾸는 제품으로 혁신의 아이콘이 되었고, 잡스는 세상의 많은 이들에게 감동을 주며 세상을 떠났다.

　인간은 돈만으로 살지 않는다. 조직에서도 마찬가지로 보상체제만으로는 장기적 동기부여를 이끌어 내지 못한다. 영감적 동기부여란 조직의 가치와 신념으로 조직을 움직인다는 뜻이다. 인간은 가치 있는 삶에 동참하고 싶은 욕구가 내재되어 있다. 이 부분의 감성을 건드리는 사람이 바로 영감적 동기부여를 갖춘 리더이다.

또 다른 실례를 통해 이를 살펴보자.

1982년 존슨앤드존슨 제품인 타이레놀의 독극물 주입 사건은 존슨앤드존슨 사의 존립 자체를 위태롭게 할 정도의 위기상황을 가져다주었다. 당시 존슨앤드존슨의 제임스 버크(James Burke) 회장은 1억 달러를 들여 전국의 타이레놀을 리콜하기로 결정하고 전량 회수한 후 변형이 불가능한 병마개로 개선시켜 기업회생을 성공시킨 위기관리 리더이다.

그런 그에게도 젊은 시절 엄청난 실패가 있었는데, 새롭게 고안한 신제품 출시로 회사에 100만 달러를 넘는 손해를 입힌 것이다. 그 당시 존슨 총수는 버크를 해고하기보다는 도리어 실패를 축하해 주었는데, 모든 결정에는 실패가 따르며, CEO로서 가장 힘든 결정은 직원이 결정하게 하는 일이고, 똑같은 실수를 용납하지는 않겠지만 중요한 것은 또 다른 많은 결정 속에 실패가 더 많이 존재할 것이라는 생각에서였다. 버크는 존슨앤드존슨의 CEO로 재직할 당시 존슨 총수로부터 받은 교훈을 바탕으로 직원들의 실수를 오히려 장려하였다고 한다.

"우리 회사에 정말로 필요한 것은 직원들이 위험을 무릅쓰고 모험을 할 수 있도록 장려하는 풍토를 만드는 것입니다. (중략) 만약 성장이 모험에서 비롯되고, 모험 없이 성장도 있을 수 없다고 생각한다면, 직원들 스스로 결정을 내리게 하고, 실수를 용납하는 것이 회사를 성장으

107
2부 21세기 리더의 역할

로 이끄는 데 필수적입니다." (워렌 베니스, 워렌 베니스의 리더).

영감적 동기부여는 조직원들의 공동체 의식을 자극한다. 자신이 속한 기업이 고객우선의 가치를 표방하며, 엄청난 손해와 기업의 존폐를 각오하면서 행동한다면 조직원의 입장은 어떠하겠는가? 정직과 신뢰를 최우선으로 하는 위대한 조직에서 일하고 있다는 자부심과 긍지는 자기실현화를 촉진시킨다. 전사적인 조직원들의 자기실현화가 조직의 성공실현화로 이어지는 것은 당연한 일이다.

지적 자극

지적 자극은 조직원들에게 보다 창의적이고 혁신적인 사고능력을 배양하고 이를 조직에서 활용하기 위해 필요하다. 각 조직원들이 가지고 있는 재능과 역량을 충분히 활용하여 서로 협력하고 지원하여 시너지 효과를 얻게 된다.

근래 들어 창의적 인재나 창조경영이라는 말을 흔히 접하는데, 창조경영이라는 말이 화두로 떠오르는 이유는 무엇일까? 이것은 우리 사회가 농경사회에서 산업사회, 정보사회에서 지식, 창조사회로 전환됨에 따라 상상력을 바탕으로 한 창의력이 경쟁력이 되었기 때문이다. 따라서 기업에서는 창의적 인재를 영입하기 위한 노력을 아끼지 않고 있으며, 제품과 서비스에 혁신적인 방법을 개발하도록 지원하고 있다.

또한 각 부서 간의 실적달성 위주의 성과경영에서 벗어나려는 시도도 꾸준히 일어나고 있다. 유니레버(Unilever)사의 경우는 카탈리스트 (Catalyst) 프로그램을 도입, 연극이라는 매체를 활용하여 직원들 간에 상호 소통이 활발해질 수 있게 하고 있다. 직원들끼리 연극을 만들게 함으로써 서로의 다양성을 인정하고 팀으로 일하는 정신을 익히게 하는 것이다. 팀과의 연결이 소통으로, 창의적 아이디어로 연결될 수 있다.

삼성전자는 2012년 7월 '창의 플러스'라는 이름의 특별 전형을 실시하였다. 이것은 소프트웨어와 디자인 분야를 대상으로 필기시험(삼성직무적성검사) 없이 면접만으로 직원을 채용하는 제도이다. 지원자가 전공과 상관없이 본인의 재능과 역량을 증명할 수 있는 에세이와 작품집을 제출하여 통과하면 선발된다. 이러한 제도를 실시하는 것은 통찰력과 상상력, 창의력을 기준으로 인재를 선발하겠다는 기업의 의지를 반영한 것으로, 21세기 창조적인 인재에 대한 요구를 입증해 주고 있다.

일본에서 중소기업으로 성공한 미라이공업의 야마다 아키오 회장은 자기만의 독특한 경영철학을 가지고 있는 것으로 유명하다. 조직원들이 자발적으로 배울 수 있도록 학습조직을 만들어 주는 일이다. 기업의 슬로건이 "아이디어, 항상 생각하라."일 정도로 배움에 대한 철학을 강조하고 있다. 또한 상호 간의 학습을 중시하고, 권위적인 회의보다는 자기주도적인 회의 진행에 중점을 두고 있다. 생각하고, 서로 배우고, 그 결과 자유롭게 아이디어를 제안하는 기업 문화 속에서 생산된 제품의 98%가 바로 직원들 특허를 통해 만들어졌다고 한다.

MBC 방송국의 '신비한 TV 서프라이즈' 프로그램에 미라이공업이 소개된 적이 있는데, 미라이공업에서는 입사 한 달 만에 과장으로 승진하는가 하면 다음 날 평사원으로 떨어지는 불규칙한 인사고과가 이루어지고 있었다. 그 이유는 모든 인사고과를 회장이 직접 내리고 있었기 때문이다. 이때 평가 방식이란 다름 아닌 이름이 적힌 카드를 선풍기 바람에 날려 멀리 날아가는 순서대로 직급을 정하였던 것이다. 이러한 비과학적인 인사고과 정책에 직원들의 불만은 없었을까? 선풍기 바람을 이용해 인사고과를 정하던 미라이공업은 누가 어떤 직함에 있더라도 최선을 다할 것이라는 회장의 신뢰와 정년 70세, 연간휴일 140일, 전원 정규직, 육아휴직 3년, 모든 직원 5년마다 해외여행, 1년마다 국내 여행이라는 경영원칙이 조직원들의 단합을 이루어 내고 있었다. 그래서 그들에게는 직급보다는 조직이라는 커뮤니티가 더 소중하였던 것이다.

현대에 들어서 이종학문 간의 융합과 접목, 이질적인 분야의 연결을 추구하며 창조성, 예술성, 스토리텔링이 강조되고 있다. 잡스는 "창조성이란 서로 다른 것을 연결하는 것"이라고 하였다. 이와 같이 서로 다른 이질적인 분야를 접목하여 창조적, 혁신적 아이디어를 창출해 내는 기업 경영방식을 메디치 효과(Medici effect)라고 부른다. 이 말은 15세기 이탈리아 피렌체에 있던 메디치 가문이 여러 분야의 예술가, 철학자, 과학자 등을 후원하면서 자연스럽게 모인 이들의 역량이 융합되어 새로운 문화를 창조하게 되었고, 14~16세기 문화적 전성기인 르네상스 문화를 구축하게 된 데에서 유래되었다.

친환경 건축에 관심이 많았던 믹 피어스(Mick Pierce)란 건축가는 아프리카 짐바브웨의 수도 하라레에 에어컨이 없는 상업용 쇼핑센터를 지어달라는 요청을 받게 되었다. 연평균 기온이 40도가 넘는 무더운 아프리카에, 게다가 사람이 많이 모이는 쇼핑센터를 에어컨이 필요 없게 만들라니 황당하지 않을 수 없었을 것이다. 그는 이를 추진하기 위해 생물학자를 찾아가 자문을 얻었고, 흰개미가 개미집을 일정한 온도로 유지하는 방법에 대해 알게 되었다. 그는 이 원리를 응용하여 프로젝트를 성공적으로 완수할 수 있었다. 생물학과 건축학이라는 전혀 다른 이종 분야의 결합이 혁신적인 쇼핑센터, 세계 최초의 자연냉방 빌딩인 이스트게이트 쇼핑센터를 건설한 셈이다.

조직원의 지적 호기심과 탐구심, 융복합적 사고는 조직의 창의력으로 이어진다. 그렇다고 창의적인 조직원들이 많다고 창의적인 조직이 되는 것은 아니다. 창의적인 조직이 형성되려면 체계적인 프로세스가 필요하다. 무엇보다 중요한 것은 조직의 리더가 조직원들의 창조성에 대해서 얼마나 수용적인가 하는 것이다. 조직의 창의력으로 이어지기 위해서는 이를 뒷받침해 줄 조직문화가 우선되어야 한다. 획일적이고 지시적인 상황 속에서도 다른 생각을 가진 조직원을 수용할 수 있는 환경이 선행조건이다. 조직의 리더는 자신이 속한 조직이 다양성을 수용할 수 있는 자세를 갖추었는지 먼저 진단해 보아야 한다. 부서별 연결과 협조가 자유로워야 하며, 의사결정이나 회의 진행 과정에서 열린 문화를 추구해야 한다. 리더는 조직원 간의 경쟁보다는 협력과 단합을 유도하는 체제 정립을 고민해야 한다.

창의적인 인재들은 그저 자유롭게 놀면서 아이디어를 낸다고 생각한다면 큰 오산이다. 삼성의 반도체 산업을 주도하였던 KT의 황창규 CEO는 "창조라는 것은 고도의 전문성을 그 바탕에 두어야 한다."라고 하였다. 자신의 전문지식에 대한 책을 읽거나 고민하고 탐구하고 경험함으로써 창의력이 개발되는 것이다. 최근 GE(General Electric)가 핵심인재를 자주 직무순환시키지 않고 한 분야에 4∼5년 정도 두면서 보다 심도 있는 전문적 경험을 하도록 하는 이유도 바로 여기에 있다. 충분한 전문지식 기반이 있어야 접목과 융합이 가능해지며 창의적인 사고가 가능해진다고 본 것이다. 따라서 조직 안에서 창의적인 인재를 육성하기 위해서는 이에 맞는 전문성 교육과 관리 시스템이 필요하다.

조직원들에게 지적 자극을 촉진시키는 일은 보다 자율적이며 자기 실현적인 개인 욕구를 자극시키는 일이기 때문에 창의적인 인재를 통해 창의적인 조직으로 변화시킬 수 있다. 이때 리더가 주지해야 할 점은 개인이 가진 창의성을 조직 내 창조 집단으로 바꾸는 것이 리더의 역할이며, 그것은 조직문화의 변화를 통해서만 가능하다는 사실이다 (Global HR 6월 20일호).

개별적 배려

창업주 자신이 직접 광고에 출연하여 기업 홍보에 성공한 천호식품의 김영식 회장은 회사 직원들을 배려하는 데 신경을 많이 쓴다. 직원들과 함께 여행을 가기도 하고, 집으로 초대하여 함께 식사를 하기도 한다. 그는 주로 부산 본사에 있다가 일주일에 한두 번씩 서울 법인에 출근하는데, 이때 1층에서부터 회장실이 있는 6층까지 전 직원과 악수를 하며 올라간다고 한다. 직원들에 대한 배려는 회사 정책으로 체계화되어 있어 직원들의 출산, 육아, 자녀 교육에 관련된 복리후생이 잘 이루어지며, 직원들이 대학이나 대학원에 가면 교육비 전액을 지원한다.

어느 해에 회사 송년회에서 직원들이 "회장님은 성공한 기업가이죠?"라고 질문하자 김 회장은 "아직은 아닙니다. 내가 성공한 기업인이라는 소리를 들을 때는 여러분이 부자가 되었을 때입니다. 여러분의 통장에 5억 원 이상 들어 있을 때 나는 성공한 기업가라고 큰소리치고 다닐 것입니다."라고 답변하였다고 한다. 그는 2014년 말까지 부산 본사와 서울 계열사를 통합하여 기업공개(IPO)를 실시한다고 하였다. 상장 이유 중 하나가 바로 직원들을 부자로 만들기 위해서이다.

『우리는 천국으로 출근한다』라는 책의 주인공 한미글로벌(옛 한미파슨스)의 김종훈 회장은 조직원뿐만 아니라 그들의 배우자의 생일도 챙기는 것으로 알려져 있다. 그리고 생일 케이크에 CEO 축하 자필 카드를 동봉한다고 한다. 회사 창립기념일이나 연말 모임에 가족을 초대하고, 어떤 조직원이 어려움에 처하면 바자회를 열어 모금운동을 벌이고, 조직원의 봉사활동에 가족이 참가할 수 있도록 하고 있다. 가족친화경영은 회사의 가치를 조직원뿐만 아니라 조직원의 가족에게까지도 공감시킬 수 있고, 회사에 대한 자부심과 긍지, 그리고 신뢰의 조직문화를 만들 수 있다. 김 회장은 이러한 방법이 궁극적으로 기업의 가치창출에 기여한다고 보았다.

"낮엔 내가 직원을 관리하지만, 밤엔 부인들이 직원을 관리한다."라고 하면서 일 년에 하루, 부인들의 내조를 기리는 의미에서 '부인의 날'을 만든 CEO가 있다. 버스 왕이라고 불리는 KD 운송그룹의 허명회 회장이다. 부인의 날 행사는 5,500여 명을 다 모을 수 없어 다섯 차례에 걸쳐 행해지고 있으며 7억 5,000만 원 정도의 비용이 소모된다. 부인들은 일류 호텔에서 좋은 대접을 받고 나면 남편이 자랑스럽다고 말한다. 허 회장은 직원 부인의 생일 때 집으로 케이크와 샴페인, 생일 카드를 배달해 준다. 한국 최고의 유명 디자이너 고 앙드레 김이 디자인한 승무원 제복을 입은 직원들, CEO로부터 직접 생일 선물을 받는 부인들 모두 자부심이 하늘을 찌를 만하다.

삼성카드를 거쳐 현재 삼성물산 CEO가 된 최치훈 사장은 삼성 SDI 대표 시절에 신입사원 부모에게 선물과 편지를 보냈는데, 그 당시는 이것이 드문 일이었다. 훌륭한 인재를 길러 삼성 SDI에 보내 준 것에 대한 감사의 마음, 신입사원이 빛을 발하고 꿈을 펼칠 수 있도록 잘 보살피겠다는 약속과 함께 회사의 경영 상황과 미래 비전을 담은 '지속가능경영 보고서'를 동봉하였다. 이것은 삼성 SDI의 소통의 기업문화를 대표가 몸소 보여 주고 있는 것이다. 근래 들어서는 삼성, 현대, LG

등 대기업을 비롯하여 많은 기업의 CEO가 신입사원의 부모에게 축하 서신과 선물을 보내고 있다. 감사 메시지에는 "부모님, 귀한 자녀 잘 키워 주셔서 감사합니다. 훌륭한 인재로 키워드릴 것을 약속하겠습니다."라는 문구가 적혀 있다. 직원뿐만 아니라 가족에게까지 배려하는 마음은 보다 가족 같은 친근한 기업문화를 보여 주기 위해서이다.

프레드 코프만(Fred Kofman)은 "좋은 리더는 조직원들을 변방이 아닌 핵심에서 일하고 있다고 느끼게 해 준다.(Good leaders make the people feel at the heart of things, not at the periphery.)"라고 하였다. 자신이 조직의 외곽이 아닌 중심에 있다고 믿는 조직원은 자기주도적일 수밖에 없다. '개별적 배려'는 조직원이 자신의 조직에서 얼마나 중요한 존재인가를 확인시켜 주는 일이다.

'개별적 배려'라고 하는 것은 인본주의에 바탕을 둔 인간존엄사상에서 나온다. 조직원들이 변방이 아닌 핵심에서 일하고 있다고 느끼게 해 주는 일은 조직원이 얼마나 중요한 존재인가를 일깨워 주는 일이다. 개개인이 느끼는 강한 존재감이 바로 조직을 하나로 강하게 엮는 원동력이 된다.

사람들은 변혁적 리더십이라고 하면, 제도와 시스템을 혁신적으로 바꾸는 리더의 모습을 연상한다. 이전의 리더십이 당근과 채찍과 같은 평가와 보상제도에 기초한 성과주의적 결과론이라면, 변혁적 리더십은 사람에 대한 이해에서 시작되는 과정론적 이론이다. 장기적 차원에서의 인간경영론인 셈이다.

최근 들어 변혁적 리더십이 주목을 받는 이유는 지식노동자를 어떻게 다루어야 하는지, 숨겨진 잠재력과 창의력을 어떻게 발현시키며, 개인 역량을 조직의 발전과 어떻게 연계시키느냐에 관심을 두기 때문이다. 21세기 조직의 리더는 다양하고 전문적인 조직원의 능력을 최고점으로 끌어냄과 동시에 조직의 성과발전을 도모한다. 변혁적 리더는 변화하는 기업환경에 발맞추어 혁신적 조직문화로 정착시키는 데 해답을 가진 사람이다. 성공하는 기업문화 뒤에는 반드시 변혁적 리더가 존재한다.

Question
- 조직의 변화를 주도하는 촉매자의 역할은 무엇인가?
- 거래적 리더십/ 변혁적 리더십이 필요한 상황은 언제인가?

Activity
- 변혁적 리더십에 대한 자가평가를 해 보자.
- 조직의 리더로서 변혁적 리더십의 4대 요인 중(이상적 영향력, 영감적 동기부여, 지적 자극, 개별적 배려) 자신이 잘하는 부분과 부족한 부분을 체크해 보고 그 원인과 방안을 고려해 보자.

Case study
1. 박 부장은 오늘 아침 자신의 회사가 새로운 패션 카탈로그 프로젝트를 따냈

다는 내용의 이메일을 받았다. 경쟁이 심해 예상하지 못한 일이어서 현재 혼자 그 일을 감당할 여력이 되지 않는다. 아침회의에서 이 안건을 제시하자 2년차된 직원이 이 일의 책임을 맡겠다고 자원하였다. 그녀는 똑똑하고 열정적이지만 2년차의 경력이 마음에 걸린다. 박 부장은 어떻게 해야 할까?

2. 최 본부장은 새로운 신제품 런칭 이벤트 업무를 이 일에 경험이 있는 이 차장에게 위임하였다. 그녀는 신제품에 대해 잘 알고 있고 런칭 이벤트에 참가한 적이 있지만 책임을 맡아 본 경험은 없다. 이 차장은 계획 수립에 자신감을 보였고, 실제로 몇 주에 걸친 계획수립 단계는 성공적으로 이루어지고 있었다. 그러던 어느 날 최 본부장이 마케팅 부서에 방문하였는데, 그날따라 그 팀이 유달리 바빠 보였다. 그러자 갑자기 해당 부서에서 마케팅 자료들을 제날짜에 맞추지 못하면 어떻게 할까 하는 걱정이 되기 시작하였다. 최 본부장이 성공적인 제품 런칭을 위해 해야 할 일은 무엇인가?

Reflection
- 리더십 변천의 원인에 대해 생각해 보자.
- 리더가 조직의 발전을 위해 카탈리스트가 되어야 한다는 의미에 대해 생각해 보고, 카탈리스트가 되기 위한 조건에 대해 토론해 보자.
- 거래적 리더십과 변혁적 리더십의 장단점, 보완점에 대해 생각해 보자.
- 거래적 리더십과 변혁적 리더십의 혼합적 사용으로 성공한 기업을 리서치하고, 제도적 우수성에 대해 토론해 보자.

3부

조직혁신의 주역

Leadership in transition

1

자신의 리더십을
알아야 포지셔닝한다

지도자는 마땅히 자기의 텃밭을 가꾸어야 한다. 씨 뿌리고 살피고
일궈야 하며 그 결과를 거두어들여야 한다. 그리하여 지도자는 정원사와
마찬가지로 자기가 경작하는 것에 대해 책임을 져야 한다.
– 넬슨 만델라

자기 리더십 파악과 응용

볼멘(Lee G. Bolman)과 딜(Terrance E. Deal)은 리더십을 네 가지 스
타일로 구분하고, 그에 따른 성향을 다루었다. 네 가지 스타일은 체계
적 리더십(Structural Leadership), 인적자원 리더십(Human Resource Leadership),
정치적 리더십(Political leadership), 상징적 리더십(Symbolic Leadership)으로,
자신이 어떠한 리더십 스타일을 가지고 있는가를 파악하는 일이 우선
이다. 이를 통해 자신의 부족한 부분을 지원해 줄 수 있는 다른 리더십

성향의 인물을 파악할 수 있는 안목을 길러야 하는 것이다. 리더십 분석능력은 상사와의 갈등을 줄일 수 있고, 조직원의 핵심역량을 길러낼 수 있는 시야를 제공하기 때문에 성공적인 팀을 조직하는 데 꼭 필요하다.

체계적 리더십을 지닌 리더는 합리적인 분석과 논리, 사실과 데이터를 강조하며 명확한 구조기능과 경영체계를 선호한다. 이들은 확실한 생각과 결정력, 분석능력이 장점으로, 목표와 임무, 규칙과 역할, 합법적 근거에 목적을 두고 조직을 조직 목표 달성을 위해 존재하는 기관으로 본다. 체계적 리더십을 갖춘 리더의 경우 원리원칙에 따른 경영을 준수한다.

이건희 삼성 회장의 전폭적인 지지를 받으며, 삼성 전략기획실장, 대표이사를 역임한 이학수 삼성물산 고문은 작은 부분까지도 세밀하게 신경 쓰고 철저하게 준비하는 경영인으로 소문나 있다. 그는 메모하는 습관이 철저한데, 본인이 직접 야간근무까지 하면서 관찰한 결과를 토대로 개발한 원가 분석 시스템은 국내 모 방직업계의 최초의 기본 매뉴얼로 사용되고 있기도 하다. 그의 이러한 분석적 사고와 재무관리 능력이 1997년 외환위기를 극복하고 삼성의 고속 성장을 가능하게 만들었다고 해도 과언이 아니다.

인적자원 리더십을 우선으로 하는 리더는 동기화 능력에 강하다. 사람과 조직 사이의 융합점을 개발하고 코칭, 동기유발, 팀워크 개발에 선천적인 역량을 가지고 있다. 이러한 리더는 인간관계 형성에 중점을 두며 조정자이자 참여적인 관리자 역할을 한다. 인적자원 리더십이 강한 리더는 변혁적 리더십과 서번트 리더십을 발휘하기에 적합한 능력을 갖춘 셈이다. 또한 인간관계를 중시하며 조직원의 욕구(wants)와 요구(needs)를 파악하는 능력이 뛰어나고, 역지사지, 공감과 감성적 자극으로 조직원을 융합하는 힘이 강하다.

이윤우 삼성전자 상임고문은 삼성전자 사장 당시 사람이 우선이라는 생각으로 직원들의 안전을 중요시하는 별도의 안전관리 전담 부서를 자신의 직속기구로 두었다. 삼성전자 기흥 반도체 사업장은 철저한 사고 예방 덕분에 세계에서 가장 오랫동안 무재해를 기록하여 기네스북에 오르기도 하였다. 그는 노사 간의 신뢰 네트워크를 구축하고 일반사원의 요구사항을 알기 위해 자신에게 직접 전자우편을 보낼 수 있는 핫라인을 설치하기도 하였다. 또한 고객과의 관계를 직접 연계시키기 위한 'ESSAY'라는 쌍방향 커뮤니케이션 체제를 시도하여 소통을 강조하였다. 이와 같은 인적자원 리더십이 강한 사람들은 관계지향적이다.

그는 또한 봄과 가을 축제마당을 열어 직원들과 함께 참여하는 모습을 보여 주었으며, 훌륭한 일터 만들기 운동을 전개하기도 하였다. 즉 GWP 은행이라는 감정 계좌 은행을 만들어 누군가를 기분 좋게 만들면 직원들이 당사자에게 감정적립을 해 주는 것이다. 포인트에 따라 그만큼의 보상이 따랐다. 그는 '한경-레버링 훌륭한 일터상'에서 대상을 수상하기도 하였다.

정치적 리더십 스타일을 지닌 리더는 대처능력이 뛰어나다. 옹호자,

투쟁자, 때론 타협자로서의 역할을 오가면서 힘과 권력의 필요성에 따라 연합과 인적 네트워크, 자기 사람을 만드는 능력에 강한 면모를 보인다. 또한 각종 대내외적 자원을 활용하여 거래와 협상능력이 뛰어나며, 조직혁신과 이익창출의 목표를 향한 도전과 의사결정 능력을 갖추고 있고 기획력이 남다르다.

삼성전자 부회장을 지낸 윤종용 국가지식재산위원회 위원장은 2004년 미국의 「포춘」이 선정한 아시아에서 가장 영향력 있는 리더 5위에 선정되었을 정도로 대내외적으로 인정받은 CEO이다. 영어와 일본어에 능통한 그는 세계의 홍보대사관 역할로 전력을 다하였지만, 반도체 전략 발표회 등에서는 총괄사장들에게 전권을 주고 그들의 입지를 강화시키는 위임정책을 썼다.

윤종용 위원장은 혼돈 제조기(chaos maker) 역할을 담당하였다. 기업의 발전은 위기를 준비하고 대처하는 데 있으며 끊임없이 혁신하는 것이 바로 혼돈이라고 하였다. 연공서열을 바탕으로 한 보수제도와 승진제도를 철폐하고 간부들에게 더 많은 재량권을 주고, 능력주의 체계를 구축해 나갔다. 그리고 임원 900명에게 회사 지분 4%를 분배하는 스톡옵션 제도를 만들었다. 그는 2004년에 인촌상 산업기술 부문에 수상한 후 다음과 같이 말하였다.

"경영은 사람, 돈, 기술, 정보 등의 자원들을 잘 관리하고 의사결정, 제품생산, 서비스를 끊임없이 혁신해 부가가치를 만들어 내는 것이다." 그의 정치적 리더십 유형이 잘 나타나 있는 수상소감이다. 윤종용 위원장은 한국전자정보통신산업진흥회 회장 시절에는 IT 융합 확산 전략을 추진하며, 제도를 개선하고 국제표준화를 주도하는 데 힘썼다. 또한 환경 및 통상 문제에 대응하여 회원사의 가치 전파와 이익을 증대시키는 것을 목적으로 활발하게 활동하였다. 이와 같이 윤 위원장은 여러 위치에서 자신의 장점인 정치적 리더십을 발휘하고 있다.

상징적 리더십은 감동과 영감을 주는 강한 인간적인 카리스마를 말한다. 권위나 위엄보다는 동료애를 느끼게 하며, 희망을 주는 드라마틱한 능력을 발휘한다. 자신들만의 문화와 의식, 스토리텔링, 신화 같은 상징성으로 조직을 융합한다. 상징적 리더십을 가진 리더는 자신들만의 이벤트를 만들어 조직원들에게 조직이 가지는 의미를 느끼게 해주는 탁월한 능력을 보여 준다.

김순택 전 삼성부회장은 삼성 SDI CEO 시절에 '도시락 쿠키 간담회'라는 것을 만들어 매달 한두 차례씩 현장 직원들과 도시락을 먹으며 담소를 가졌다. 현장의 불만사항을 메모하기도 하고 자신의 경영철학을 나누는 시간을 보낸 것이다. 그는 노동조합이 없는 SDI의 대표로서 노사협의회를 동료로 인식하고 그들의 문제와 이익을 대변하려고 노력하였다. 이러한 노력으로, 삼성 SDI는 '신 노사문화 대상'을 수상하였다. 그는 또한 부서장이 부서원을 하루에 3번 칭찬하는 '칭찬 경영, 칭찬 악수', 매주 한 명씩 선물을 주는 '칭찬 택배', 칭찬을 글로 써서 보내는 '칭찬 엽서' 등 훈훈한 이야기를 만들어 냈으며, '한경 레버링 훌륭한 일터상'을 수상하였다(홍하상, 세계를 움직이는 삼성의 스타 CEO).

대다수 사람들은 자신이 서번트 리더가 되고 싶다는 말들을 쉽게 한다. 대학생들 역시 가장 되고 싶은 리더로 서번트 리더를 말한다. 하지만 그들은 대개 동료 학생들의 발표조차도 온전히 경청하지 못한다. '서번트 리더십'을 발휘하여 섬기는 리더가 되겠다는 말은 선거철에 정치가들로부터 흔히 듣는 선거 공약이다. 서번트 리더십은 서비스와 희생, 진정성과 종교성을 바탕으로 한다. 실천하기 쉬운 경지의 리더십이 아닌 것이다. 서번트 리더가 어떤 유형의 리더인지 진짜로 아는 사람은 서번트 리더가 되겠다는 말을 차마 하지 못한다.

변혁적 리더가 되고 싶다는 말 역시 흔히 듣는데, 물론 노력하면 가능하겠지만, 변혁적 리더는 우뇌적 영감과 감성지능, 그리고 사회지능을 강조한 소프트 스킬(soft skill)에 탁월해야 한다.

내가 강조하고 싶은 점은 어떠한 리더십이 항상 어느 상황에서나 좋은 것은 아니라는 점이다. 조직의 리더라면 논리적 분석과 세부적 측정, 원칙과 이성적 사고가 바탕이 되는 하드 스킬(hard skill) 역시 필요하다. 조직의 환경과 업무 상황에 따라 강력한 하드 스킬이 요구되는 것이다. 어떠한 리더가 되겠다는 공약보다는 조직의 리더라면 자신이 어떠한 유형의 리더인가를 먼저 파악하는 것이 중요하다. 서번트 리더나 변혁적 리더, 소통의 리더가 되겠다는 약속보다 자신만의 리더십의 장점을 꾸준히 보완, 계발해 나가야 한다. 그리고 자신의 리더십 단점을 어떠한 방식으로 보완할 것인가에 대해 고민해야 한다. 자신의 리더십 유형의 장단점을 파악한 후 자신이 부족한 점을 다른 조직원과 팀에게 권한 위임을 함으로써 리더십을 계속 보완, 발전해 나가야 하는 것이다. 자신의 리더십 스타일과 성향을 알아야 구성원들의 리더십 장점을 볼 수 있는 안목을 기를 수 있다.

앞에서 볼멘과 딜의 네 가지 리더십 유형을 살펴본 것처럼, 여러 스타일을 두루 갖춘 통합형 리더도 있지만, 대부분의 리더들은 특정 부분의 리더 유형에 강한 것이 사실이다. 대통령 선거가 있을 때마다 각종 신문에서는 대선 후보들의 리더십 장점과 단점에 대해 열거한다. 상대 후보나 반대 정당은 상대의 단점에 대해서만 맹공격을 한다. 어느 정당의 후보든지 완벽한 리더는 존재하지 않는다. 유능한 리더는 자신의 부족한 점을 인사정책으로 보완하여 성과를 이루어 낼 수 있어야 한다.

애플의 스티브 잡스는 비전에 강하였지만 인간경영에는 그리 원만하지 않았으며, 빌 게이츠는 경쟁기업의 싹을 아예 제거하거나 인수합병하여 고속 성장하였다. 1992년 「비즈니스 위크」에 '반칙왕 빌 게이츠'라는 기사가 실린 적도 있지만, 미국인들은 그가 비윤리적이기라기보다 하나의 표준 운영 체계의 틀 안에서 세계 어느 곳에서나 통하는 호환성을 구축시킨 IT왕 빌 게이츠에 더 큰 의미를 두고 있다.

게이츠의 부인 멜린다는 결혼식 전날 밤에 유방암 말기 상태인 게이츠의 어머니로부터 한 통의 편지를 받았는데, "부부가 되어 보다 나은 세상을 위해 노력할 것, 그리고 막대한 부에 따르는 고유한 책임에 충실할 것" 등의 조언이 담겨 있었다고 한다. 한때 반칙왕이란 말을 들은 게이츠는 은퇴 후 부인과 함께 '빌앤멜린다 게이츠 재단(Bill & Melinda Gates Foundation)'을 세워 자선사업에 헌신하고 있다. 게이츠는 MS 창업으로 미국을 IT강국으로 변모시킨 역할을 한 대표적인 인물인 동시에, 세상을 보다 더 좋은 공간으로 바꾸는 이상적 영향력의 리더 역할에 헌신적이다.

이를 통해 과거 어느 리더도 완전하지 않았고, 현재의 어느 리더도 완벽하지 않다는 것을 알 수 있다. 미래의 리더는 전문성 이외에 하드 스킬과 소프트 스킬, 혁신 능력에 글로벌 역량까지 점점 더 많은 역량이 요구된다. 중요한 것은 성공한 리더는 자신의 리더십 장점을 정확히 파악하고 있었고, 보다 좋은 사회를 위해 힘썼으며, 자신의 부족함을 다른 구성원이나 팀을 통해 보완해 나갔다는 사실이다. 다음은 경영 컨설턴트인 로이 기어가 한 말이다.

"당신 시간 가운데 80%를 강점 개발에, 20%를 손봐야 하는 바람 빠진 부분에 공기를 넣는 데 사용하라."

인텔의 공동 창업자 앤디 그로브(Andras Istvan Grof)는 리더가 해야 할 영역이 점차 넓어짐에 따라 '생각하는 리더', '실행하는 리더', '대내외 홍보 리더'라는 트로이카 체제의 적절한 역할 분담이 인텔의 성공 요인이라고 하였다. 지적인 풍부함을 자랑하였던 또 다른 공동 창업자인 고든 무어(Gordon Moore)는 생각하는 리더, 반도체 업계의 마당발 로버트 노이스(Robert Noyce)는 홍보 리더, 정확성과 문제를 정면 돌파하는 힘을 가진 그로브는 실행하는 리더의 대표격이라고 할 수 있다.

현대는 전뇌형 인간을 필요로 한다는 말을 흔히 한다. 좌뇌적 분석력과 우뇌적 창의력 모두 필요하다는 것이다. 리더 본인이 전뇌형이 아니라고 판단되면 본인의 부족한 능력을 채워 줄 수 있는 참모를 가까이 하는 것이 지혜일 것이다. 비전 제시형인 잡스가 논리와 기술력의 스티브 워즈니악(Steve Wozniak)을 쫓아 다니고, 비전형 유비가 삼고초려해 가면서 전략가 제갈공명을 군사(軍師)로 초빙한 것이 대표적인 예이다. 잡스와 유비는 자신의 리더십 성향을 알고 있었고, 부족한 부분을 채울 인물을 보는 안목이 뛰어났다.

현대처럼 전문화, 특성화된 시대에 모든 부분에 능할 수는 없다. 중요한 것은 자신의 리더십 스타일을 파악하여 장점을 더욱 개발시키고 단점을 보완하여 조직원에게 위임함으로써 업무를 수행해야 한다. 조직의 리더는 혼자 하는 일이 아니다. 유능한 리더는 단지 자신의 장점을 활용하여 자기 리더십 스타일로 상황에 맞게 응용함과 동시에 조직원이나 파트너의 장점을 십분 활용할 수 있어야 한다.

2002년 월드컵 4강의 축구 신화를 창조한 히딩크 리더십이라는 말이 한동안 회자되어 왔다. 그는 "축구도 과학이다."라고 하였다. 데이터를 분석하고 기본에 충실하면서 동시에 과학적 훈련, 원칙과 규율을 강조하고, 수평적 커뮤니케이션 시도, 동기부여 등 그만의 독특한 리더십을 구축하였고 월드컵 4강이라는 성공적인 신화를 창조해 냈다.

'형님 리더십'으로 불리는 프로농구 감독이 있다. 최고의 선수들을 갖추고도 조직력 부재로 10년 동안 플레이오프에 단 한 번밖에 진출하지 못한 하위 팀을 감독 첫해 단독 선두를 달리게 만든 서울SK나이츠의 문경은 감독이다. 자신의 지도스타일을 어떻게 생각하느냐는 말에 문 감독은 "굳이 말하자면 맞춤감독? 개인교수형?"이라고 하였다. 선수 개개인의 장단점을 파악하고, 장점을 극대화하는 쪽에 초점을 둔 지도방식이다. 그는 선수들에게 안 되는 부분을 되게 하려고 애쓰지 않는다고 덧붙였다.

문경은 감독이 선수들의 재능과 조직력 두 마리 토끼를 잡기 위한 방법으로 정한 새로운 규칙은 '약속된 자유로움'으로 불린다. 이 규칙은 공격은 자유롭게 즐기듯이 하되, 수비는 약속한 대로 지킨다는 것이다. 이를 어겼을 때는 엄벌에 처한다. 즉 규율의 체계적 리더십과 임파워먼트의 인적자원 리더십을 혼합한 방법이다. 매일 아침 자유투 100개를 던진 후 아침식사를 같이 하는 상징성으로 팀워크를 활성화하고 눈빛만으로도 소통하는 조직 구조로 만들었다.

문 감독은 "자유로움 속에서 재미있게 일을 할 수 있도록 방향을 잡아 주는 것이 리더의 역할이다."라고 하였다. 모래알 조직에서 최강의 팀으로 거듭난 서울SK나이츠는 2013년 프로농구에서 돌풍을 일으켰다. 만년 하위팀이었던 서울SK나이츠의 시즌 상위권 진출은 다시 한번 리더의 중요성과 리더십의 가치를 느끼게 해 준다.

맥스 드 프리(Max De Pree)는 미국 가구업계 서열 1위에 올라 있는 허먼밀러사의 명예회장 겸 최고 경영자이다. 그는 직원들이 생산성 향상 방법을 회사에 제안하고, 기여한 결과로 얻어지는 재정상의 이익을 그대로 분배하는 '스캔론 플랜(Scanlon plan)' 개념을 일상적으로 시행하여 주목 받았다. 그는 자신의 저서 『리더십은 예술이다(Leadership is an art)』에서 서술한 것처럼 리더십이란 느끼고 경험하고 창조하는 예술이라는 신념으로 허먼밀러 직원들을 제2의 가족처럼 여기고 있다.

리더십은 예술이 맞다. 리더십은 전형적이지 않다. 모든 조직의 성격과 문화가 다르듯이 리더 역시 자신만의 독특한 장점과 스타일을 가지고 있다.

우리나라에서 대선을 포함한 각종 선거를 앞두고 늘 하는 말은 인물이 없다는 것이다. 우리도 이제 어느 리더도 완벽하지 않다는 점을 숙지하고 리더의 단점을 비난하기보다 리더십 장점을 인정하고 부각시켜 더 큰 훌륭한 리더로 성장하도록 기회를 주어야 한다. 그래야만 더 많은 미래의 리더를 생산할 수 있다. 누구와 함께 일할(co-work) 것인가, 그리고 어떤 단체와 협력(collaboration)할 것인가로 자신의 리더십을 보완시키면서 조직을 성장 발전시키도록 고민해야 한다. 과거에 비해 현대의 리더십은 독창적이고 창의적이어야 하기 때문이다.

서전농원의 김병호 대표와 그의 부인 김삼열 씨는 자신들이 힘들게 모은 350억 상당의 부동산을 카이스트(KAIST)에 기부하였다. 자신들은 고생하고 아끼느라 근검절약이 몸에 배었지만, 자신들처럼 경제적인 이유 때문에 교육의 혜택을 받지 못하는 학생들을 위해 엄청난 재산을 흔쾌히 내놓은 것이다. 평생 모은 돈을 후학 양성을 위해 쓰는 것이 전혀 아깝지 않다고 하면서 다음과 같이 말하였다.

"버는 것은 기술이요, 쓰는 것은 예술입니다."

나는 「포브스」를 통해 김삼열 대표의 말을 읽으면서 "일을 잘하는 것은 기술이지만, 일을 잘하게끔 하는 것은 예술이다."란 생각을 하였다. 일을 잘하게끔 하는 예술이 바로 리더십인 것이다. 앞서 말하였듯이 조직에서 필요한 리더십이란 깨달음의 철학에서 시작해서 논리와 분석을 통한 과학적 사고, 남을 동기부여하고 공감하는 심리학, 그 공감을 표현할 수 있는 웅변술, 가치를 깨닫고 고민하는 철학, 진정성으로의 미학을 갖춘 창의적 종합예술인 셈이다. 21세기 리더는 평생학습자이자 교육자, 창의적 예술가이다.

예술이란 즉각적인 반응을 일으키기보다 시대가 흐를수록 그 빛을 발한다. 리더십 역시 인기와 명예에 집착하지 않는 것, 단기적으로 업적을 내려고 하기보다는 먼 미래를 위해 준비하는 것, 남이 당장 알아주지 않아도 후대의 발전에 영향력을 미치는 것이 아닐까 싶다. 위대한 리더가 된다는 것은 바로 그러한 예술가가 되는 일이다.

내부승진형 대 외부영입형

내부승진형 인사란 한 조직에서 일정 기간 업무수행을 한 후 경력과 자질에 의해 선출되는 관리자를 일컫는다. 내부승진형 리더의 강점은 전문 분야에 대한 지식과 기술, 경험담, 조직원과의 소통능력이다. "나도 열심히 일하면 저 위치에 오르겠지."라는 마음을 심어주어, 조직원들의 동기부여에 도움이 된다. 미국 기업의 CEO를 대상으로 한 설문조사에 의하면 중간관리자 한 명이 바뀔 때 평균 12.4명의 조직원들의 업무수행에 지장이 있다고 한다. 내부승진형 리더는 조직 구조에 익숙하기 때문에 업무수행에 차질이 덜하며, 조직원 간의 융합에 유리하다.

글로벌 컨설팅 기업 '부즈앤컴퍼니(booze & co.)'에 의하면 새로 부임한 CEO 중 외부영입형 출신들이 급상승하고 있다고 한다. 특히 금융 기업에서 두드러지고 있는데, 「포브스」는 2012년 최신호에서 미국 기업의 외부 영입 CEO의 비중이 사상 최고 수준인 30%에 이른다고 보도하였다.

내부승진형보다 외부영입형 CEO로 교체하는 기업이 급증하고 있는 원인은, 첫째 대침체기에 외부 영입 기업인이 보다 과감하게 경영 혁신을 시도한다는 점, 둘째 단기간에 좋은 성과를 내지 못하면 금방 해고되므로 위기상황을 보다 빠른 속도로 타개하려는 강한 도전의식을 갖고 있다는 점, 셋째 기존의 내부인이 갖고 있지 못한 새로운 시각, 즉 틀을 벗어난 독창적 사고가 가능하기 때문이라는 점을 들었다.

한 기관의 조사에 따르면, 외부에서 영입된 고위급 임원들 중 40~50%는 기대 밖의 성과로 실패한다. 단 한 명의 고위 임원의 실패는 약 270만 달러(약 30억 375만 원)의 직·간접 손실을 기업에 야기시킨다. 외부 영입 신임 리더의 경우 조직 구조에 익숙하지 않아 비공식적인 정보와 통신 네트워크에 취약하며, 기업문화가 낯설어서 조직원들과 융화하기 어렵다. 또한 조직원들과 신뢰를 구축하는 데 장시간이 걸리며, 내부 승진의 관행이 새롭게 영입된 상사에 대한 복종을 가로막는다는 점이 주요 걸림돌이다(마이틀 왓킨스, 90일 안에 장악하라).

2008년 이후 4년 동안 5명의 CEO가 바뀐 야후는 계속되는 하락세를 상승세로 끌어 올릴 새로운 CEO를 탐색하게 되었다. 2012년 7월 9회 말 구원투수로 경쟁사 구글의 부사장 출신 마리사 메이어(Marissa Mayer)를 새로 영입하였고, 이후 2년 6개월 만에 주가가 19달러 선을 회복하였다. 그녀는 야후의 옛 명성을 되찾기 위한 방법으로, 조직문화를 바꾸는 데 착수하였다. 먼저 임직원들에 대한 동기부여를 위해 복지제도를 개편하고 부실사업을 정리하는 등 과감한 조치를 내리기 시작하였다.

대표적인 내부 개혁 중의 하나가 재택근무의 폐지였다. 마리사 메이어는 직원들 간 직접 소통은 주요 업무이며, 야후가 점차 침몰한다는 위기감이 직원들의 의기소침으로 연결되고 근무 해이로 이어졌다고 주장하였다. 그녀는 취임 후 야후의 텅 빈 주차장과 썰렁한 사무실을 보고, 이와 같은 조치를 내렸다고 하였다. 이에 대해 빌 게이츠는 CNN머니와의 인터뷰에서 "마리사 메이어의 재택근무 금지 결정은 직원에게 더 많은 유연성을 주려고 하는 트렌드에 역행하는 것"이라고 지적하였다. 하지만 야후 직원들은 익명으로 후기를 남기는 사이트인 Glassdoor.com을 통해 그녀에게 86%의 지지율을 보였다.

구글 최초의 여성 개발자로 입사하여 교육과 관리, 서비스 개발에 장점을 가진 마리사 메이어는 38세의 젊은 나이에 야후 CEO에 취임하였다. 그 후 1년간 야후의 주가는 75% 상승하였으며, 미국 내 방문자 수 1위를 기록하였다. 이는 2011년 5월 구글에 정상을 빼앗긴 후 2년 2개월 만의 재탈환이었다. 페이스북의 COO(최고운영책임자) 셰릴 샌드버그(Sheryl Sandberg)와 함께 21세기 실리콘밸리를 이끄는 최고의 여성임원으로 인정받은 마리사 메이어는 공격적인 인수합병과 구조조정을 통해 경영 부진에 허덕이던 야후를 부활시키고 있다. 그녀는 여성적인 감성과 남성적인 공격적 경영으로 양성적 리더십(androgynous leadership)의 전형을 보여 주는 대표적인 기업 경영인으로 평가된다.

야후의 마리사 메이어처럼 IBM의 위기구원투수로 영입된 루이스 거스너와 GE의 잭 웰치(John Frances Welch)는 내부 관료주의의 타파와 외부의 변화에 대응하는 리더십을 발휘하여 조직을 개편, 새로운 기업문화를 재창조하여 성공한 리더로 평가된다. 이와 같이 단 한 명의 리더가 거대한 조직문화를 변화시키고, 위기에서 조직을 구원하고 성장, 발전시킬 수 있다. 내부승진형이든 외부영입형이든 관계없이 중요한 것은 신임 리더들의 정확한 상황 진단과 성공적 업무 장악을 위한 전략 능력이다. 외부영입형 CEO들은 기존 조직원들 간의 유대감이 내부승진형에 비해 덜하기 때문에 보다 소신 있는 결정과 빠른 실행으로 조직을 개편해 나갔다.

이웃나라 일본에서도 빠른 개혁을 이루고 흑자를 내고 떠난 구원투

수 CEO가 있다. 외부영입형 이나모리 가즈오 교세라 명예회장이다. 경영의 신이라고 불리는 가즈오 회장은 정비 분야 출신 오니시 마사루 내부승진형 사장과 함께 적자투성인 일본항공(JAL)을 맡게 되었다. 국영 항공사였던 일본항공은 1987년 민영화되었지만 관료적 엘리트주의와 적자임에도 전국에 노선을 늘리는 비효율적이고 방만한 경영방식의 강성노조기업으로 결국 파산에 이르게 되었다. 그는 소선(小善)은 대악(大惡)과 닮았고, 대선(大善)은 비정(非情)과 닮았다며, 대규모 구조조정을 단행하였다. 그는 먼저 직원 1만 명을 해고하고 사업장의 3분의 1을 폐쇄하는 작업에 착수하였다. 주력 항공기 95대도 매각하여 비용절감을 단행하였다. 노조를 없애는 대신 자신 스스로 무보수로 일하였다. 이후 JAL은 흑자로 돌아섰고, 그는 약속대로 회사를 기사회생시키고 떠났다. 파산 3년 만의 부활이다.

중요한 것은 내부승진형, 외부영입형 분류가 아니라 현재 조직의 상황에 맞는 합당한 리더의 선출과 임원의 배치에 초점이 맞추어져야 한다는 점이다. 위기상황의 도래로 혁신을 주도해야 할 경우에는 타종업계에서 일한 경험의 거스너와 이나모리 가즈오 회장 같은 강한 의지와 추진력의 소유자를 필요로 한다. 이들은 주로 빠른 시기에 조직을 개편하고 전반적 혁신 단계를 추진하였다. 민첩한 조직 장악력과 주도성을 강점으로 내세워 빠른 구조조정과 비용절감으로 회사를 위기에서 구한 것이다.

변화를 필요로 하지만 점진적인 변화를 이끌 인물이 필요한 경우는 동종업계에서 일한 경험의 마리사 메이어와 같은 리더를 영입하여 신속하지만 계획적인 공격력으로 점진적 변화를 유도해야 한다. 야후의 차별성을 바탕으로 한 점진적 계획을 위해 필요한 인물은 구글에서 엔지니어, 디자이너, 제품 관리자, 임원으로 일한 경력의 마리사 메이어가 적임이었던 것이다.

좌초 직전의 IMB에 투입된 거스너는 맥킨지의 컨설턴트와 아메리칸 익스프레스, RJR나비스토 담배회사를 거친 외부형 전문경영인이었다. 그는 기업의 정확한 진단 후 과감한 구조조정과 조직개혁에 박차를 가하였다. 위기를 넘긴 IBM에 거스너의 후임으로 온 샘 팔미사노(Sam Palmisano)는 영업사원으로 시작하여 30년간 IBM에서 일한 경력의 내부승진형 리더로 점진적 개혁자였다. 위기극복 후 안정된 궤도에 오른 IBM의 2013년 새로운 여성 CEO로 발탁된 버지니아 로메티(Virginia M. Rometty)도 30년 동안 IBM의 다양한 업무를 수행해 온 내부승진형 리더이다. 올바른 리더의 선출과 영입은 한 조직의 미래를 좌우한다.

헤드헌팅 기업 러셀 레이놀즈의 클락 머피(Clock Murphy) 회장은 인터넷 거품 시대에서 '비전'있는 리더를 원하였다면 현대와 같은 변혁기에는 훨씬 더 다양하고 복합적인 능력을 갖춘 리더가 필요하다고 하였다. 글로벌 기업 고위 임원의 역량은 회사를 성장시킨 경험적 능력과 세상의 지속적인 변화를 읽고 따라잡는 통찰력이다. 그는 최근의 흐름이 외부 영입 CEO의 증가와 내부 고위 임원 승진에 관한 컨설팅 증가라고 하였다.

과거에는 차기 CEO를 비밀로 하였다면 현재는 후계자를 미리 정한 후 승계계획(succession plan)을 필수 업무로 정착화하고 있다. CEO와 COO 후보를 미리 선출하여 인재풀을 만들어 놓고, 기업문화, 미래 사업 계획을 고려한 후 포지션에 합당한 후보를 파악하여 그들의 유지, 성장, 발전을 도모하는 승계계획의 중요성이 어느 때보다 강조되고 있다. 21세기에 필요한 준비된 리더에 대한 요구이다.

우리나라 정치 분야의 경우 박원순 서울 시장과 안철수 국회의원의 등장을 보면서 외부영입형 리더에 대한 염원을 읽을 수 있다. 박원순 서울 시장은 관료경험 없이 외부 영입된 대표적인 경우로, 사회적 변화와 혁신에 대한 강한 열망을 보여 주는 실례이다. 많은 학자 출신의 교수가 외부 영입되어 정부의 요직 관료로 임명된다. 하지만 나는 다른 직업 조직군에서 영입된 외부 인사는 충분한 기간의 리더십 후계 훈련 기간이 있어야 한다고 생각한다. 최고위층으로 바로 영입되는 데는 상당한 리스크가 있다. 앞서 말한 것처럼 기업에서 단 한 명의 고위 임원의 실패가 기업에 약 270만 달러(약 30억 375만 원)의 직·간접 손실을 야기한다면, 국가 조직의 잘못된 외부 영입 인사는 엄청난 손실로 국민 세금을 낭비하는 일이다. 다른 조직군의 업무와 문화를 배우고 조직원을 파악하는 일은 단시간에 획득할 수 없다.

글로벌 기업의 성공적인 외부 영입 CEO들의 경우 유사 기업으로 옮긴 사례이며, 정치에서 기업으로, 학계에서 정치로 직업군 자체를 바꾼 경우는 아니다. GE의 CEO였던 잭 웰치는 자신이 가장 잘한 일은 많은 유혹에도 불구하고 정치에 입문하지 않은 것이라고 하였다. 21세기의 업무는 과거와 달리 복잡 다양해서 유능한 외부영입형 리더라도 그와 유사한 조직 운영과 경영을 해 본 경험은 필수일 수밖에 없다. 문경은 감독이 단기간에 조직의 성공을 일구어 낼 수 있었던 이유도 오랜 선수 생활 경험 덕분이었다. 즉 조직력을 강화시키는 노하우가 이미 충분히 축적되어 있었기 때문이다. 같은 분야에서 종사한 경험은 조직원을 연결하고 업무를 응용하는 데 익숙하다. 리더의 역할을 대체할 내부승진형 리더의 육성에 신경 써야 하는 이유이다.

기업경영인 대 전문경영인

우리나라 대기업의 경우, CEO의 유고 시 조직 경영에 참여한 적이 없는 오너 가족이 그 임무를 대리하여 권한을 이어받는 경우가 종종 있다. 자녀와 배우자의 경우, 충분한 시간을 두고 지도자 과정을 밟아서 조직과 업무를 파악한 후 후계자 권한을 위임받아야 한다. 임무를 대신하여 초고속으로 CEO의 위치에 오르는 경우는 리스크가 많다. 세계적으로 정계와 재계의 대다수 리더는 아래에서부터 시작하여 최고의 지위에까지 오른 자수성가형으로 자신들의 리더십을 발휘할 준비를 갖춘 사람들이다. 아무리 탄탄한 대기업이라도, 그리고 가족이 아무리 유능해도 조직의 특성과 구조, 문화를 익히는 데는 일정 기간의 숙련이 필요하다.

하버드대학교 경영학 교수 마이클 왓킨스(Michael Watkins)는 경험 없는 보직 이동은 마치 유능한 인재를 물에 넣어 가라앉는지 헤엄쳐 나오는지 지켜보는 것과 같다고 하였다. 인재를 익사시키지 않으려면 후계 시스템을 통해 리더로서의 잠재력 평가와 역량 있는 리더를 육성하는 방안이 동시에 이루어져야 한다.

스웨덴의 세계적인 조립형 가구 이케아(IKEA)의 창업주 잉바르 캄프라드(Ingvar Kamprad) 전 회장은 17세에 사업을 시작한 후 2004년 「포브스」가 뽑은 세계 최대 갑부로 선정되었다. 1998년 중국에 진출하였으며, 2014년 우리나라에도 광명시에 1호점을 시작으로 전 세계 300개 매장을 운영하는 글로벌 기업으로 성장하고 있다. 잉바르 캄프라드 이사회 고문은 회사의 주요 의사결정을 주도하며 후계자 지명을 미뤄왔기 때문에 그의 리더십을 둘러싸고 말이 많았다. 경영권 승계를 둘러싼 논란이 일자 이케아의 모기업 잉카홀딩의 괴란 그로스코프 회장은 "이케아는 한 사람에게 의존하는 회사가 아니다."라고 밝혔지만 유럽의 언론매체들은 이를 창업주와 전문경영인의 갈등으로 해석하였다. 캄프라드 고문은 치밀한 성격으로 알려져 있는데, 세 명의 아들을 경쟁시키는 구도를 만들고 가장 능력있는 아들에게 승계한다는 원칙을 두었다. 이케아의 모회사 격인 스티흐팅 잉카(Stichting INGKA) 자선 재단은 캄프라드 집안 사람은 오직 한 명만 참여할 수 있도록 규정하고 있다. 이는 자신의 사후 세 아들의 독단적인 경영을 차단하고 기업 분할 경영을 견제하기 위해서이다. 캄브라드는 2013년 경영에서 은퇴하고 셋째 아들인 마티아스에게 회장직을 물려주었다. 하지만 2015년부터는 스웨덴 통신업체 텔레2를 10년간 이끈 전문경영인 출신 라스요한 야르하이머(Lars-Johan Jarnheimer)가 회장직을 수행할 것이라고 발표하였다.

하버드 경영대학원의 조지프 L. 바우어(Joseph L. Bower) 교수는 리더의 역량을 다음과 같이 제시하였다.

• 문제를 파악하고 해결 방안을 제시할 수 있다.
• 자신의 기업을 객관적으로 잘 파악할 수 있다.
• 기업이 속한 시장의 흐름을 예측한다.
• 인재를 발굴하고 사업 파트너를 구축한다.

바우어 교수는 기업을 객관적으로 파악하는 능력이 새로운 CEO의 성패를 가르는 가장 중요한 요소라고 강조하였다. 70년 경영의 달인은 자신의 아들보다는 다양한 경험을 가진 라스요한 야르하이머가 빠르게 변화하는 시장의 흐름을 예측하고, 객관적 시야에서 기업을 파악하는 능력이 우수하다고 판단한 듯하다. 이케아그룹은 2020년까지 매출 2배 신장을 목표로 삼고 있다. 아들들은 이사회 임원으로 경영에 참여하면서 오너로서의 영향력을 발휘하고, 전문경영인은 전반적 운영자로 활동하는 이원적 체제의 구축으로 그룹의 발전을 추진하고 있다.

이케아와 달리 일찍부터 엄정한 후계준비를 실행하는 기업이 있다.

바로 일본의 기코만 회사이다. 간장으로 유명한 기코만은 100여 개의 나라에서 3조 7,000억 원의 매출을 올리고 있는 식품회사이다. 1917년 기코만의 전신 노다간장은 8개의 집안이 공동 설립하였다. 8개 집안은 후계자 선임에 고민하다가 8개 집안의 회사에 입사하는 가족의 수를 1명으로 제한하여 그들이 수석상무가 되기 위해 선의의 경쟁을 하도록 하였다. 그리고 수석상무는 사장 밑에서 후계자 수업을 받도록 하였다. 후계자를 임명하는 일은 '세습 금지'라기보다 엄격한 '검증제도'와 '후계양성 시스템'의 구축으로 유능한 리더를 선정하고 육성하는 일이다.

아시아 최고 부자이자 세계 10위 부호인 홍콩 청쿵〔長江〕 그룹 회장인 리카싱(Li Ka-shing)은 전기 사업과 이동전화 서비스 시장에서 최근 세계적인 IT 기업 투자에 나설 정도로 노익장을 자랑한다. 그러나 그는 이미 장남인 빅터(Victor)를 후계자로 지명하였고, 현재 빅터는 부회장으로 일하고 있다. 리카싱은 "내가 두 달 동안 휴가를 가더라도 떠나기 2분 전에 빅터에게 말해 주면 회사는 잘 돌아갈 것으로 확신한다. 나는 그가 어릴 때부터 경영자가 되는 법을 사례로 보여 주며 가르쳐 왔다."라고 말하면서 후계구도의 안정성에 대해 자신감을 보였다.

글로벌 컨설팅 업체 매킨지는 가족기업 중에서 2세대까지 생존하는 기업은 30%, 3세대까지 유지되는 기업은 14%에 불과하다는 결과를 발표하였다. 100년 또는 200년 넘는 역사를 자랑하는 가족기업의 경우 창업자의 정신을 이어받는 교육에 헌신적이다. 독일의 화학 및 제약회사인 머크(Merck)는 300년 넘게 한 가문이 회사를 이어오고 있는데, 이를 위해 가족 잡지를 발행하여 같은 가치관을 공유하도록 노력하고 세대별 정기적 교육을 진행한다. 중국의 '이금기'는 가족헌장을, 일본의 '기코만'은 가족 교서를 만들어 창업자 가치관의 공유와 전파로 올바른 가치관을 가진 사람이 승계할 수 있도록 후계자 교육을 실시하고 있다.

우리나라 대기업은 오너 위주의 운영 체제를 가지고 있다. 많은 사람들이 오해하고 있는 점은 우리나라만 유독 오너 체제의 경영이라고 생각하는 것이다. 실제로 외국의 경우도 가족이 승계하는 가족경영기업의 수가 많다. 기업의 대물림은 미국에서도 빈번하다. 미국의 하버드대학교 데이비드 랜디스 교수는 「포춘」지 선정 500대 기업 중 3분의 1이 가족이 지배하거나 창업자 가족이 경영에 참여하며, 유럽연합(EU)에서도 가족기업 비중이 60~90퍼센트에 이른다고 지적하면서 가족기업의 실적이 더 우수하므로 전문경영을 위한 제도적 여건이 미비한 개발도상국에서는 가족기업이 경제발전의 수단이 된다고 주장하였다.

2004년 「뉴스위크」 유럽판은 '최고 중 최고(Best of the best)'라는 기사를 통해 가족경영기업이 미국식 경영모델보다 우수한 것으로 조사되었다고 보도하였다. 미국의 스펜서 스튜어트 리서치사의 분석 기사에 따르면 연평균 배당률에서 가족기업은 15.6%로, 전문경영인 기업의 11.2%를 앞섰다. 연평균 자산수익률은 5.4% 대 4.1%, 연간 수익증가율은 23.4% 대 10.8%, 이익증가율은 21.1% 대 12.6%로 높았다.

창업주 가문 출신은 전문 경영인에 비해 단기 실적에 연연하기보다 장기적 비전으로 조직 성장에 목표를 두기 쉬우며, 위기 국면 시대에 오너가 과감하게 직접 진두지휘함으로써 위기 타개가 용이하다는 장점을 가진다. 또한 창업주의 정신을 유산으로 이어받았기 때문에 전문경영인보다 조직의 발전에 헌신적이다. 삼성과 애플은 이건희 회장과 잡스의 복귀 후 활발한 투자와 구조조정으로 혁신기업으로 전환되었다. 한편 오너 체제의 단점은 오너 위주의 독단적이고 불투명한 의사결정으로 인한 피해이다. 또한 윤리적 문제로 사법처리되었을 경우 오너 공백에 따른 기업적, 국가적 손실이 크다는 것이다.

아버지가 기업가라고 해서 자녀 모두가 기업가로서의 자질을 부여받는 것은 아니다. 적성과 자질이 되지 않는 사람을 굳이 후계자로 하는 것이 능사는 아니다. 특히 변화무쌍한 21세기에는 유능한 경영인만이 조직을 유지, 발전시킬 수 있다. 미국의 경우, 자녀가 후계자가 되어도 그 기업의 가치를 유지하는 관리인이지 전문경영인이 되지 않는 경우가 많다. 그들의 주요 업무는 창업주의 정신과 기업의 문화를 유지 및 발전시키는 일이다.

세계적인 부호 워런 버핏에게는 2남 1녀가 있다. 장남 하워드는 농장을 경영하고, 차남 피터는 음악가, 딸은 어린이 교육지원 재단을 운영한다. 현재 어느 자녀도 버크셔 헤서웨이의 일을 맡고 있지 않다. 차남 피터는 자신의 저서 『성공의 길을 찾아』를 출간하면서 거부의 아버지를 둔 소감을 밝혔다. "부호인 아버지 곁에서 많은 지혜를 얻은 것은 사실이다. 하지만 나는 재벌 2세로 태어났다는 행운을 인지하였고 사회에 공헌하기로 결심하였다."라고 전하였다. "명품 차, 호화주택, 거대한 부만을 쫓는다면 진정한 자아와 가치를 찾을 수 없으며 그러한 삶은 불행하다."라고 덧붙였다.

자녀들이 자신의 회사에서 일하기를 원하지 않는다고 언급한 버핏은 자신의 사후에는 장남인 하워드가 버크셔 헤서웨이의 회장직을 승계한다고 발표하였다. 그는 하워드가 버크셔의 회장이 되더라도 지금까지 해온 농장일을 계속할 것이며 개발도상국 농민들을 지원하는 재단을 전담해 운영할 것이라고 하였다. 아들 하워드 버핏 역시 CBS의 '60분(60 Minutes)'에 출연해서 버크셔의 일상적인 의사결정에 나서지 않고 자신의 농장일을 계속하는 조건으로 회장직을 수락하였다고 강조하였다. 그는 기업문화를 이끌 비상임 이사회 회장으로서 별도의 사무실을 두지 않고 급여를 받지 않는 비상근으로 일하게 될 전망이다.

독일이 자랑하는 세계적인 자동차 브랜드 BMW의 최대주주는 콴트(Quandt) 가문이다. 헤르베르트 콴트의 두 자녀 스테판과 수잔은 대학에서 경영학을 전공한 뒤 BMW에 입사하여 근무하였지만 직원들 누구도 그들이 대주주 일가라는 것을 알아채지 못할 정도로 신분 노출을 꺼렸다. 콴트 가문은 회사 경영과는 일정 거리를 유지하는 경영 이원화 시스템을 구축하고 있다. 즉 전문 경영진으로 이루어진 경영이사회와 이들을 견제하고 이사 선임 권한을 가진 감독이사회를 운용하고 있다. 감독이사회는 주주측 대표 10명 및 독일의 자동차 노조와 BMW 사원들이 추천한 노조측 대표 10명 등 20명으로 구성되어 있다. 이들은 의사결정에 참여하는 것이 아니라 경영진이 주주와 회사의 이익에 합당한 결정을 하는지에 대한 감사 역할을 맡고 있다. 경영진을 최대한 지지하면서 일상적 경영에는 간섭하지 않고, 실적 악화로 기업을 위험에 빠뜨린 경영진에 대해서만 대주주로서 적극 개입하여 영향력을 행사하고 있는 것이다.

발렌베리 그룹은 스웨덴 국내총생산(GDP)의 30%, 주식시장 시가총액의 40%를 차지하고 있는 스웨덴 최대 기업으로 5대에 걸쳐 경영권을 이어가고 있는 대표적인 세습기업이다. 세습경영을 하면서도 개인지분은 1% 미만이며, 재단이나 지주회사에서 월급을 받는다.

"우리는 가족기업이다. 가족경영은 변함없이 지켜져야 한다. 단, 경영에 적합한 사람이 있는 경우에 한한다."

이 조건에 합당한 최종 인물을 2명 선정하여 견제와 균형을 유지한다는 원칙이다. 가문의 후계자는 소유의 특권을 행사하는 사람이 아니라 책임과 임무를 수행하는 일임을 강조한다. 막중한 역할을 담당하기 위한 후계자의 자질 선행조건이 있는데, 다음과 같다.

1. 해군장교로 복무하여 강인한 정신력을 키운다.
2. 명문대와 글로벌 기업에서 넓은 안목을 기른다.
3. 국제적인 인적 네트워크를 형성한다.

4. 대대로 내려오는 원칙을 공유하고 중시한다.

5. 돈을 번 만큼 사회에 돌려주는 것이 당연하다.

6. 일요일 아침마다 자녀들과 산책을 하며 함께 지낸다.

7. 형제간 옷을 대물림하며 검소한 생활을 몸에 익힌다.

8. 결코 튀지 않게 행동한다.

9. 할아버지가 손자의 스승이 되어 지혜를 전한다.

10. 후계자가 되려면 먼저 애국심을 갖추어야 한다.

게이오 대학의 야나기마치 이사오 경영학 교수는 우리나라의 경제 민주화 논쟁에서 재벌의 경영자 세습이 아닌 검증이 문제라고 지적하였다. 중요한 것은 세습의 유무보다 뛰어난 경영자를 육성하는 시스템 구축에 있다. 내부승진형 대 외부영입형, 오너기업인 대 전문경영인의 구분보다 다음 세기를 준비할 역량 있는 경영인을 발굴해야 하는 것이다. 마치 한국의 K-Pop 스타들이 오랜 기간 연습생 시절을 겪고 국내 데뷔를 거쳐 해외로 진출하듯이, 순차적인 시니어 리더 교육 프로그램은 필수일 수밖에 없다.

우리나라 기업에서 중요한 것은 기업인 2세, 3세 경영 후계자 준비 과정의 투명화 부분이다. 자신이 몸담고 있는 가족기업 경력 못지않게 외부기관에서 쌓은 커리어 경험, 봉사경험, 사회공헌에 관한 가치관

정립, 역사 철학을 비롯한 인문학적 소양, 리더십 교육이 준비되었는지 평가해야 한다. 우리나라의 부모는 감정 이입된 주관적 자녀관으로 객관적 평가가 정확하지 않을 가능성이 높다. 후계 준비 중인 예비 경영인 자녀에게 따끔한 충고를 해 줄 덕망 높은 멘토를 두고 있는지 자문해 보기를 바란다.

또한 가족의 후계자 전문 교육 못지않게 전문경영인의 개발이 이루어져야 한다. 우리나라와 외국의 가족경영기업의 차이는 오너와 전문경영인의 관계이다. 우리나라는 기업 총수의 자리가 공석이 되었을 때, 혼란이 야기될 우려가 크다. 대부분의 주요 의사결정이 오너의 몫이고, 전문경영인은 최고결정권자로 권력과 권한을 위임받기보다 오너에게 최종적으로 보고하고 허락을 받는 존재이기 때문이다. 우리나라에서도 오너와 전문경영인의 관계가 선의의 능력 경쟁과 역할 협력의 구도로 되어야 하며, 전문경영인의 자체 책임과 권한이 보다 강화되어야 할 것이다.

김일섭 한국형경영연구원장 겸 서울과학종합대학원 총장은 한국적 경영 유형을 3단계로 구분하였다. 절대적 오너 중심의 1.0시대와 1997년 이후 IMF를 계기로 오너와 전문경영인이 결합한 2.0시대를 거쳐 곧 다가올 3.0시대를 준비해야 한다고 하였다. 이제까지 우리나라의 경영에서는 오너가 가장 중요하였다. 오너가 결정하면 단기간에 자원을 집중하는 데 효과적이었기 때문에 빠른 추격자(fast follower)가 될 수 있었다. 하지만 글로벌 시장을 이끌어 가는 선구자(first mover)가 되기 위해서는 개인의 창의성과 창조력이 중요하다. 앞으로 기업 리더의 성패는 젊은 창의적 리더의 육성과 창조적 조직문화를 시스템적으로 어떻게 구축하느냐에 달려 있다.

Question

- 나의 리더십 스타일에 대해 얼마나 알고 있는가? 다른 조직원이 평가한 나의 리더십은 어떠한가?
- 나의 리더십의 장점과 단점을 파악하고 있는가?

Activity

자신의 리더십 스타일을 자가진단해 보자.

Reflection

- 내가 가지고 있는 리더십 장점을 발전시킬 방법과 단점을 보완할 방법에 대해 생각해 보자.
- 내부승진형과 외부영입형 리더의 장점과 단점을 비교해 보자.
- 그들의 성공적 조직 장악 전략에 대해 생각해 보자.
- 현재의 조직 안에서 후계자 양성 계획의 전략은 무엇이며, 어떠한 평가제도가 시행되고 있는지 진단해 보자.

2

내 자신이 변화하는 일이
가장 빠른 길이다

배는 항구에 머물고 있을 때 안전하다.
그러나 그것은 배의 존재 이유가 아니다.
- 존 셰드

변화지수(CQ)

빌 게이츠는 "6Q는 이 시대의 필수품으로, 지능지수(IQ), 감성지수(EQ), 사회지수(SQ), 세계화지수(GQ), 도덕지수(MQ), 변화지수(CQ)를 말합니다. 저는 그중에서 가장 중요한 것이 변화지수(CQ)라고 생각합니다. 그래서 저는 날마다 새롭게 변화하려고 노력하였고, 그 결과 어제와 다른 오늘을 만들어 냈습니다."라고 하였다.

나는 '변화 리더십' 강의를 시작할 때 먼저 2~3명의 학생들에게 강단 앞으로 나와 달라고 요청한다. 그러면 모두 약간은 어색한 동작으로 연단에 반듯이 선다. 이때 지금 자신의 동작을 한 번만 변형해 보라고 요청한다. 그들은 다리를 들거나 손을 올리거나 쓰고 있는 모자를 거꾸로 돌리는 등의 변화를 준다. 모두 아직은 좋아 보인다.

그 다음, 현재 동작에서 또 한 번의 변화를 주라고 하면, 안경을 벗거나 자세를 구부리기도 하고 팔을 올렸던 학생은 다리를 드는 등의 변화를 준다. 지금 기분을 학생들에게 물어보면 대부분 불편하고 쑥스럽고 어색하다고 답한다. 이때 다시 한 번 변화를 주라고 하면 모두 기괴한 자세를 취하고는 힘들어하며 왜 하는지 모르겠다고 푸념한다. 이 점이 바로 개인이나 조직이 변화하기 힘든 이유이다.

우리들은 일상적인 생활 속에서 같은 생각과 행동을 반복함으로써 자동적이고 무의식적으로 익숙한 방향으로 생활한다. 이러한 반복적인 생각과 행동이 굳어져서 습관이 된다. 신혼부부가 치약을 어디에서부터 짜느냐와 같은 사소한 습관으로 싸움을 하기도 하는 것처럼 습관을 바꾸는 것은 좀처럼 쉽지 않다. 식습관, 잠버릇까지 과거의 습관으로 인해 무의식적으로 활성화된 모습이 현재 우리 자신의 모습이다. 단기간에 상습적인 신경신호 패턴을 바꾸기란 쉽지 않다. 그래서 우리들은 변화하기보다 현재에 안주하려는 끈질긴 유혹을 이겨 내기 쉽지 않은 것이다.

첸 콰이거의 "매란방(梅蘭芳)"은 전설적인 실존 경극 배우 매란방의 일대기를 다룬 영화이다. 영화에서 매란방은 어린 시절 스승으로 모시던 당시 최고의 배우 십삼연과 대결을 한다. 십삼연은 전통을 고수하고 매란방은 변화를 도입한 개혁적인 경극을 추구한다. 십삼연의 입장에서는 매란방이 전도유망한 성공한 배우인데 격식을 깨고 전통에 도전하는 것이 납득하기 어렵다. 전통과 현대화를 추구하는 둘의 관객수 대결에서 십삼연은 패배하고 그 충격으로 사망한다. 이후 매란방은 이미 정상의 스타이자 배우로 인기와 인정을 받았음에도 감정을 최소한으로 표현하는 기존의 전통 방식을 깨고 음악, 복장, 화장의 변화로 현대 연극의 요소를 가미하며 자신만의 형식을 확립한다.

실제 매란방은 자신을 따르는 후학들이 그의 성을 따서 '매파'라는 경극의 한 유파를 이루었을 정도로 중국 경극 세계에 지대한 영향력을 미쳤다. 매란방은 시대의 흐름을 읽어내고 변화를 추구하여 경극의 현대화 작업에 성공하였고, 1929년 미국의 초청을 받아 중국인 최초로 뉴욕 브로드웨이에서 공연하는 쾌거를 이루었다. 대사와 노래, 연기를 한 번에 결합시켜 만든 경극은 관중들의 호평을 받으면서 미국 문화계에 큰 파장을 일으켰다. 그는 1930년대부터 1950년대까지 일본, 미국, 소련 등지를 순회하며 문화 교류에 앞장섰고, 북경 내에 매란방 기념관과 대극장이 있을 정도로 경극 예술가로 칭송을 받고 있다. 그의 지속적인 성공은 현재에 만족하지 않고 시대의 흐름에 발맞추어 변화하고 도전하였기에 가능하였다.

생물은 생리적으로 변화 속에서 일정 표준 상태를 유지하려는 경향(포유류의 경우 체온유지)이 있는데, 미국의 생리학자 캐논(Walter Bradford

Cannon)은 이를 항상성 유지 기능이라고 명명하였다. 변화하기 힘든 것이 사실이지만, 계속되는 변화에 적응하고 순응하여 사회화하는 것 역시 인간이 가진 특징이다.

내부 환경은 항상성을 유지하기 위해 이대로 현실에 안주하며 살라고 끊임없이 유혹한다. 개인이 변화하고 싶다면 자신에게 주어진 외부 환경을 바꾸는 것도 한 방법이다. 자신이 가진 현재의 개인적 습관에서 일탈해 보는 것이다. 먹는 음식, 읽는 책, 만나는 사람이 바뀌면 변화하기 시작한다. 우리 내부를 통제하는 항상성이 외부적 자극과 새로운 환경을 만나게 되면 소위 변화를 시작하는 것이다.

인간의 뇌는 순응적(malleable)이고 성형적(plastic)이어서 외부의 자극, 경험, 학습에 의해 구조 기능적으로 변화하고 재조직화하는 능력을 가지고 있는데, 이를 신경가소성(neuroplasticity)이라고 부른다. 과거 일련의 습관으로 이루어진 현재의 나를 또 다시 바꾸는 힘 역시 우리 안에 내재되어 있는 셈이다. 신경망을 바꾸는 힘에는 의지가 필요한 것처럼, 조직의 리더가 새로운 리더십 스타일로 변화하기란 쉬운 일이 아니다. 리더 자신이 시대가 요구하는 리더로 거듭나려면 많은 노력과 의지가 필요하다. 새로운 조직문화를 창조하는 일은 리더와 구성원을 포함한 전 조직원과 조직체계를 움직이는 일이기 때문에 더욱 힘들다.

마키아벨리(Niccoló Machiavelli)는 "변화를 추구하면 따르는 자가 없다.(Change has no constituency)"라고 하였다. 그만큼 사람들은 변화를 싫어하고 현상유지를 좋아한다. 개인도 새로운 것을 시도하기 힘든 만큼 조직을 바꾸는 데는 상당한 저항과 반발을 각오해야 한다. 변화가 힘든 이유는 자신은 변하지 않고 남만 변화시키려고 하기 때문이다. 앞으로 21세기는 변화지수가 높은 사람이 조직의 리더가 되어야 할지도 모른다.

미국의 사회학자 탈코트 파슨스(Talcott Parsons)는 항상성 개념을 사회체계에 도입하여 체제 균형유지를 항상성 유지기능에 비유하고 있다. 그는 조직에서 공통의 목표를 달성하기 위해서는 각자의 역할이 있고, 그 역할 외에 수행이 당연한 권리이자 의무임을 서로 인정하고 업무를 체계적으로 분담함으로써 단일의 집합체로서 통합되어 간다고 하였다. 이러한 과정에 필요한 것이 공통 목표와 임무 할당, 조직원들의 책임감과 주인의식이다. 조직의 리더 입장에서, 변화하기보다 현 상태를 유지하고 싶어 하는 인간 심리에 자극을 주어 조직을 개편해야 하는 일은 많은 고민과 고통을 수반한다. 조직 내에서 새로운 변화 제도를 실시할 때는 늘 이익집단의 반발이 있기 마련이다. 이와 같이 혁신체제에는 반드시 저항이 따르므로, 새로운 제도가 정착되는 데는 보통 3~5년 정도가 걸린다. 리더는 조직원들의 심리파악, 보상문제의 검토, 단합과 상징적 이벤트, 교육과 훈련, 평가와 피드백을 통해 끊임없이 혁신체제를 수정 보완해 나가면서 그 과정을 조직원들과 공유하고자 노력해야 한다.

조직의 리더는 건강하고 생산적인 조직문화 창조, 외부의 시대적 변화에 대응하는 위기관리 능력, 직간접적인 소통으로 영향력 행사 등에 있어 변화의 선봉장이 되어야 한다. 새로운 변화에 두려움과 상실감, 불안감으로 저항하는 조직원을 어떻게 변화시킬 것인가에 대한 숙고 역시 온전히 리더의 몫이다. 리더는 보다 나은 변화를 도입하고 그 체제의 항상성 원리를 응용할 수 있어야 한다. 또한 필요한 순간 다시 변화하고 그 변화를 유지 강화시키는 선순환을 일으켜야 한다. 조직의 혁신은 이처럼 연속된 작은 변화에서 시작된다.

변화와 혁신

고대 그리스의 수학자이자 물리학자인 아르키메데스(Archimedes)는 시칠리아의 히에론(Hieron) 왕으로부터 자신의 왕관이 순금으로 만든 것인지, 아니면 은이 섞인 것인지 알아내라는 과제를 부여받았다. 하지만 왕관을 녹이지 않고서는 알아낼 도리가 없어 난감하기 짝이 없었다. 아르키메데스는 머리를 식힐 겸 목욕탕 속에 들어가 있던 중, 물 속에 몸을 담글 때 물 높이가 높아진다는 점에 주목하였고, 같은 방법으로 왕관의 밀도를 측정할 수 있다는 사실을 깨달았다. 이 발견에 흥분하여 그가 처음 외친 말이 바로 "유레카!(알아냈다!)"였다. 변화의 시작은 주목해서 관찰하는 일이고, 이것은 깨달음으로 전개된다.

변화가 무엇인가를 새롭게 바꾸는 활동 전반을 뜻한다면 혁신은 새로운 가치나 가치창출 방법을 찾는 것이라고 할 수 있다. 변화(變化)의

한자어를 보면 다른 상태로 이행되는 것을 말하고, 혁신(革新)이란 완전히 바꾸어서 새롭게 하는 것을 말한다. 사이즈가 맞지 않는 청바지를 수선하는 것이 변화라면, 청바지를 가방으로 전환시키는 것은 혁신이다. 토마토로 주스를 만들어 마시는 것이 변화라면 토마토로 케첩을 만들어 조미료라는 다른 용도로 사용하는 것이 혁신이다.

사람들은 창조나 혁신이라는 엄청난 단어에 금방 압도된다. 그리고 창조나 혁신을 생각하면 에디슨이나 아인슈타인, 라이트 형제를 연상한다. 그들은 뛰어난 창조적 발명가였다. 그런데 혁신이란 창조적 발명만을 칭하는 것이 아닌 다른 관점의 응용을 뜻한다. 혁신은 새로운 관점에서 바라본 모험으로, 새로운 사고의 전환에서 시작된다.

"좋은 예술가는 베끼지만, 위대한 예술가는 훔친다." 세계적인 화가 파블로 피카소(Pablo Picasso)가 한 말이다.

예술을 통해 혁신 사례를 살펴보자. 얼마 전 해외 언론에 소개되며 화제가 되었던 멀티미디어 아티스트 리사 박의 작품 "유노이아(Eunoia)"는 '아름다운 생각'이란 그리스어이다. 이 작품은 뇌파의 움직임을 증폭기를 사용하여 음파로 전환시킨 행위예술로, 명상을 통한 아름다운 생각이 자신을 조절하고 마음의 평화를 만든다는 초월적인 인간의 힘, 니체의 초인사상을 담고 있다. 이 작품은 전 세계적으로 뉴스로 보도되었고, 우리나라에서도 '생각만으로 물방울을 움직이다'라는 제목으로 잡지와 방송에 보도되었다. 또한 이 작품은 인텔과 바이스(Intel & Vice) 합작의 예술/문화 채널인 크리에이터스 프로젝트(The

Creators Project)가 뽑은 2013년 창의력 부문 베스트 작품 중 하나로 선정되기도 하였다. 다른 외국의 아티스트도 이미 뇌파를 응용한 다양한 예술적 행위를 시도해 왔는데, 이 작품은 아트와 테크놀로지의 결합이자 뇌파 이용이라는 새로운 트렌드 장르로서, 서양의 사상과 동양의 정서, 문명의 이기인 테크놀로지를 예술의 세계에서 아름답게 작품화한 것이다. 기존에 있는 장르를 결합하여 전혀 다른 새로운 것, 즉 작품을 통해 혁신을 보여 준 것이다. 이와 같이 이미 거의 모든 분야에서 새로운 것은 없다. 이미 존재하는 것을 가지고 '최고'로 만드는 일이 바로 혁신인 것이다.

여기에서 생각해 봐야 할 것은 조직의 리더로서 세상의 변화를 읽어 낼 뿐만 아니라 자신을 변화시키는 능력이 있는가이다. 자신이 속한 조직을 혁신시킬 역량을 갖추고 있는가? 내가 행하는 '변화'가 보다 나은 미래를 위한 선택인가? 당신이 현재 조직의 리더라면 반드시 자문해 보아야 할 질문이다.

Question

• 나는 변화를 추구하는가? 아니면 현실에 안주하는 편인가?

• 변화를 추구한 경험이 있는가? 어떤 상황이었는가?

• 조직의 변화를 이끌어 내는 사람들의 공통적 특성은 무엇인가?

Activity

기본적 관리자 역량에 대해 자가진단을 해 보자(기술/인간관계/창의력).

Reflection

• 마키아벨리는 "변화를 추구하면 따르는 자가 없다."라고 하였다. 이 말이 현대
  에도 통용되는지 생각해 보자.

• 헨리 조지는 "경솔한 변화는 위험하지만, 무분별한 보수는 더 위험하다."라고
  하였다. 조직 내에서 일어나는 경솔한 변화와 무분별한 보수의 차이는 무엇인
  지 토론해 보자.

• 내가 속한 집단에서 현재 추진되는 변화는 무엇인가? 변화에 따른 자신의 심
  리 상태를 체크해 보고(순응, 저항, 불안, 반발), 그 심리 상태의 원인은 무엇인지 생
  각해 보자.

• 변화해야 할 가치와 변하지 않아야 하는 가치에 대해 고민해 보자.

3

단순해라, 깨라, 곧바로 뛰어들어라

뒤돌아보면서 변화를 알 것인가? 변화를 느끼면서 미래를 바꿀 것인가?
– 박용후

성공적 조직혁신

미국 글로벌 경영 매거진 「패스트컴퍼니(Fast Company)」는 매년 혁신기업을 발표한다. 2012년 1, 2위를 차지한 애플과 페이스북은 2013년에는 50위 안에도 들지 못하였다. 1위는 퓨얼밴드인 전자팔찌와 뜨개질 공법을 적용한 플라이니트 레이서 신발을 히트시킨 나이키, 2위는 배송업체의 영역까지 확대시키고 있는 아마존, 3위는 휴대전화에 장치를 장착하면 언제 어디에서나 개인 모바일 카드 결제가 가능하게 만든 스퀘어(Square)가 차지하였다. 4위는 세계적인 빅데이터 회사인 스프렁크(Splunk), 5위는 디자인 제품 판매업소인 팹(Fab)이다. 혁신기업으로 선정된 기업은 성과실적도 높다. 하지만 어느 누구도 다음 해의 혁신기업을 점치기는 쉽지 않아 보인다.

혁신기업 1위를 차지한 나이키는 스포츠 용품에서 IT 제품기업으로 변신 중이다. 센서를 부착한 운동화에 아이폰을 연동시키면 달린 시간, 거리, 소모된 칼로리를 알려 준다. 팔찌형 퓨얼밴드 역시 내장형 센서를 통해 운동량에 따른 칼로리 소모량을 LED 화면에 표시해 준다. 아이폰과 연동하면 운동량이 그래프로 나타나고, 그 데이터는 나이키 플러스의 브랜드 플랫폼(Brand Platform)에 저장된다. 사물에 센서를 내장하여 인터넷을 통해 상호연결하는 형태이다. 퓨얼밴드 출시 뒤 나이키의 플랫폼 등록건수는 50% 이상 증가하였고, 나이키 연간 매출은 전년 대비 25.3% 성장하였다. 사물 인터넷(IoT, Internet of Things)은 사물에 센서를 부착하여 인터넷으로 실시간 데이터를 주고받는 기술이나 환경을 일컫는다. 우리의 일상생활 속의 사물을 유무선 네트워크로 연결하고 정보를 공유하는 움직임은 더욱 성행할 추세이다. 미국 벤처기업 코벤티스가 개발한 심장박동 모니터링 기계, 구글의 구글 글라스, 비트(Bit) 사에서 만든 스마트 체중계뿐만 아니라 삼성 갤럭시 기어, 구글 크롬캐스트, 애플 아이 비콘 등 최근 이슈가 되고 있는 기기들의 공통점은 바로 인터넷으로 연결되어 정보를 공유하는 사물 인터넷의 대표적인 사례이다.

비즈니스 컨설팅 기업 BTM의 회장인 페이설 호크는 미국 기업의 주가지수 S&P(Standard & Poor's)에 포함된 500대 기업 중에서 40년 후에도 살아남을 기업의 수는 74개에 불과하며 1년에 평균 10개의 기업이 사라진다고 하였다. 이런 추세라면 앞으로 25년 후에는 현재 대기업의 약 3분의 2가 몰락한다는 말이다. 그는 조직 민첩성을 강조하면서 혁신적이지 않은 기업은 생존하지 못한다고 일침을 가하였다.

GE의 전 CEO 잭 웰치는 취임 후 평범한 241개 사업부를 거느린 거대 조직을 요약시키는 작업부터 시작하였다. 그는 앞으로의 세상이 중점 사업 기반으로 움직여질 것이라는 것을 예감하고 각각의 사업에서 1위나 2위가 못되면 모두 매각하기로 결정하였다. 현재 GE는 12개의 사업 모두 1위나 2위를 차지하고 있다.

21세기 IT 기업구조는 다자대결에서 양자대결로 가고 있다. 이것은 그 업종에서 1, 2위만이 생존한다는 것을 의미한다. 20년 동안 세계 1위의 휴대전화 회사였던 노키아(NOKIA)가 고전을 면치 못하리라고 누가 생각이나 하였겠는가? 21세기 영원한 챔피언은 없다. 노키아를 비롯하여 소니, 파나소닉, 샤프 같은 한때 세계적으로 독보적이었던 IT 기업도 오늘날 고전을 면치 못하고 있다.

현재 세계 스마트폰 시장의 양대 산맥은 삼성과 애플이다. 하지만 결국 승자가 독식하는 구조로 변하게 될 것이라는 전망이다. 전반적인 글로벌 경기침체 속에서 1등 기업도 제대로 된 이익을 내기 힘들기 때문이다. 고려대학교 조명현 교수는 "불황이 가속화할수록 기업 입장에서 소비자들의 수요를 촉발할 새로운 혁신 상품의 개발이 필요하다."
라고 하였다. 삼성도 애플도 어느 누구도 승패를 장담하기 힘들 정도
의 글로벌 대결이다.

잡스가 사망한 후, 혁신의 상징이던 애플에 대한 우려의 목소리가 들
려오고 있다. 2013년 들어서 주가가 10% 이상 넘게 폭락세를 지속하
자 장중 한때 일시적 매매 중지인 '서킷 브레이커'를 발동하기도 하였
다. 투자은행인 UBS는 "2013년은 애플이 성장을 잃어버리는 한 해가
될 것"이라고 전망하였다. 잡스 시절 애플의 제품은 창의성과 혁신적
영감의 산물이었다. 하지만 아이폰5는 더 이상 혁신이라는 단어가 어
울리지 않는다는 혹평을 받고 있다.

일본의 3대 전자업체인 소니와 파나소닉, 샤프는 투자 부적격으로
신용등급이 강등되고, 노키아의 고전, 애플의 혁신 실패는 결국 IT 업
계의 영원한 강자가 없다는 것을 자명하게 보여 주고 있다. 삼성그룹
도 영업이익의 87%가 삼성전자에서 나오는 경영구조 속에서 위기감
이 늘 도사리고 있다고 볼 수 있다. 따라서 삼성전자는 애플의 반사이
익에 취해 있기보다는 혁신의 선구자로 나아가야 한다. 이미 중국의
레노버, 화웨이, 샤오미와 하이얼이 바짝 뒤쫓고 있으며 2013년 캐나
다의 림(Rim, Research in motion)은 옛 명성을 되찾기 위해 회사명을 블랙
베리로 변경하고 재도약을 기약하더니, 최근 매각을 결정하였다.

삼성전자는 기존 일류화 제품군과 조직문화에 새로운 활기를 불어넣
기 위해 창조성을 강조하는 소규모 조직을 신설하고 전폭적인 지원을

실시할 방침이다. 창의성을 담는 제품을 개발하는 '창의개발센터', 벤처 조직을 벤치마크한 'C-Lab(Creative Lab)', 실리콘밸리와 뉴욕에 세워지는 스타트업 인큐베이팅센터인 '엑셀러레이터(Accelerator)팀'은 거대기업으로 성장한 관료적 경직성을 없애고 창의적 인재를 중심으로 한 혁신적 기업으로 도약하려는 시도로 보여진다. IT 산업에서 더 이상 혁신 없이는 미래가 보장되지 않는다는 것을 알 수 있다.

피터 드러커(Peter Ferdinand Drucker)는 『변화 리더의 조건』에서 기업가정신과 혁신을 강조하였다. "기존의 조직이 쇠퇴하는 가장 큰 이유는 혁신을 하지 않기 때문이다. 새로운 조직이 파산하는 가장 큰 이유는 그들이 경영을 할 줄 모르기 때문이다." 현대의 기업은 업종에 따라 변화를 넘어서서 혁신적인 체질 개선이 필요하다고들 말한다. 조직에서 원하는 것은 기술적 혁신뿐만 아니라 사고적, 경제적, 사회적 혁신을 의미한다.

기업의 입장에서는 혁신을 '기존의 것에 더하기 하나'로 오인하기 쉽다. 기존의 제품에 끊임없이 추가적인 기능을 부가하여 제품을 업그레이드시키는 일이 지속적인 혁신이라고 여긴다. 내 경우, SNS의 갑작스런 업그레이드가 도리어 성가실 때가 있다. 학교 포털 서비스는 매년 업그레이드되고 있고, 점점 복잡해지고 에러가 많이 발생하여 빈번하게 시스템 점검을 해야만 한다. 집에 있는 리모트 컨트롤은 더욱 더 다양함을 뽐내지만 사용하지 않는 기능이 더 많고, 몇 년 전에 구입한 카메라의 최첨단 기능도 모두 활용하지 못한다. 현대에 들어서 거의 모든 기업은 생존적 투쟁으로 혁신이란 단어에 혈안이 되어 있다. 하지만 많은 제품과 서비스가 도리어 고객을 혼동시키고 불편하게 만든다. 무엇을, 그리고 누구를 위한 혁신인가?

스티브 잡스의 혁신이란 '單(단순하라)', '破(깨라)', '直(곧바로 뛰어들어라)'를 의미한다(김범진, 스티브 잡스 아이 마인드). 즉 고객을 편리하게 하는 고객지향적인 정신과 관습 타파, 옳다고 믿는 일에 도전하는 용기이다. 많은 기업들이 혁신에 실패하는 대부분의 이유는 문제의 본질을 파악하지 못하고 눈에 보이는 소소한 변화에만 집착하기 때문이다.

'單', '破', '直'의 혁신을 그대로 응용한 사업가는 넷플릭스(Netflix)의 창업자 리드 헤스팅즈(Reed Hastings) 회장이다. 내가 2006~2010년에 딸과 함께 미국에 유학할 당시에는 비디오 대여 체인 업체인 블록버스터가 승승장구하고 있었는데, 어느 날 우체함을 열어 보니, 딸 앞으로 넷플릭스라고 쓰여진 봉투가 배달되어 있었다. 미국같이 배달이 늦은 나라에서 DVD를 우편발송해 주는 업체가 있다는 것이 내심 신기하였다. 20달러의 월회비만 내면 온라인으로 신청한 DVD를 한 번에 3장 이내로 배달받아 연체료 걱정 없이 즐길 수 있었다. 이후 넷플릭스는 비디오 대여 체인인 블록버스터를 능가하는 성공 기업으로 성장하였으며, 반면 블록버스터는 새로운 변화에 빠르게 대처하지 못하여 2010년에 결국 파산하였다.

헤스팅즈 회장의 혁신 과정을 살펴보자. 1997년 헤스팅즈 회장은 블록버스터에 비디오를 늦게 반납해서 40달러의 연체료를 지급하게 되자 기분이 언짢았는데, 이에 영감을 얻어 연체료 없는 비디오 대여사업을 구상하게 되었다(단순함). 그는 회원들에게 월회비를 받고, 비디오를 반납하면 요청한 다른 비디오를 보내 주는 형식을 취하였다(파격). 그리고 바로 그해인 1997년에 실리콘밸리에서 비디오(DVD로 확대) 배달 사업을 시작하였다(바로 착수). 이후 블록버스터와 월마트가 비디오 배송사업에 뛰어들었지만, 넷플릭스에는 역부족이었다. 그는 사업은 10년을 앞서보고 대비하라고 하면서 폭발 시점(explosion point)을 기다리면 이미 늦는다고 하였다. 실제 창업 10년이 된 2007년에 넷플렉스는 인터넷 스트리밍 사업으로 눈을 돌렸고, 스트리밍 서비스를 받는 회원 수는 점차 증가 추세이다. 헤스팅즈 회장은 2010년 「포춘」이 선정한 '올해의 기업인'으로 선정되기도 하였다.

넷플릭스의 강점은 영화추천 시스템이다. 사람들이 어떤 영화를 볼지 망설인다는 데 착안하여 수학자, 컴퓨터 전문가, 인공지능 엔지니어를 영입하여 과거 대여한 영화목록, 영화에 부여한 평점을 기반으로 추천 알고리즘을 개발하였다. 애플과 구글이 자신들의 운영체제와 플랫폼을 고수할 때 넷플릭스는 특정 하드웨어나 운영체제에 속하지 않는, 즉 다양한 제품에 사용가능한 '트랜스미디어(transmedeia)' 전략을 고집하였다. 미래에는 리니어 채널(linear channel; 종래 방송 스케줄에 따라 정해진 시간에 시청하는 TV 방송)에서 각자 원하는 시간대에 자신의 취향에 맞는 프로그램을 선택하여 시청하는 인터넷 스트리밍 시대를 예고한 셈이다. 실제로 오늘날 TV라는 미디어는 실시간(On-air) 시청이 아닌 자신이 편리한 시간에 선택하는(On-demand) 대상으로 전환되고 있다.

넷플릭스의 또 다른 혁신의 시도는 데이비드 핀처가 감독을 맡은 케빈 스페이시 주연의 드라마 "하우스 오브 카드(House of cards)"를 자체 제작한 것이다. 이 드라마는 시즌 1의 13편을 한꺼번에 공개해 버렸다. 사람들이 다음 편을 기다리는 수고를 덜어준 셈이다. 시청자들은 본방 사수가 아닌 몰아보기식 시청에 환호하였다. 작품성에서도 인정을 받아 2013년 감독상, 촬영상, 캐스팅상 등 총 3개 부문에서 에미상을 수상하였다. 이 드라마는 넷플릭스의 빅데이터 분석 전략이 반영된 첫 번째 온라인 고해상도(HD) 드라마이다. 시청자들이 원하는 드라마, 원하는 배우와 감독, 원하는 스토리를 분석해 제작하였고, 전략은 성공적이었다.

작은 비디어 대여 유통사업에서 테크놀로지를 활용하는 인터넷 스트리밍 사업으로, 또 자체 콘텐츠 제작사업으로 확장한 넷플릭스의 2013년 3분기 매출은 전년 동기 대비 22%, 순이익은 4배 이상 증가하였다. 2014년의 넷플릭스의 5대 목표는 콘텐츠 제작 기간 단축, 자체 영화 제작, 4K 해상도 지원, 유럽 사업 확대, 케이블 TV 시장 진입이다.

파괴적 혁신을 단행하고 있는 넷플릭스를 통해 21세기 혁신의 키워드는 디지털과 빅데이터 활용, 파트너십, 마이크로 타게팅(micro-targeting) 시대로 진행되고 있음을 엿볼 수 있다. 근래 들어 가장 핫한 이슈는 빅데이터의 활용이다. IBM의 CEO 버지니아 로메티(Virginia Rometty)는 "모든 개별 산업에서 빅데이터를 얼마나 적절히 사용하느냐에 따라 승자와 패자가 갈린다."라고 하였다. 기존 분석에서 벗어나 있던 비정형 데이터까지 포괄하여 더 많은 데이터를 분석하고 비즈니스 가치를 첨가하는 빅데이터는 21세기 디지털 시대의 핵심자원으로 새롭게 부상하고 있다.

검색 기반의 빅데이터 사업을 중점으로 하는 검색솔루션 전문업체인 와이즈넛은 중국 현지법인 바우마이(B5M)를 설립하여 주목을 받고 있다. 강용성 와이즈넛 대표는 이제는 소비자의 쇼핑 검색의 흔적이 추적당하는 시대가 왔다고 강조하였다. 그러면서 "이미 각종 온라인쇼핑몰에서는 소비자 몇 백만 명을 100가지 이상 타입으로 규정해 놓고 마이크로 타게팅을 하고 있다."라고 하였다.

네오위즈 인터넷에서 데이터 마이닝(data mining)을 통한 추천엔진개발을 주요 업무로 하는 박동현 소프트웨어 엔지니어는 빅데이터를 다룬다는 것은 기존의 시스템으로는 할 수 없는 방대한 양의 데이터를 수집하는 것으로 시작된다면서 이를 위해서는 사내 여러 부서와의 협의가 필요하다고 강조하였다. 데이터 마이닝은 많은 데이터 가운데 숨겨져 있는 유용한 상관관계를 발견하여, 미래에 실행 가능한 정보를 추출해 내고 의사결정에 이용하는 과정을 말한다. 즉 수집된 데이터에서 유용한 정보를 뽑아내기 위해 지속적인 데이터 분석과정을 진행하고 사용자 선호도에 관련된 특정한 패턴을 찾아내는 작업이다. 그리고 분석된 사용자의 행위 데이터를 통해서 해당 사용자의 프로파일을 만들고, 선호도가 높다고 예측되는 아이템을 개인화하여 사용자에게 제공한다. 박동현 엔지니어는 개별적이며 차별화된 추천 결과물로 미래 예측적 고객 취향 아이템을 제공하는 데이터베이스 마케팅 시대를 준비해야 함을 역설하였다.

넷플릭스 이외에도 코카콜라(소셜 분석을 통한 고객 불만 대응), 월마트(실시간 재고 분석 시스템 도입), VOLVO(운전 정보의 무선 데이터화), VISA(카드 부정사용 검지 시스템 구축) 등 많은 해외 기업들이 활발하게 빅데이터를 통한 마케팅에 박차를 가하고 있다. 아마존은 고객의 관심도서 리스트를 체크하여 상품을 추천하고, 패션업체인 엘리 타하리는 최근 3년치 판매량 데이터를 분석해서 4개월 후의 수요를 주간 단위로 예측하는데 90%를 웃도는 예측력을 자랑한다.

우리나라에서도 SK텔레콤, KT가 빅데이터 플랫폼을 구축하였다. KT넥스알(KT NexR)은 자체 개발한 빅데이터 플랫폼 NDAP(NexR Data Analytic Platform)을 도입하여 기존 데이터 분석을 뛰어넘는 활용 방안과 시스템 개선을 통해 산업 분야와 업무 특성에 따른 전략을 제공하고 있다. 금융권인 SC은행, 하나은행을 비롯하여 BC카드, 알리안츠생명, 삼성화재, 동부화재, 교보생명, 현대해상화재 등도 빅데이터를 통해 고객 유치율을 높이거나 사기방지에 활용하는 등 적극적인 움직임에 나서고 있다. 이외에도 고객 선호도와 고객 행동 예측 데이터를 활용하여 차별화된 맞춤형 마케팅(tailored marketing)을 활용하는 기업의 수가 증가 추세에 있다. GS샵은 대용량 데이터 분석기술 '하둡(Hadoop)'[1]을 기반으로 빅데이터 플랫폼을 구축하여 개인별 맞춤형 수요를 예상하고 고객 상품 추천 분야에 적극 활용하고 있으며, 현대카드(소비 트렌드를 알려 주는 빅데이터 프로젝트), 신세계 백화점(명품구매 고객 4만 명 추적 후 마케팅), 삼성 SSD(50만 건 이상의 데이터를 분석하여 시장에 적합한 브랜드 전략 수립) 등도 성공적인 빅데이터 활용사례 몇 가지를 공유하고 있다.

유통업계에서도 빅데이터의 활용은 빅뱅으로 비유된다. 재고관리 및 재고 원인에 솔루션까지 분석, 해결, 예측 가능의 시대를 바탕으로 마케팅 전략을 수립할 수 있다. 유통업체는 옴니 채널(Omni-Channel)을 통해 최고의 고객 맞춤형 서비스를 제공하는 시대를 예상하고 있는데, 이는 고객의 온오프라인, 모바일, 소셜을 통한 다양한 구매채널에서 최고의 서비스를 제공한다는 것이다. 이제는 빅데이터 활용 전략에 이어 옴니 채널 리테일링[2] 전략을 통한 고객 맞춤형 시대가 새로운 키워드가 될 전망이다.

피터 드러커는 기업의 혁신이란 "새로운 고객의 발견, 기존 제품의 새로운 용도의 발견"이라고 하였다. 나는 혁신이란 타사 제품에 추가 기능을 더한 것이 아니라, 제품의 감동으로 새로운 고객이 탄생하고, 편리한 기능으로 고객을 새롭게 만족시키는 일이라고 생각한다. 변화

---

1 아파치 하둡(Apache Hadoop, High-Availability Distributed Object-Oriented Platform)은 대량의 자료를 처리할 수 있는 큰 컴퓨터 클러스터에서 동작하는 분산 응용 프로그램을 지원하는 자유 자바 소프트웨어 프레임워크이다.

2 옴니채널 리테일링(Omni channel retailing)은 오프라인매장, 온라인쇼핑몰, 모바일, 소셜, SNS, 카탈로그 등 다양한 채널을 유기적으로 결합해서 고객서비스를 극대화하는 전략이다.

를 통해 사회적 책임을 실천하여 사회 구성원에게 유익한 일이 되게 하는 것이 바로 혁신이다. 혁신이란 글자 그대로 고객이, 그리고 제품이 새로워지고 사회가 성장하는 일이다.

"옷을 바꾸고, 상식을 바꾸고, 세상을 바꾼다."라는 표어는 유니클로의 경영 이념이다. 부모에게서 지방에 있는 작은 양복점을 물려받은 야나이 다다시 회장은 "좋은 옷이란 무엇인가?"라는 지극히 기본적인 질문으로 사업구상을 시작하였다. 세계 사람들에게 기쁨을 줄 옷에 대해 고민한 것이다. 유니클로는 한물갔다고 여겨지는 세계의류시장에서 사상 초유의 성장을 하며 세계 일류 조직으로 돌풍적 성장을 기록하고 있다. 2009년 「포브스」 선정 일본 부자 1위, 최근 5년간 매출 90% 상승, 매장 수 3배 확장, 평균 영업이익률 15% 달성에 이어 매년 성장하는 유니클로의 혁신은 무엇인가? 유니클로는 최대 장점인 저가 공략을 내세우면서도 고품질 확보를 위해 기획-제작-생산-유통을 혁신적으로 개선시켰다.

유니클로 혁신의 시작은 히트텍(Heattech)에서 나왔다고 해도 과언이 아니다. 일본 SPA 제품을 세계적 브랜드로 만들어 준 효자상품이 바로 히트텍이다. 사람들은 겨울의 추운 날씨에도 내복을 입는 것이 왠지 촌스럽다고 여긴다. 내복은 옷매무새를 망치는 주범이기도 하다. 유니클로는 히트텍을 더 따뜻하지만, 패션에 지장을 주지 않는 새로운 아이템으로 변화시켰다. 발열, 보온, 땀 흡수, 건조를 고려하였고, 다양한 색깔의 가볍고 따뜻한 제품으로 스타일리시한 이너웨어로도 입을 수 있도록 디자인하였다. 유니클로의 혁신은 저렴하면서도 실용적이고 편한 옷으로 사람들에게 더 쉽게 다가가고 즐거움을 줄 수 있는 점에 착안한 새로운 고객창조에 있다고 할 수 있다. 이제 유니클로는 사회적 책임(CSR) 차원의 일환으로 고객에게서 회수된 '전 상품 리사이클링 활동'을 통해 세계의 어려운 사람들에게 자신들의 제품을 나누어 주는 또 다른 옷의 가치를 추구하는 혁신기업으로 성장하고 있다.

경제 불황이 가속화될 때 타격을 가장 심각하게 받는 곳은 문화 예술 분야이다. 영국 파이낸셜 타임즈에 의하면, 런던 오페라의 상징인 영국 가극단(ENO)은 경기침체에 따른 정부지원과 보조금 삭감, 관객 부족으로 경영난이 심각하다고 밝혔다. 세계적인 경제위기 여파로 이탈리아 명문 라 스칼라 극장은 2011년 이후 정부 보조금이 삭감되어 900만 달러(약 101억 원)가 넘는 적자에 시달렸으며, 스페인 바르셀로나 명문 리세우 극장도 370만 유로(약 55억 원)의 적자로 임시 휴관에 들어갔다.

기존의 상식을 뛰어넘는 아이디어와 추진력으로 이러한 예술계의 불황을 타파한 혁신의 대명사가 있는데, 바로 메트로폴리탄의 피터 겔브(Peter Gelb) 단장이다. 1883년 브로드웨이 39번가에서 시작되어 현재 링컨 센터에 위치한 메트로폴리탄 오페라 극장(이하 메트)은 매 시즌 200편 이상, 한 해 평균 80만 명 이상의 관객을 끌어 모으는 미국을 대표하는 오페라 극장이다. 1990년대까지만 해도 90% 이상의 관객 점유율을 자랑하였던 메트는 지속적인 관객 수 저하로 2006년 들어서는 티켓 판매율이 70%를 밑돌게 되었다. 이에 2006년에 외부에서 피터 겔브 단장을 영입하였는데, 그는 취임하자마자 새로운 고객과 새로운 용도의 발견으로서의 혁신을 단행하였다. 먼저 시즌 오프닝 오페라를 뉴욕의 타임스퀘어에서 전광판을 통해 무료로 볼 수 있게 하고, 고급예술의 대명사인 오페라를 영화관에서 중계하겠다고 한 것이다. 과연 누가 이러한 역발상을 해보았겠는가? 피터 겔브 단장은 장기화된 불황에서 탈출하기 위해 전통적인 관행을 벗어던졌다.

메트의 혁신은 크게 세 가지로 압축된다. 첫 번째는 오페라의 대중화이다. 호화로운 예술이라는 편견을 깨기 위해 티켓을 75% 할인된 가격에도 팔았고, 영화 중계 외에도 야외 무료상영, 젊은 관객을 위한 좌석 가격 인하 등 티켓 값을 차별화하는 파격적인 전략을 시도하였다. 이른바 '러시 티켓' 제도이다. 매일 공연 당일에 125~420달러짜리 티켓 200개를 15~20달러에 팔았으며, 시즌 오프닝 공연을 타임스퀘어 광장 전광판에서 수천 명을 대상으로 무료 생중계하기도 하였다.

두 번째는 다양한 인재의 초빙으로 콘텐츠의 혁신을 이룬 것이다. 영화 "잉글리시 페이션트"를 만든 영국 감독 앤서니 밍겔라(Anthony Minghella)는 오페라 푸치니의 "나비부인"을, 뮤지컬 "라이온 킹"의 연출가 줄리 테이머(Julie Taymor)는 모차르트의 "마술피리"를, 중국 출신 장이머우 감독은 오페라 "진시황제"를, "태양의 서커스" 감독인 로베르 르빠쥬(Robert Lepage)는 바그너의 "니벨룽의 반지"를 연출하였다. 이것은 기존의 오페라 형식의 불문율을 깬 과감한 도전으로, 오페라에 비주얼을 첨가한 시각적 효과와 친근성을 고려한 것이다.

세 번째는 위의 두 가지 혁신보다 더 획기적인 일로, 120년 전통의 고급예술 오페라를 영화관에서 상영하는 것이었다. 취임 첫해인 2006년 12월 30일에 6개의 작품을 위성으로 극장에 중계하기 시작하였는데, 2008년 메트를 찾은 신규 관객 수는 1년 전보다 8% 가량 늘었고, 기존 극장 매출도 전혀 줄어들지 않았다. 오페라 중계인 '라이브 뷰잉(Live Viewing)'은 같은 해 흑자로 전환되었고, 지금은 메트 전체 매출의 절반을 넘는 '효자 프로그램'으로 자리 잡았다. 실제로 우리나라에서 메트의 공연을 볼 수 있는 기회도 극장과 예술관, 문화센터로 그 범위가 넓어지고 있다.

　메트 HD(고화질) 시리즈가 성공을 거두자 영국 런던의 내셔널 시어터와 로열 오페라 하우스 등도 메트를 벤치마킹하기 시작하였다. 베를린 필하모닉 오케스트라는 2008년 '디지털 콘서트홀'로 불리는 세계 최초의 오케스트라 공연 실황 중계 서비스를 시작으로 메트의 혁신을 뒤쫓고 있다. 피터 겔브 단장의 조직혁신 덕분에 유럽에 갈 필요 없이 "브레겐츠 페스티벌"과 "잘츠부르크 페스티벌"을 서울의 영화관에서 즐길 수 있게 되었으니 얼마나 혁신의 여파가 큰 것인가? 그의 혁신적 역발상은 새로운 고객창출과 고객만족이라는 성공을 이끌었다. 오페라 감상의 새로운 글로벌 시대를 개척한 것이다.

　메트는 경쟁사들에게 보란 듯이 또 다른 새로운 변신을 시도하고 있다. 스마트 기기로 감상하는 '메트 오페라 온 디멘드'를 개발, 출시를 앞두고 있으며, 어린이들을 위한 교육 프로그램도 진행 중에 있다. 메트는 파괴적 혁신을 단행한 후에 현재 지속적으로 혁신 중이다. 혁신이란 남들이 가지 않은 길을 가는 것이고, 새로운 길이 되어 주는 것이다.

연체료 부담 없는 비디어 대여, 값싸지만 편안한 옷, 싼 값에 볼 수 있는 오페라 공연을 시도한 사례에서 알 수 있듯이, 혁신은 고객을 우선으로 생각하는 역지사지의 마음, 세상에 이로움을 선사하려는 순수함에서 시작된다. 진정한 혁신이란 자신의 현장 체험을 토대로 세상의 편익을 위한 새로운 가치를 추구하는 일이다.

존 코터는 『기업이 원하는 변화의 리더』에서 경영 혁신의 8단계를 제시하였다.

1. 위기감 조성
2. 변화 선도팀 구성
3. 비전 및 전략 개발
4. 새로운 비전 전파
5. 권한 위임을 통한 힘 실어 주기
6. 단기적 성공 사례 만들기
7. 여러 성공 사례의 통합 및 혁신의 가속화
8. 새로 도입된 제도를 기업문화 차원으로 승화

21세기 들어 두드러진 리더십 현상은 변화, 위기경영, 리스크 관리와 같이 경영 혁신 단어들의 등장이다. 삼성이 오늘날 휴대전화의 세계 지배를 가능하게 된 데는 한 발 앞선 빠른 경영 혁신에서 찾을 수 있다. 1993년 일본인 후쿠다 고문과 기보 고문은 삼성의 디자인, 상품기획, 생산기술에 대한 여러 가지 문제점을 이건희 회장에게 지적하였는데, 이 회장은 일본에서 독일로 가는 기내에서 동승한 사장단과 문제점의 원인과 해결방안에 대해 끊임없이 토론하였다.

  이 회장은 독일 도착 후 삼성전자 세탁기 덮개의 불량문제를 고발하는 20분짜리 동영상을 보게 되었다. 세탁기 덮개 규격 불량으로 세탁기 덮개가 닫히지 않자 직원들이 덮개를 즉석에서 칼로 깎아내는 모습은 더욱 충격적이었다. "삼성은 이제 양 위주의 의식, 체질, 제도, 관행에서 벗어나 질 위주로 철저히 변해야 한다." 이건희 회장은 삼성의 품질경영의 필요성을 느끼고 '신경영선언'을 하였다. 그리고 선언 일주일 후 무선전화 불량품 15만 대를 2,000여 명의 임직원이 보는 앞에서 산산조각낸 후 불량제품 화형식을 하게 된다. 품질만이 살 길이라는 것을 단단히 인식시켜 주는 상징적 의식이었다. 이건희 회장의 '변화'와 '위기'의 키워드의 강조로, 삼성은 시대를 앞선 경영혁신 전략을 수립하였고, 이를 실천하여 오늘날 성공한 글로벌 기업이 되었다. 삼성의 글로벌 성공은 미래지향적 혁신을 일구어 낸 그의 리더십에서 시작되었다고 할 수 있다.

  닛산 자동차를 위기에서 구한 카를로스 곤(Carlos Ghosn) 회장이 2005

년 르노 자동차의 공동 CEO로 취임할 때 프랑스의 르노 자동차 노조는 강력한 구조조정에 반대하였다. 두 회사의 총 책임자로서 장악력이 떨어질 것이 아니냐는 우려 속에 곤 회장은 "내가 르노 공장에 가서 해야 할 첫 번째 일은 사원들의 말을 들어 보고 무엇을 할지 결정하는 일이다."라고 하였다. 다 쓰러져 가는 닛산의 CEO로 부임할 때 한 말과 똑같았다. 그의 혁신은 조직원의 의견을 경청하는 것에서부터 시작되었다. 혁신을 원한다면 해답은 현장에 있다.

곤 회장은 닛산자동차를 맡자마자 맨 처음 문제들을 찾아 드러내놓는 작업부터 시작하였다. "하나도 남기지 말고 뒤집어보며 닛산의 구석구석까지 확대경으로 살펴봐야 한다." 그는 문제를 찾아낸 후 그것을 토론으로 해결하였다. 마치 의사가 청진기로 환자의 신체 상태를 점검하면서 병명을 찾아내어 투약이나 수술을 결정하는 것처럼 기업진단부터 시작한 것이다. 그는 후에 이러한 기업진단을 하는 목적은 단 하나 "현 상태 문제의 원인이 무엇인지 규명하여 과감하게 행동하고, 발전을 위한 기회로 활용하기 위해서였다."라고 술회하였다(이타가키 에켄, 기적을 만든 카를로스 곤의 파워 리더십).

그 다음은 소통이었다. 그는 사내 네트워크 역할인 CFT(Cross Functional Team)를 통해 사내 아이디어를 검증하고 닛산 리바이벌 플랜을 책정하였다. 그 다음 닛산 비전과 수익확대, 이어 비용감소라는 전략으로 19개월 만에 흑자화에 성공하였다. 그의 혁신은 경청-기업 진단-해결책-소통-비전 강화-전략 플랜-수익 확대로 연결되어 있다.

"양쯔 강을 보라. 앞의 파도는 뒤의 파도에 밀려난다." 중국의 덩샤오핑이 한 말이다. 현대는 변화하지 않는 개인이나 기업, 국가는 도태되어 버리는 세상이다. 개인은 평생교육경영, 기업은 혁신적 변화 주도에 대한 필요성과 부담이 배가되고 있는 것이다.

기업 혁신에 성공한 리더들은 변화에 대한 저항을 비전과 소통으로, 개혁에 대한 부담과 위기를 올바른 목표 설정과 팀워크로 성공으로 전환시켰다. 새로운 제도를 정착시키는 것은 수년의 기간을 필요로 하는 끈질긴 작업이다. 리더는 비전을 공유하고, 소통을 통해 개선책을 마련하면서 체계적인 목표 설정 하에 공동 목표를 추구해 나가야 한다. 이와 동시에 조직원을 동기부여하고 격려하면서 저항보다는 함께 간다는 공동체 의식을 고취시키는 자세와 태도가 필요하다.

경제학자인 조엘 바커(Joel Barker)는 "게임의 법칙이 바뀌면 과거의 성공은 제로가 된다."라고 하였다. 현대에 들어서 조직의 리더는 개인의 변화 수용능력을 뛰어넘어 새로운 게임의 법칙에 따라 조직을 혁신시킬 수 있어야 한다. 21세기 급변하는 글로벌 시장에서 집단 변화 능력에 대한 의지와 소통능력을 겸비한 사람이 새로운 시대 법칙의 리더가 되는 것이다.

조직변화 실패

근래에 들어서 "변하지 않으면 살아남지 못한다."라는 말이 조직에서 현실로 많이 나타나고 있다. IBM이 세계 최고의 CEO 750여 명을 대상으로 조사한 바에 의하면, 응답자의 65%가 앞으로 2년 뒤 획기적인 조직변화를 일으킬 계획이라고 하였으며, 놀랍게도 80%의 응답자가 과거의 조직변화 관리에 실패하였다고 인정하였다.

기업의 이사진들이 CEO를 해임할 때 우선적으로 내놓는 가장 흔한 이유는 바로 CEO의 변화 관리 실패이다. 그런데 조직변화에 실패한 CEO들은 변화의 필요성, 경영 이론과 방법에 대해 잘 숙지하고 있었으며 변화에 노력한 유능한 경영자들이었다. 그렇다면 조직의 변화경영의 성공과 실패의 변수는 무엇일까?

데이비드 해럴드(David Harold)와 도널드 페더(Donald Fedor)는 "변화를 이끄는 방식을 바꿔라."에서 "변하지 않으면 망한다." 대 "변해서 망한다."에 대한 오류를 예리하게 지적하고 있다. 우리들은 조직이 변화를 필요로 할 때 흔히 판매 부진으로 인한 수익이나 이윤 하락, 시장 점유율 감소와 같은 직접적이고 분명한 결과에만 치중한다. 반면 변화를 추진할 때 야기되는 조직원들의 사기 저하, 윤리적 과실, 인재 유출과 같은 문제는 고려하지 않는 경향이 있다. 강도 높고 빠른 변화의 시도는 조직원들의 불안과 스트레스, 혼란을 야기할 수 있다. 따라서 조직의 변화에는 결과적 수치 못지않게 과정에 따른 손실을 최소화시켜야 한다.

2006년 「포브스」는 홈 디포의 CEO 로버트 랠리의 말을 인용하였다. "내부의 변화 속도가 외부의 변화 속도를 앞질러야 한다. 그렇지 않으면 여러분은 후진 페달을 밟는 것이다." 많은 기업의 CEO들이 새로 부임하자마자 가장 먼저 하는 일이 빠른 변화의 시도이다. 자신의 경력과 경험만 믿고 직관적으로 밀어붙이거나 제한된 정보와 소수 임직원의 말에 의존하는 경우, 또 단기간에 실적을 올리고자 하는 욕심과 자만은 도리어 해가 된다. 섣부른 변화를 강행하기보다는 변화의 필요성과 방법을, 그리고 자신이 속한 조직이 어떻게 달라질 것이라는 목표와 변화 전후에 대한 기대를 조직원들에게 주지시키는 일이 중요하다. 무조건적인 성과주의적 변화는 지양되어야 한다.

실력과 전문성을 갖추었다고 해서 모두 조직변화에 성공하는 것은 아니다. 로저 스미스 전 GM 회장은 자신의 의견과 다른 사람은 모두 해고하거나 지사로 내려 보냄으로써 독불장군식 조직변화를 시도하다가 실패하였다. 칼리 피오리나(Carly Fiorina)는 1999년 휴렛팩커드(HP)의 CEO로 영입되어, 2001년 컴팩을 인수합병한 회사의 CEO를 맡게 되었다. 그러나 주주와 중역들의 거센 반발을 무릅쓰고 인수를 강행한 컴팩의 주가가 하락세로 이어지자, 미래 전략을 둘러싼 이사회와의 이견 때문에 사실상 해고되었다. 피오리나의 컴팩 인수합병은 대담하고 미래전략적인 측면이 있었지만, 조직원들과의 신뢰적 관계 구축에 실패하였다는 평가이다.

2012년 1월호 「포브스」에는 실패하는 CEO들의 7가지 습관이란 글이 게재되어 있다. 조직의 CEO라면 명심해야 할 문구들이다.

1. 장애물을 과소평가한다.

2. 과거의 성공방식에 지나치게 집착한다.

3. 자신과 회사가 업계를 장악하고 있다고 착각한다.

4. 자신이 모든 답을 알고 있다고 생각한다.

5. 본인의 의견에 반대하는 사람은 쫓아낸다.

6. 언론에 노출되는 것을 지나치게 즐긴다.

7. 본인과 회사를 지나치게 동일시한다.

오래된 조직일수록 그 조직의 문화는 긴 세월 동안 배치되어 있는 집안 가구와 소품들의 배열, 구석구석 케케묵은 먼지가 쌓인 집안과도 같다. 섣부른 조직 변화의 강행은 주말 아침 집안 모든 창문을 열어 놓고 집안 식구들을 모두 밖으로 내몬 후에 주부 혼자 하는 대청소와 같다. 대청소를 하는 필요성, 즉 위생과 청결, 동선의 절약, 넓어진 공간 활용 등 가족들에게 가구 재배치를 포함한 대청소가 왜 필요한지 알려주어야 한다. 진행 단계에 대한 설명, 대청소 후의 가족들의 편리를 제시해 주어야 하는 것이다.

조직의 특성과 상황에 따라 평화로움 속의 순차적인 변화가 필요한 경우도 있고, 기간을 약정한 점진적 변화, 위기 상황의 긴급한 변화가 필요하기도 하다. 한 집안의 대청소 행사도 가족의 동의가 요구되는 것처럼, 조직의 변화에 대한 저항을 예상하더라도 변화의 시급함을 조직원들에게 솔직히 알려 주고 동조를 받아내는 절차가 우선되어야 한다. 인간은 누구에게나 일정 기간의 적응 시간이 필요하다. 어느 누구도 고강도의 변화의 소용돌이로 혼란과 격정의 나날을 보내고 싶지 않을 것이다. 조직 변화 촉진자의 역할에 성공과 실패를 가르는 것은 능력이 부족하다거나 변화의 시기를 놓쳐서라기보다는 얼마만큼 적절하게 대응하고 대처하였느냐에 있다.

존 코터는 변화에 가장 성공한 기업의 7년간의 변화의 양을 연도별로 지수화하였다. 변화 기업이 처음으로 가시적인 성과를 보여 준 3년차에 최고치를 달성하고, 그 이후 변화의 양은 쇠퇴한다. 변화가 기업문화로 정착되어 뿌리내리는 데에는 약 5~10년이 걸린다고 한다.

21세기 기업 리더에게는 순간의 승리에 잠깐의 축배는 허용되어도 영원한 방심은 금물이다. 하루하루의 조그마한 변화의 시도가 모이고 쌓여서 새로운 변화의 기폭제가 되고 혁신적 기업문화로 물들여진다. 조직의 혁신은 리더 혼자 할 수 있는 일이 아니다. 조직원들과 소통하려는 리더의 의지와 더불어 조직원들이 집단을 변화시키겠다는 의지가 함께 움직여야 가능한 일이다. 조직혁신이 조직원을 더 행복한 집단으로 변모시킨다는 확신을 주어야 한다. 리더는 조직이 머무르지 않고 계속 흐르고 움직이게 해 주는 활성제(activator)와 같다.

물이 혼탁해지는 두 가지 방법은,

물이 고여서 흐르지 않거나

더러운 물이 들어가는 것이다.

물이 맑아지는 두 가지 방법은,

물이 계속 흘러가거나

맑은 물이 들어오는 것이다.

불행해지는 가장 확실한 두 가지 방법은,

다른 사람과 마음이 흐르지 않거나

다른 사람의 탁한 마음에 오염되는 것이다.

행복해지는 가장 확실한 두 가지 방법은,

다른 사람과 마음을 교류하거나

스스로 맑은 마음을 창조하는 것이다.

– 조현춘, 조현재 심리상담의 이론과 실체

조직혁신 단계

아래의 도표는 내가 생각하는 6하 원칙에 근거한 성공적인 조직 변화 단계이다.

데이비드 해럴드와 도널드 페더는 변화를 다루는 데 노련한 리더십은 새로운 환경에 조심스럽게 들어가서 새로운 환경의 역사와 문화를 존중하고 장기근속 조직원의 말을 경청하는 일이라고 하였다. 조직의 실태를 조사하고 혼자하기보다는 공동으로 문제를 해결하고자 하며,

6하 원칙에 근거한 성공적인 조직 변화 단계

6하 원칙	변화의 시작	변화의 단계
누가	내부선출형 /외부영입형 결정, Top down/Bottom up	리더, 임원 선발과 배치, 팀 구성, 변화선도팀 결정, 외부 컨설턴트의 도움
언제	평화, 안정, 위기상황(변화 실행의 시점), 적절한 타이밍 고려	변화 속도에 따른 구성원의 적응도 체크, 조직의 경영상태 수시 체크
어디서	변화 필요한 지역 / 시급한 부서 / 전사적	조직 개편과 구조조정, 팀 리더 선정, TFT(Task Force Team)
무엇을	인력 변화, 신제품 개발, 매출 증가, 시장점유율 증가, 부채 감소, 중점 제품 치중, 브랜드 강화, 인수합병 네트워크의 다변화, 새로운 시스템 도입, 서비스 혁신	문제의 원인 분석과 선결 과제에 대한 해결책 제시, 변화 제안과 계획 수립, 실행 전략에 대한 합의 도출
어떻게	내부 요인 대 외부 환경 요인	자원부족 해결, 소통 채널 형성, 공격 투자 전략, 원가절감성과 보상제 수정(팀, 부서, 전사적), 영업 조직 개편, 광고, 마케팅, 홍보 전략, 교육의 실행 등 전략 실행
왜	조직의 발전, 개인 만족과 성장	변화에 대한 조직원의 공감 확산 체크

서두르기보다 신중하게 상황을 진단하고 해결과제에 조직원들의 합의를 얻어낼 수 있어야 한다. 또한 구성원들의 염려에서 나오는 저항을 해결하여 신뢰를 형성하는 일이 변화를 위한 노련한 리더라고 강조하였다.

노엘 티치와 엘리 코헨은 『리더십 엔진』에서 성공하는 리더들의 세 가지 본질적인 요소를 말하고 있다.

- 변화에 대한 상황
- 우리가 가고 있는 곳
- 그곳에 도달하는 방법

위의 세 가지 본질적인 요소를 실천하고 있는 기업이 있는데, "끊임없이 변해야 살아남는다."라는 말을 실감나게 하는 혁신적인 기업, 바로 카카오톡이다. 우리나라 사람들에게 있어서 카카오톡은 이제 일상이다. '검색하다'라는 단어가 구글(google)이 된 것처럼 '문자 보낼게'라는 말보다 '카톡하자. 카톡 체크해 봐.'라는 신조어를 만든 장본인이 바로 카카오톡이다.

모바일 메신저에서 시작한 카카오톡은 애니팡으로 게임사업 파트너와 합작하여 게임 유통 사업에 뛰어들더니, 선물하기 메뉴로 모바일 커머스에 진입하고 플랫폼을 바탕으로 디지털 콘텐츠로 확장하는 등 끊임없이 진화하고 있다. 김범수 의장은 "카카오의 3대 키워드는 모바일과 소셜, 플랫폼"이라고 하면서 "플랫폼을 기반으로 수많은 파트너와 함께 동반 성장하는 건강한 모바일 생태계를 만들겠다."라고 하였다. 카카오톡은 2013년 들어 글로벌 가입자 1억 4,000만 명을 넘어서며 성장세를 이어가고 있다.

한편 최근에 국내 포털 2위 다음과 국내 모바일 메신저 1위 카카오가 '다음카카오'로 합병하기로 결정하였는데, 이로써 국내 기반의 다음카카오가 네이버의 라인(LINE)처럼 해외시장을 겨냥하여 글로벌 기업으로 도약할 것인가에 귀추가 주목된다.

미국의 '혁신 전도사'라고 불리는 스티븐 존슨은 "혁신과 창조적 아이디어는 골방이나 연구실이 아닌 광장이나 다른 사람, 아이디어를 접촉하는 과정에서 활발하게 창조된다."라고 하였다. 그는 17세기 영국에서 각계 인사들이 모여 커피를 마시며 혁신적 아이디어를 내놓은 '커피하우스'를 도입하라고 권장하였다. 아이디어를 회의장이나 R&D 부서의 일로 분리시키지 말고 조직 전체 내에서 자연스럽게 흐르게 해야 한다고 덧붙였다.

미국 뉴욕의 뉴뮤지엄(New Museum of Contemporary Art)은 2014년 여름 인큐베이터 커뮤니티(Incubator New Inc)를 출범시켰다. 아트, 테크놀로지, 디자인 전문가와 랩(Lab)으로 구성된 이 그룹은 자신들의 아이디어를 나누고 함께 콜라보레이션 작업을 하면서 새로운 영역의 혁신적 창작물을 기획할 예정이다. 우리나라에서도 다양한 분야의 인재들을 모아 공동 작업을 추진하여 창의적 산물을 배양하는 플랫폼의 구축이 필요하다.

구글과 3M은 새로운 아이디어가 새로운 상품으로 이어지도록 제도화되어 있다. 구글의 경우는 복도의 벽에 걸린 화이트보드에 수시로 아이디어를 적고 업그레이드한다. 카페와 복도 어느 장소에서나 토론과 설명을 하는 구글러의 모습을 볼 수 있다. 구글식 혁신은 특정한 사람들 간의 연구라는 사고에서 벗어나 기업 내 아이디어를 중시하는 토론문화의 활성화이다.

혁신적인 리더는 과거의 업무적 관리자 차원을 넘어서 조직원과 같은 방향으로 지속적으로 성장, 발전하는 기업 문화를 만드는 사람이다. 미래를 내다보고 조직의 통합을 추구하는 사람이다. 독선과 오만이 아닌 조직원들과 소통하며 의견을 구하는 사람이다. 기업 혁신이란 바로 그 자리에서 결실을 맺는 것이 아니라 일하는 방식이 바뀌고 사람들의 태도와 정신이 변화되어 서서히 정착화된다.

혁신이란 변화를 추구하기 위해 존재하는 것이 아니다. 남을 따라 잡아야 하는 경쟁 역시 아니다. 본질의 유지가 옳은지, 새로운 시도가 필요한지에 대한 고찰과 준비, 미래 산업에 대한 예측을 통한 철저한 문제분석과 해결방안에 대한 토론에서 시작되어야 한다. 성급하고 무조건적이며 피상적인 혁신이 만능은 아니다. "지금 시행하려는 혁신은 조직과 더불어 세상에 유익한 일인가?" 이 질문에 "예."라는 답이 나올 때 진정한 혁신이 시작된다.

Question

- 현재 자신이 속한 조직에서 필요로 하는 변화와 혁신은 무엇인가?

- 조직혁신 실행에 가장 우려되는 대내외적 저항세력은 무엇인가?

- 저항세력의 대항 동기와 그 해결방안은 무엇인가?

Activity

자신이 속한 조직의 변화 과정 단계를 연습해 보자(6하 원칙 도표 참고).

Reflection

- 변화에 성공한 조직의 리더 대 변화에 실패한 리더에 대해 조사해 보고, 성공과 실패의 원인에 대해 분석해 보자.

- 자신의 조직을 진단한 후 현상적으로 나타나는 문제점의 원인과 해결방안을 제시해 보자.

- 기업의 변화제도가 성공적으로 수용될 성과제도와 평가제도에 대해 생각해 보자.

- 안정보다는 변화와 혁신을 추구하는 기업문화로 정착시키기 위한 방안을 모색해 보자.

4

미래혁신팀은
암행어사이다

조직에서 효과적인 리더십의 열쇠는 문화적 단서를 읽고 반응하는 데 있다.
– 테렌스 딜

패스트 팔로워, 퍼스트 무버

림 시옹관 싱가포르 경제개발위원회 회장은 2007년 제16회 동아시아경제포럼에서 아시아 국가의 혁신을 위한 키워드로 선도(lead), 속도(speed), 차별화(differentiation)를 선정하였다. HIS 그룹의 사와다 히데오 회장은 "비즈니스는 속도이다. 빨리 결단하고 빨리 움직이면 경비는 내려간다. 스피드를 20% 올리면 비용은 20% 줄어드는 효과"인 셈이라고 하였다. 카를로스 곤 르노 닛산 회장은 미국 자동차 시장의 전략은 "명쾌함과 스피드"라고 하였다. 이와 같이 오늘날에는 어느 때보다도 스피드 경영이라는 말이 많이 언급되고 있다. 실제로 마이크로소프트, 애플, 구글, 삼성, LG와 같은 글로벌 대기업은 6개월에 하나씩 신제품을 출시하는 것을 목표로 속도전을 벌이고 있다. 기업들은 스피드 경영의 필요에 따라 R&D 부서에 많은 투자를 하고 있어 R&D 부서 출신의 CEO가 더욱 늘어날 전망이다.

최초의 기술개발 기업이라고 해서 성공의 탄탄대로를 보장받지는 않는다. 필름시장을 주도하였다가 사라진 코닥이나 스마트폰의 1인자였던 노키아는 퍼스트 무버(first mover), 즉 창조기업으로 최고의 인재를 가지고 최첨단의 기술을 보유한 기업이었다. 그렇다면 그들은 왜 혁신에 실패하였을까? 이러한 예는 최고의 정보와 최초의 기술, 엘리트 연구원만으로는 스피드 경영에서 생존하지 못한다는 사실을 일깨워 주고 있다.

남민우 다산네트워크 대표는 혁신에 다다르지 못하는 두 가지 원인을 들었다. 첫째는 변화를 거부하고 내부의 현실에 안주하는 것을 추구하여 혁신의 주도권을 빼앗긴 경우이다. 둘째는 신제품 개발에 성공해서 내부 혁신을 시도하였지만, 뒤에서 빠르게 쫓아오는 외부 혁신세력의 도전에 패배하여 도태되는 경우이다. 내 생각에는 위의 두 가지를 모두 극복해 낼 때, 즉 내부와 외부 동시적 혁신을 이루어야 스피드 경영이 성공할 수 있다.

패스트 팔로워(Fast Follower; innovator); 점진적 혁신

기업의 입장에서 시대의 변화를 이겨 내는 길은 오직 혁신적 제품과 서비스의 개발뿐이다. 대부분의 기업은 혁신적인 제품을 개발하여 특허를 내고 재빨리 글로벌 마켓에 선보여야 한다는 부담을 가지고 있다. 우리나라에서는 '창조경제'라는 이름하에 'fast follower'에서 'first mover'로 전환되어야 한다는 강압감을 표출한다.

세계 혁신기업 선정 기준에 R&D 투자액이 포함되어 있을 정도로 글로벌 기업들은 앞다투어 R&D 투자를 늘리기에 여념이 없다. 그렇다면 장기간의 준비와 연구를 바탕으로 시작되는 창조를 어떻게 스피드 경영으로 연계시킬 수 있을까? '퍼스트 무버'만이 혁신의 주체이며, 스피드 경영의 유일한 원동력일까? 변화의 속도는 가속도를 내고 있다. 첨단기술의 발달로 이미 거의 모든 것이 발명되고 창조되었다. 나는 새로운 것을 창조해 내는 일도 중요하지만 기존 제품을 '최고'로 만드는 투자 역시 스피드 경영시대에서 중요하다고 생각한다.

애플은 세계 최초로 GUI(Graphic User Interface) 방식의 운영체제를 내놓았고, 지코프도 마이크로소프트보다 먼저 GUI 방식의 운영체제를 내놓았지만 실용적이지 못하였다. 이후에도 디지털 리서치사가 윈도와 비슷한 GEM(Graphics Environment Manager)을 출시하는 등 여러 업체에서 나름의 독자적 운영체제를 내놓았지만 시장 지배력에 실패하였다. MS의 빌 게이츠만이 실용성에서 '최고'인 운영체계, 즉 윈도 마케팅에 성공한 것이다. 그는 창조자(inventor)가 아닌 혁신가(innovator)였다.

게이츠는 CBS 방송 '60분'에 출연해서 잡스가 MS의 실수를 이용하여 태블릿 PC를 성공시켰다고 하면서 "우리는 애플이 하기 훨씬 전부터 태블릿을 만들었다."라고 하며 애플이 그것들을 모두 조합해 성공을 거두었다고 술회하였다. 게이츠는 잡스의 천재적 디자인 감각만은 높이 평가하고, "그는 엔지니어 분야의 경력은 없지만 디자인 부분은 제대로 이끌었다. 멋진 제품은 디자인에서 나온다."라고 하였다. 이로써 애플과 MS의 서로 훔쳐서 '최고'되기 게임은 비긴 셈이 되었다.

국내의 '패스트 팔로워'의 대표적인 기업은 삼성전자이다. 삼성전자는 빠르게 따라가서 최상의 휴대전화로 고객만족 단계를 한층 더 끌어올렸다. 미국 시장조사업체 스트래티지 애널리틱스(SA)에 따르면, 2013년 삼성전자의 2·4분기 휴대전화 부문 영업이익은 52억 달러로 46억 달러의 애플을 앞섰다. 애플은 아이폰5의 부진으로 삼성에게 선두자리를 내주고 말았다. 미국의 애플이 삼성을 '카피캣(copycat; 모방꾼)'이라고 비난한다면, 모토롤라, 림, 구글도 마찬가지이다. 모방은 누구나 하지만 그것을 최고로 만드는 것이 바로 혁신이다. 퍼스트 무버가 고객의 요구를 선도하였다면, 기존제품의 단점을 보완하고 시장의 요구를 선도하는 것 역시 혁신이다.

2013년 세계적인 경영 컨설팅업체 부즈앤컴퍼니는 '가장 혁신적인 기업' 3위에 삼성전자를 선정하였다. "지난 몇 년 간의 꾸준한 순위 상승은 삼성전자가 단순히 다른 기업의 혁신을 카피하는 기업이 아님을 분명히 보여 준다. 삼성전자는 갤럭시 스마트폰이나 스마트 TV 같은 독창적인 제품을 통해 애플만큼이나 사람들을 기쁘게 만드는 제품을 만들 능력이 있음을 증명하고 있다."라고 평가하였다.

빠르게 움직여서 '최고'가 되기 게임은 IT 업계에만 해당되는 말이 아니다. 미국의 「포브스」는 세계 억만장자 부호의 순위를 매년 3월에 발표하는데, 2012년에 자라(ZARA)의 아만시아 오르테가 회장이 세계 부호 3위를 차지하면서 워런 버핏, 카를로스 슬림, 빌 게이츠의 10년 아성을 깨뜨렸다. 자라의 성공 뒤에는 "유행을 선도적으로 생성하기보다 뒤따라간다."라는 경영원칙이 자리 잡고 있다. 이를 위해 ZARA는 한 해의 유행을 익혀 빠른 생산과 저렴한 판매로 이어지는 새로운 수직적 유통구조를 만들어 냈다. H&M의 스테판 페르손 회장 역시 12위로 급상승하였다. '패스트 패션'의 ZARA, H&M은 모두 패스트 팔로워로 스피드 경영에 성공한 셈이다.

패스트 팔로워란 피카소가 언급한 것처럼 완전하게 빨리 훔쳐서 '최고'로 만드는 일, 그 '최고'를 더 나은 방식으로 개발하여 다양한 용도로 전환시키는 일이다. 패스트 팔로워가 되는 일은 가능성에 도전할 가치가 있는지 알아내는 안목에서 시작된다.

레비 스트로스는 『슬픈 열대』에서 "인간사회는 개인과 마찬가지로 절대적인 창조를 하는 것이 결코 아니고 관념들의 저장고에서 특정한 조합을 선택한다."라고 강조하였다. 창조란 과거의 것에 대한 끊임없는 개작, 재해석, 재창조이다(도널드 서순, 유럽문화사).

게이츠나 잡스도 새로운 것을 창조시킨 사람들은 아니다. 그들은 남의 아이디어를 잘 활용한 사람들이다. 우리나라 기업은 패러다임의 변화에 따른 신제품보다 트렌드를 따라가는 제품 생산에 보다 혈안이 되어 있다. 이것은 리스크가 덜하며 연구비용도 절감되기 때문이다. 쿠션 파운데이션, 한방샴푸처럼 어느 기업의 제품이 유행하면 다른 기업 모두 달려들어 유사한 제품을 양산해 내고 경쟁구도로 돌입한다. 유니클로의 발열 내의 히트텍의 성공으로 이마트는 히트필, 쌍방울은 히트업을 출시하였는데 제품명까지 따라한 느낌을 준다. 히트텍 제품의 우수함을 넘어서는 길이 진정한 패스트 팔로워이다. 우리나라의 기업은 단순히 베끼는 차원을 넘어서 제대로 확실하게 훔쳐서 '최고'로 재탄생시키는 능력을 갖춘 인재에 투자해야 한다.

니체는 독창적인 사람의 특징 중 하나는 이미 모든 사람들의 눈앞에 있으나 알아차리지 못한 것을 알아보는 눈을 가지고 새로운 이름을 부여하는 능력이라고 하였다(사라토리 하루히코, 니체의 말). 따라서 오늘날에는 세상의 변화와 흐름을 읽어내는 혜안과 더불어 기존의 동업종 콘텐츠나 제품을 다르게 재탄생시킬 수 있는 가능성을 볼 수 있는 안목, 개발의 열정과 의욕을 갖춘 다수의 융복합적 인재를 필요로 한다. 이를 위해서는 각국의 산업과 트렌드의 정보, 데이터 리서치, 인문학적 사고와 예술적 감각 및 이과와 문과의 동시적 성향을 갖추거나 해외에 거주하는 다문화적 사고를 갖춘 인재의 유입이 요구된다.

미국 MIT 교수였던 첸쉐썬 박사는 중국 우주항공 산업 발전에 기여하기 위해 미국을 떠났다. 당시 미국은 5년 동안 그의 귀국을 말렸으나 허사였고, 마오쩌둥 주석은 베이징 인민대회당에서 그의 귀국을 성대하게 환영하는 행사를 열었다.

"차라리 저 사람을 죽일지언정 미국을 떠나게 할 수는 없다. 첸 박사는 5개 사단과 맞먹는 전투력을 지녔다." 1950년 당시 미국 해군참모차장이 하였던 말이다.

세계적인 물리학자였던 첸은 조국에 귀화한 후 원자폭탄과 수소폭탄에 이어 인공위성 개발에 커다란 공을 세웠다. 중국이 최근 유인우주선과 달 탐사 등에 잇따라 성공하는 등 과학강국으로 성장한 데에는 해외에서 활약하는 교포과학자를 대대적으로 유치하는 정책이 큰 몫을 하였다.

중국은 2008년부터 자국 출신의 과학자들을 귀환시키는 '천인(千人) 프로젝트'를 시행하고 있는데, 이것은 박사급 과학자 등 핵심 인재 1,000명에 대해 1인당 100만 위안의 격려금과 고액 연봉을 주는 국가 정책이다. 중국은 장기적으로 50만 명의 해외 고급 두뇌들을 유치한다는 야심찬 계획도 추진 중이다. 이공계 우수인력의 도입으로 국가 발전에 도움이 된다면 당성도, 사상도 문제 삼지 않는 중국 특유의 실용정신이 돋보인다(이의춘, 데일리안).

이기섭 한국산업기술평가원장은 "1970년대 국내 연구소로 대거 몰려온 해외 한인 과학자들이 1차 과학기술 발전을 이끌었고, 1980~90년에는 진대제, 황창규 등 해외파 두뇌들이 반도체 신화를 창조하였다. 우리나라가 퍼스트 무버로 도약하려면 해외 한인 과학자들의 도움이 또 한 번 필요하다."라고 하였다. 이 원장은 우수인력을 해외에 파견하여 해외기술을 수집하고 국내에 전파하는 시스템을 구상하고 있다. 그는 해외에 진출해 있는 한인 과학자들을 활용하고 참여시키는 방안을 성공시켜 한국의 기술을 브랜드화한 케이 테크(K-Tech)의 실현을 목표로 하고 있다.

내가 유학 시절 거주하였던 파사디나에 위치한 세계적인 대학인 캘리포니아공과대학의 교정을 걷다 보면, 상당수의 아시아계 학생들을 만날 수 있다. 미국 국적을 가진 2세, 3세도 있지만, 인도, 중국, 한국에서 유학 온 학생들의 숫자도 적지 않다. 아시아계 미국인이 약 25%에 달하며, 전체 유학생의 수는 학부 10%, 대학원 40% 정도에 달한다. 내가 만난 캘텍의 한국 대학원 유학생들 대부분은 졸업 후 미국에 거주하여 연구하기를 희망하였다. 그 이유는 보다 나은 연구환경과 실적에 따른 합당한 보상제도 때문이다. 따라서 우리나라에서 해외인재를 원한다면, 활용하기보다 합당한 대우가 전제되어야 한다.

미래창조과학부의 장관 후보로 올랐던 벨 연구소의 김종훈 사장의 경우 국적문제로 장관직을 포기하고 미국으로 돌아갔다. 솔직히 우리나라에서는 아직 세계적인 창조자를 배출하기 위한 교육체계가 정착화되어 있지 않다는 것을 인정해야 한다. '창조경제'를 원한다면 중국처럼 외국에서 활동하는 한국계 인재를 영입하기 위한 프로젝트를 실시해야 한다. 미국은 어떻게 해서라도 유능한 외국인을 현지에 묶어 두려고 하는 반면, 우리나라는 핵심기술을 가지고 조국을 위해 일하겠다는 한국계 인재를 내쫓는다. 우리나라에서 선행되어야 할 일은 배타주의의 배제이다.

인도 정부는 인도 경제를 구원하기 위해 미국 국적 소유의 시카고대학교 석좌교수 라구람 라잔을 인도중앙은행인 인도준비은행(RBI) 총재에 발탁하였다. 이는 관례를 뒤집는 임명으로 기존의 관료 발탁 관행을 깬 처사였다. 성장률의 저하와 치솟는 인도의 물가 위기를 극복하기 위한 결단이었던 것이다. 세계 각국은 각국의 인재를 한 명이라도 더 유치하기 위해 혈안이다. 아직도 국적을 논란 삼는다면 시대착오적인 생각이다. 우리나라는 중국과 인도의 국적 불문 자국인 해외거주자 영입제도를 하루 빨리 받아들이는 패스트 팔로워가 되어야 한다.

퍼스트 무버(First Mover; inventor); 창조적 혁신

최근 박근혜 정부는 '벤처 · 창업 자금생태계 선순환 방안'을 발표하였다. 미국의 실리콘 밸리와 같은 금융생태계를 추진하려는 움직임으로, 벤처기업의 창업과 보호 육성, 대기업의 벤처기업 인수합병 활성화에 대한 조항을 주요 내용으로 하고 있다.

이스라엘은 전 세계의 유대계 자본이 벤처에 투자하여 전 세계 시장을 열어 주는데 우리나라에는 없는 것이 대기업의 벤처 인수합병이라고 한다. 대기업의 벤처 M&A는 대기업의 경쟁력 확보로도 의미가 있

지만 정부가 추구하는 창업, 성장, 회수의 선순환 구조의 생태계 조성
에도 크게 기여한다.

　진정한 벤처 생태계 조성을 위해서는 벤처에 투자된 자금의 원활한
회수가 필요하고, 대기업의 벤처기업을 인수합병하는 것이 용인되고
축복받는 사회 분위기가 조성되어야 한다.

　물론 그런 경우 대기업이 정당한 조건으로 벤처, 중소기업을 인수합
병한다는 전제조건이 충족되어야 할 것이다. 대기업의 합리적 인수합
병이 대기업의 경쟁력 강화는 물론 우리 벤처 기업의 생태계를 조성하
고 궁극적으로 국가 경제에 큰 기여를 한다는 것을 인식하고, 이제부
터라도 행정부는 물론 국회에서 사회지도층, 특히 언론이 앞장서서 분
위기를 조성하고 국민정서의 전환을 위해 노력해야 할 것이다. 그래야
만 우리나라 벤처의 미래도, 우리 기업의 국제경쟁력 강화도, 창조경
제도 성공할 수 있을 것이다.

　외국의 기업들은 자국 내 벤처 기업을 인수함으로써 신성장 동력 발
굴에 적극 나서고 있다. 미국의 GE는 지난 10년간 500여 개의 벤처기
업을 인수하였으며, 인수합병된 기업은 부러움을 사고, 인수한 대기업
은 국민들로부터 박수를 받았다. 삼성전자와 LG전자는 현재 국내 벤
처기업을 인수한 경우가 없다. 이에 대해 어느 대기업의 임원은 국내
에서 합병할 만한 실력의 벤처기업을 찾지 못하였다고 해명한다. 하지
만 국내의 여론이 대기업의 벤처기업 합병에 부정적인 정서가 만연되
어 있는 것도 원인 중의 하나이다. 이는 대기업의 벤처기업 헐값 인수

에 대한 반발심을 보여 준다.

벤처기업협회는 중소기업청에서 기술력과 창업자의 아이디어를 종합하여 인증 검사를 마친 유망 벤처기업의 수가 점차 줄어들고 있다고 보고하였다. 이는 창업의 생태계가 여전히 불안하기 때문이다. 문송천 KAIST 테크노경영대학원 교수는 "국내에는 정당한 대가를 주고 인수합병하는 문화가 부족하여 고학력자들이 위험을 감수하고 벤처에 도전하려고 하지 않는다."라고 하면서 "설사 성공을 거두더라도 정당한 대가를 받기 어렵다."라고 하였다.

현재 우리나라 대표 검색사이트인 NHN의 쌍끌이식 경영방식에 대해 논란이 일고 있다. 서울대학교 컴퓨터공학부 신영길 교수는 "국내는 아이디어를 갖고 창업하면 네이버 같은 대기업이 인수합병 대신 그 아이디어를 금방 훔쳐간다."라고 하면서 "건강한 SW(Software) 생태계 환경 조성을 위한 노력을 하지 않은 채 학생들에게 창업만 하라고 하는 것은 문제가 있다."라고 지적하였다.

대학에 '창업교육', '기업가 정신'이라는 과목이 개설되어 있지만, 건강한 창업 생태계 환경 조성 없이 "좋은 아이디어와 SW가 있다면 졸업 후 창업하여 벤처기업가가 되라."라고 등 떠밀며 사회에 내보낼 수는 없다. 사무실 없는 창업, 벤처 인큐베이팅, 멘토 네트워크, 초기 벤처(startup) 성장 지원, 교육 및 데이터 센터 제공, 대학의 파트너십 제도, 정당한 가격에 팔리는 인수 절차가 바로 실리콘밸리의 창업 생태계 구조이다. 우리나라에서는 우수 벤처기업을 육성하는 데 필요한 제도적 구조가 시급하다.

선진 외국 기업은 벤처기업의 인수 시 헐값이 아닌, 제값을 치르고 합병한다. 다산 네트워크의 남민우 사장은 "구글이 유튜브를 사들이고 페이스북이 인스타그램을 인수한 것은 스스로 잘하지 못해서가 아니라 벤처기업과의 M&A를 통해 더 다양한 아이디어를 얻고 시너지 효과를 내기 위한 것"이라고 강조하였다.

대기업이 창업 아이디어를 인수합병이 아닌 베껴서 훔쳐간다면, 어느 누가 고생해서 창업을 하겠는가? 실리콘밸리에서 활동하는 벤처캐피털리스트 구본웅 씨는 대기업의 발상 전환을 강조하였다. 한국의 대기업이 신사업을 구상하여 추진한다면 직접 한다기보다 벤처의 인수합병으로 눈을 돌려야 한다고 하였다.

'창업-성장-회수-재도전'의 우리나라에서 벤처형 인재가 나오기 위해서는 기술과 경쟁력을 갖추는 교육 혁신이 우선이지만, 창업 가능한 생태계 기반 조성 역시 시급한 일이다. 낮은 처우, 열악한 창업 여건, 자금 회수의 어려움 등으로 우리나라의 SW 인재는 게임 분야에 대거 쏠려 있다. 미국 실리콘밸리에서 창업의 70~80%가 SW 분야에 몰려 있는 것과 사뭇 비교되는 대목이다.

조성문 오라클 프로덕트 매니저는 과거 실리콘밸리가 하드웨어와 반도체산업 기반이었다면 현재 소프트웨어산업은 거스를 수 없는 시대적 흐름으로, 빅데이터가 혁신을 주도하고 있다고 하였다. 그러면서 우리나라의 창조경제를 위해서는 엔지니어에 대한 시각과 대우가 달라져야 한다고 주장하였다. 실리콘밸리 엔지니어의 평균 초봉은 12만 달러(약 1억 4,000만 원)를 넘는다. 그들은 아이디어를 제품화하는 데 필요한 의사결정, 마케팅, 기획에 참여하며, 높은 대우를 받고 승진의 기회가 보장된다.

네오픽스 인터넷의 박동현 소프트웨어 엔지니어는 우리나라에서 소프트웨어 엔지니어는 단지 프로그래머로 인식되고 있는데, 2000년대 초 국비 지원 개발학원에서 단기간에 대량으로 만들어진 개발자로 인한 하향 평준화 현상을 그 원인으로 들었다. 실제 소프트웨어 엔지니어란 프로그래머＋소프트웨어 엔지니어링 기술(알고리즘, 데이터 구조, 개발 방법, 소프트웨어 기획 등)을 요구하지만, 고질적인 하도급 구조로 인한 저비용의 초급 개발자를 선호하는 악순환이 있다고 지적하였다.

그는 우리나라 IT 산업의 소프트웨어 개발자가 직면하는 문제와 해결책을 다음과 같이 지적하고 있다. 첫째, 개발자 가운데 팀장급부터는 자의적 또는 타의적으로 개발을 하지 못하고 있는 데 문제가 있다. 소프트웨어 개발 경력 10~15년 이후에도 개발직으로 남아 있으면 진급이 거의 불가능하기 때문이다. 둘째, 개발자와 기획자의 수직적인 구조로 기존의 제조업체의 제조자-발주자 모델을 그대로 답습하여 기획자가 모든 IT 서비스를 기획한 후 개발자 및 디자이너에게 개발 지시를 내리는 구조 때문이다. 미국의 경우, 기획자가 따로 존재하지 않고 개발자가 디자이너와 직접 상의해서 IT 서비스 기획 및 개발을 진행하고 책임지는 반면에, 우리나라에서는 기획자가 소프트웨어 개발에 대한 지식이 전무하여 실제 실현 가능성을 염두에 두지 않고 개발을 지시하는 경향이 있다. 셋째, 하향평준화된 개발자, 이공계를 천대시하는 문화 등 복합적인 요소로, 소프트웨어를 직접적으로 개발하거나 직접 코드를 작성하는 것은 경력이 낮거나 실력이 없을 때 하는 일이라는 잘못된 인식을 가지고 있기 때문이다. 넷째, 빨리빨리 문화로 인해 품질 좋은 '효율적인 소프트웨어' 개발보다 '빨리 만드는 소프트웨어' 개발에 치우쳐 있기 때문이다. 다섯째, 스티브 워즈니악이나 더글라스 커팅과 같이 롤모델이 될 만한 구루(guru)급 소프트웨어 엔지니어의 부재 현상 때문이다.

박동현 엔지니어는 소프트웨어 인재 육성과 좋은 품질의 소프트웨어를 만들기 위한 해결책으로 품질 좋은 소프트웨어 개발 업무가 개인의 경력이나 진급, 그리고 회사의 성장에 큰 경쟁력이 된다는 새로운 인식의 전환이 필요하다고 강조하고 있다. 기업은 고급개발자의 필요성을 인지하여 그들이 계속 개발 경력을 진행할 수 있는 기업 문화를 제공하고, 좋은 품질의 소프트웨어를 만들어 갈 수 있도록 개발직급을 임원급까지 확대해야 한다고 보았다. 덧붙여 그는 개발자는 개발 능력뿐만 아니라 인문학적 소양과 리더십을 바탕으로 직접 기획할 수 있는 능력을 키워나가야 한다고 하였다. 더불어 좋은 품질의 소프트웨어 개발과 기획이 연계된 시스템의 혁신을 역설하였다.

하버드대학교의 클레이턴 M. 크리스텐슨과 마이클 오버도르프는 하버드비즈니스리뷰에 실린 논문에서 "대기업은 파괴적 혁신을 할 수 없다."라고 하였다. 파괴적 혁신이란 애플이 MP3 플레이어인 아이팟을 개발한 것과 같이 기존의 틀을 완전히 벗어난 혁신을 뜻한다. 대기업이 되면, 조직이 거대해져서 수익이라는 가치를 무시할 수 없기 때문에 효율성을 높이기 위한 프로세스 경영을 할 수밖에 없다. 즉 대기업은 존속적인 혁신을 꾀할 수밖에 없다. 존속적인 혁신은 기존의 틀을 유지한 채 좀 더 좋은 제품과 서비스를 통해 시장점유율을 높이고 수익을 극대화하는 전략이다. 이들은 대기업이 파괴적 혁신을 하기 위한 방법으로 두 가지를 제시하였다. 첫 번째는 현재의 기업 문화 및 프로세스로부터 영향을 받지 않는 새로운 조직을 만들어 분사하는 일이고, 두 번째는 인수합병을 통해 파괴적 혁신 역량을 외부에서 가져오는 방안이다.

기존의 제품을 최상으로 만든 패스트 팔로워로서의 삼성은 세계 최고의 휴대전화 기업으로 우뚝 섰다. 크리스텐슨과 오버도르프 교수의 논문에 근거하면, 삼성과 현대 같은 대기업은 사내 벤처기업을 육성하여 독립적 조직으로 체계화시키는 일과 벤처기업의 인수합병으로 파괴적 혁신을 단행하는 일이 필요하다. 삼성은 실제로 실리콘밸리에 투자를 늘리고 있으며, 2012년 한국, 캘리포니아, 뉴욕을 잇는 '이노베이션 센터'를 설립한 이유 역시 현실에 안주하지 않고 계속되는 혁신을 이루기 위한 방안이다. 삼성은 안드로이드에 대한 의존도를 극복하기 위해 2013년 7월 스마트 TV용 엔터테인먼트 셋톱박스를 제작하는 이스라엘의 스타트업 '박시(Boxee)'를 인수하고, 뉴스읽기 앱 '플립보드

(Flipboard)'와 파트너십을 맺는 등 활발한 움직임을 보이고 있다.

최근 들어 구글은 구글안경(Google Glasses)을 선보여서 시각인식 기술 최고의 기술 보유자임을 공고히 하고 있으며, 애플은 키트의 음성(청각)인식 기술을 가진 시리(Siri)를 아이폰에 탑재 운영 중이다. 게다가 아이폰4S부터는 영어뿐만 아니라 한국어와 중국어까지 언어 인식 범위를 급속히 넓히고 있다. MS는 동작인식기술을 비디오 게임 기구 엑스박스(Xbox) 키넥트(kinect)에 접목시키는 기술을 선보이고 있다. 이와 같이 글로벌 IT 회사인 애플, MS, 구글은 서로의 실패(휴대전화, 태블릿 등)를 업그레이드하여 혁신적 상품을 내놓아 성공을 거두었으며, 기존에 없는 것을 창조해 내는 능력 역시 보유하고 있다.

삼성전자는 현재 퍼스트 무버가 되기 위한 다각적인 노력을 펼치고 있다. 2013년 '갤럭시 기어'를 출시하였으며, '스포츠 안경'이란 이름의 스마트 안경도 선보였다. 미국의 비즈니스 전문지 앙트레프르너(entrepreneur)는 삼성전자의 첨단기술 연구소가 텍사스대학교 댈러스 캠퍼스 연구진과 함께 뇌파로 조작 가능한 태블릿 PC를 개발 중이라고 보도하였다. 이 제품은 생각만으로도 갤럭시노트 10.1의 앱을 실행하여 전원을 끄고 켜는 것은 물론이고 음악을 재생할 수 있다고 한다.

싱가포르의 리콴유 전 총리는 자신의 저서 『한 남자의 세계관(One Man's View)』에서 세계 경제에 대한 소견을 담고 있다. 현재 중국이 세계 시장에서 급성장하고 있지만, 경제의 위력이란 바로 아이폰과 아이패드 같은 창의적이고 혁신적인 제품을 만들어 내는 일이라고 하였다.

우리가 명심해야 할 점은 삼성이 휴대전화에서 패스트 팔로워로 최고가 되었지만, 미국의 3대 글로벌 IT 기업은 패스트 팔로워와 퍼스트 무버의 두 가지 역량을 모두 소유한 혁신기업이라는 점이다. 우리나라가 휴대전화와 인터넷왕국이라는 자만에서 벗어나, 방심하지 않고 많은 인재를 양성하여 미래를 준비해야 하는 이유도 여기에 있다.

실례를 들면, 게이츠는 19세에 하버드대학교를 중퇴하고 20세에 22세의 폴 앨런과 함께 1,500달러를 갖고 마이크로소프트를 창업하였다. 페이스북의 마크 저커버그는 하버드대학교 시절 20세의 나이로 사이트를 개설하고 창업하였으며, 잡스는 21세에 26세의 워즈니악과 애플을 창업하였다. 구글의 공동창업자인 래리 페이지와 세르게이 브린이 창업할 당시 나이는 25세였다.

이와 같이 젊은 나이에 창업을 하고 성공할 수 있었던 것은 다음과 같은 요건이 갖추어져 있었기 때문이다. 즉 미국이란 나라는 실패(trial and error)를 장려하는 문화, 개인주의적 사고방식에 따른 창업 선호, 성공적인 발명가는 소득이 보장되는 시스템, 기술 혁신에 대한 합당한 보상이 보증되는 법률적 보호장치의 기반으로 퍼스트 무버가 나오기 좋은 환경을 갖추고 있다. 또한 타인의 좋은 아이디어에 작은 돈이라도 기부, 투자하는 문화가 바로 미국의 창업문화를 발전시키고 있다. 미국의 킥스타터(Kickstarter)는 대표적인 십시일반식 자금조달 플랫폼으로, 2013년에는 약 2만 개의 프로젝트에 투자를 성공시켰다. 이러한 크라우드 펀딩(Crowd funding) 웹사이트는 개발자와 창업자, 스타트업

꿈 실현을 실질적으로 지원하고 있다. 퀄키(Quirky)는 2009년 미국 뉴욕의 벤 카우프만에 의해 창업된 소셜 아이디어 플랫폼 회사로 일반 대중의 아이디어로 제품을 설계하여 제작 판매한다. 퀄키에 제안된 아이디어는 모든 회원들에게 공개되고, 그들은 예비 제품을 투표로 평가한다. 최종 제품이 선별되면, 퀄키 내부 전문가들에게 전달되고, 이들은 아이디어의 상품화 가능성이나 특허 침해 여부를 고려한 후 개발에 착수한다. 일반인이 내놓은 아이디어를 제품화하여 생산 유통 판매하는 것이 이 회사의 역할이다. 퀄키는 21세기 패러다임의 핵심인 '집단지성', '소셜 상품개발'을 이끄는 플랫폼 회사이다. 2014년 5월 퀄키 웹사이트에 따르면, 제품 아이디어를 제안한 사람은 86만 9,000명으로 실제 309개의 제품이 개발되었고, 판매된 제품은 아이디어 제공자와 참여한 회원의 기여도에 따라 수익의 일정 부분이 분배된다. 우리나라의 경우 개인 단독으로 창업할 여건이 미비한 구조이므로 새로운 아이디어를 실현시켜 제품화할 수 있는 다양한 플랫폼의 형성이 절실하다.

노벨상의 약 65%가 미국에서 나오는데, 미국과 우리나라의 교육체계를 모두 체험한 나는 미국인의 창조능력이 유전적이라고 생각하지 않는다. 이미 미국 내 아시아계 수학자와 과학자의 수도 많다. 같은 아시아인 일본의 경우, 노벨상 수상자는 19명이며, 그중에서 과학 부분이 16명으로 물리학, 화학, 생리학 의학 분야이다. 일본어에 '오타쿠'라는 말이 있는데, 이것은 한 분야에 광적으로 열중하는 사람을 일컫는다. 다른 분야에 관심이 없는 비사교적인 인물로 부정적으로 표현되기도 하지만, 무언가를 창조해 내는 사람들의 성격은 본디 내성적이면서 자신이 좋아하는 분야에는 강하게 몰입하는 경향이 있다. 우리나라의 교육제도에서 소위 '오타쿠'인 경우 비정상아로 비추어진다는 데 문제가 있다. 경기대학교 박성봉 교수는 어린 아이가 밤새워 만화를 그리고 게임을 하면 그 아이들은 폐인, 혹은 폐허로 여겨진다고 표현하면서 "모든 폐인이 다 달인이 되는 것은 아니지만, 폐인을 겪어보지 않은 달인은 없다."라고 말하였다(마침표가 아닌 느낌표의 예술 중). '창조'에 필요한 것은 남과 다른 독특함이고 그 분야에 대해서만 보여지는 강한 열정적인 에너지이다. 이러한 아이들에게 문제가 있는 것으로 여기는 사람들의 시선에 더 큰 문제가 있다.

우리나라에서 세상을 흔드는 퍼스트 무버가 나오기 위해서는 전반적인 교육제도의 변화와 부모의 인식 전환, 사회적 통념이 바뀌어야 가능하다. 20대 창업한 외국의 벤처 기업가들은 어린 시절 자신이 추구하는 호기심에 열정을 바칠 환경이 이미 조성되어 있었고, 대학 시절에 이미 상당한 단계의 전문가 수준에 도달해 있었다.

최근 들어 삼성전자, LG전자, 현대모비스, NHN 같은 대기업에서는 직접 소프트웨어 분야 인재 양성 프로젝트에 참가하고 있는데, 이것은 우수인재를 조기에 발굴하여 우선적으로 확보하기 위한 것이다. 퍼스트 무버로 성장시킬 창의적 인재로 교육시키기 위한 기업의 다양한 시도는 소프트웨어 인재들에게는 상당히 고무적인 일이다. 나는 개인적으로 국내의 대기업이 창업에 실패한 사람들을 영입하여 재도전의 기회를 주면 좋겠다는 생각이다. 퍼스트 무버를 만들어 내기 위해서는 비록 실패하였더라도 도전하는 사람에게 가산점을 주는 일이다.

우리나라에서 우수한 인재가 의사, 법관, 삼성전자와 현대자동차와 같은 대기업에 대거 쏠림 현상이 있다는 것은 안타까운 일이다. 우리나라에서도 노벨상 수상자가 나오고 미래를 설계할 창조자를 육성하려면, 학생들이 이공계 과학을 기피하지 않도록 제도화해야 한다. 공대와 이과 계열 학생에게 높은 대우와 인정, 미래 보장이 이루어지도록 강력한 개선책이 필요한 시점이다. 아이디어-창업-성장 또는 대기업의 정당한 합병-자금 회수-재도전으로 이어지도록 창업제도의 정비를 강화시켜야 한다.

앞으로 퍼스트 무버의 자질과 잠재력을 갖춘 인재를 조기 발굴하여 창의적 인재를 육성시키는 사업에 국가적 지원이 있을 전망이다. 장기적으로 시대를 앞서갈 퍼스트 무버의 양산을 위해서는 부모를 포함한 교육기관의 노력과 헌신이 선행되어야 한다. 정부와 재계 역시 우수한 인재가 창업할 수 있는 문화조성을 위해 벤처 생태계의 선순환 촉진에 힘써야 할 것이다.

아이디어 창구

현대의 기업은 조직원의 업무 효율성을 높이기 위해 다양한 시도를 실시한다. 대표적인 예로 비주얼 플래닝(Visual Planning)이 있다. 이것은 계획에서 성과까지 업무과정을 조직원들이 함께 나누고 공유함으로써 성과를 향상시키기 위한 것을 말한다. 사무실 벽에 보드를 설치하고 팀별 목표와 진척 사항, 매출액 달성, 영업 시스템 업그레이드의 업무 내용 가운데 다른 조직원이 알면 좋을 각종 업무적인 정보를 기재하여 협업을 증가시키고, 소통을 원활하게 하는 데 목적이 있다. 성공적인 소통 창구는 빠른 의사결정력, 불필요한 업무의 축소와 업무의 효율성을 활성화시키는 역할을 한다. 비주얼 플래닝이 오프라인적 아이디어 채널을 담당한다면 온라인 게시판을 활용하는 방법도 있다. 사내 인트라넷을 통해 조직원들이 아이디어나 주요 업무 정보와 노하우를 게시하도록 하는 것이다.

정보통신기술처럼 빠른 기술확보가 필요한 기업은 현실 안주를 방지하기 위한 혁신의 수단으로 '사내벤처'를 운영하여 육성하고 있다. 신속한 의사결정을 요구하거나 창의적인 아이디어를 요구하는 신사업일 경우 사내벤처는 효과적이다. 이러한 혁신적 움직임은 사내의 기업가 정신에 영향을 미치게 된다. 요즈음의 기업은 사내에만 국한시키지 않고 외부의 아이디어를 받아들이는 데 적극적이다. 고객과의 창구를 마련하여 아이디어를 얻기도 하고 사외 공모전이나 외부인 모니터제, 다양한 SNS 채널을 통해 외부 지식을 흡수하기 위해 노력한다.

"혁신하라. 그렇지 않으면 죽는다. 내부 자만심을 버리고 어떤 외부 자원이든 연결해 혁신 아이디어를 긁어모으라." 노바티스의 CEO 조셉 지메네즈가 한 말이다. 노바터스는 2010년과 2011년 「포춘」이 선정한 '세계에서 가장 존경받는 제약회사 1위' 업체이다. 2010년 새롭게 부임한 지메네즈는 블록버스터 신약으로 10년 먹고 사는 시대는 끝났다고 하면서 혁신 속도를 높여야 한다고 강조하였다. 그의 변화는 핵심역량, R&D 스타일의 혁신(연구개발 도요타에 이어 세계 2위), 문어발 같은 네트워크 형성, 스피크 업(Speak up) 문화에서 시작되었다. 이러한 노력으로 과거 의사를 상대로 한 B2B(Business to Business)에서 B2C(Business to Consumer) 기업으로 변신하였다. 또한 유통 기법 혁신으로 연간 10억 달러씩 절감하여 R&D 투자를 늘리고, 매출과 상관없이 R&D 5%룰로 신약 개발에 중점을 두고 외부 협력 프로젝트에 예산의 30%를 할애하고 있다.

스피크 업 문화는 보수적 기업문화를 쇄신하기 위해 매달 젊은 직원과의 미팅을 의무화하고 그들에게 권한을 주어 현장에서 느끼는 아이디어에 대한 의견을 주고받는 조직문화 분위기를 만들기 위한 방법으로 시작한 것이다. 노바티스는 사내 아이디어나 경험, 성공사례를 공유하고, 지식과 노하우를 함께 나누며 돕는 유기적 협력 체제로 전환시키는 기업문화 조성에 힘쓰고 있다.

곤 회장 역시 노바티스와 같은 스피크 업 문화를 도입하였는데, 젊은 사원들로 편성된 CFT(Cross Functional Team)를 두어 사내에서 아이디어가 물 흐르도록 만드는 역할을 하도록 하였다. 탑 다운도 버텀 업(Bottom Up)도 아닌 닛산 리바이벌 플랜을 위한 사내의 아이디어 '통풍' 역할이다. 곤 회장은 닛산의 재건 후에도 CFT 조직의 형태를 바꾸어 계속 유지하겠다고 하였다(이타카키 에켄, 기적을 만든 카를로스 곤의 파워 리더십).

세계 20개국에 535매장과 5,300명의 직원을 두고 있는 일본의 무인양품은 2012년 '닛케이비즈니스 지' 브랜드 재팬 소비자 부문 순위 16위로 선정되어 27위의 닌텐도DS를 넘어섰다. 마쓰이 회장은 자기 업무만 하고 타 부서와 소통하지 않는 구조를 개선하기 위해 제품개발, 생산, 재고관리의 3개 부서를 통합하는 총괄 디렉터를 만들어 3개 부서가 협의해 나가도록 하였다.

내부혁신과 외부를 통한 혁신을 위해 중요한 것은 체계적인 시스템의 조성이다. 앞서 말한 것처럼 제품의 혁신만이 전부가 아니다. 내외부 다양한 채널을 통한 R&D, 제품·서비스 생산, 마케팅 분야의 전문가들이 함께 머리를 맞대고 아이디어를 공유해 나가야만 조직이 진화할 수 있다. 제품 가능성을 현실화하기 위해 필요한 것은 바로 공조체제의 확립이다. 현대의 기업에서는 아이디어가 자유롭게 흐르는 창구를 기업의 환경에 맞게 구조적으로 마련해 두어야 한다.

소통의 창구

21세기의 기업은 미래를 내다보기 힘들 정도로 변화 속도가 빠르다. 반면에 기업의 구조는 다국적화, 글로벌화되어 경영 합리화와 전략적 통일화가 쉽지 않은 구도이다. 전문성으로 무장한 여러 부서의 개별 업무 수행 방식은 타 부서와의 연결과 협력을 더욱 어렵게 만들고 있다.

2011년 삼성경제연구소는 직장인을 대상으로 한국 기업의 소통을 가로막는 장벽에 대해 물었더니 '자기 이익만 추구하는 개인과 부서 이기주의'라고 답한 사람들이 32.1%에 달하였다고 한다. 다트머스 비제이 고빈다라잔 교수 역시 경영자에게 조직혁신을 가로막는 가장 큰 요소를 물었더니 가장 많은 답변이 '사일로 효과'였다. 기업의 부서 이기주의는 리더의 최대 고민거리이자 해결과제이다(IGM세계경제연구원, 세상 모든 CEO가 묻고 싶은 질문).

'사일로(silo)'라는 단어는 원래 곡식을 저장해 두는 원통형의 독립된 구조물인데, 조직 장벽과 부서 이기주의를 의미하는 용어로 쓰인다. 회사의 조직이 커지면서 사업별 책임 경영을 강조하다 보면 보이지 않는 조직 장벽과 부서 이기주의로 문제가 발생하는데, 이를 '사일로 현상(silo effect)'이라고 한다.

대형관료주의 기업으로 소문난 IBM의 사장으로 부임한 거스너는 얼마 지나지 않아 사업부 내에 사일로 현상이 만연하다는 것을 알게 되었다. 그는 사업부 간의 협력체제를 구축하면서 하나의 통합 솔루션을 단행하여 협력과 보상을 연계해 나가는 시스템을 도입하였다. 그 예로 사내 집단이기주의를 배제하기 위해 부서 간의 협력과 회사의 기여 정도에 따라 급료를 채택하는 조치를 시행하였다. 이외에도 다기능 팀을 두어 다른 부서 직원과의 자연스러운 융합을 도모하고 경영진에서 주도한 전사 협의체를 통해 직원 전체가 부서 간의 경쟁에서 전사적 시각으로 전환되도록 하였다.

신원동 씨는 삼성 인사부서에서 일한 경험을 토대로 『삼성의 팀 리더십』이라는 책을 펴냈는데, 머리말 제목이 눈길을 끈다. '허리가 강한 기업이 신화를 만들어 간다'이다. 삼성의 중간리더의 빠른 두뇌와 창의력과 진취성, 글로벌 경영환경의 경쟁력, 분명한 목표와 목적의식을 갖고 노력하는 자세가 오늘의 삼성 신화를 만들었다는 것이다.

중간리더는 배우고자 하는 열정으로 최고가 되겠다는 목적의식이 강하고 도전하는 사람들이다. 그들은 자신의 직무에 대해서는 최고 전문가이며 모든 업무에 스스로 책임을 지고 의사결정을 하는 최고 결정권자로서의 자부심을 갖고 있다. 이것은 소사장(Small president system, Entrapreneuring) 제도로 경영성과에 대한 충분한 보상과 배분을 받기 때문에 업무에 대한 강한 의욕과 더불어 생산성 향상에 적극적이다. 업무 추진을 하다 보면 성공할 때도 있고, 실패할 때도 있지만, 실패의 경험을 소중한 자산으로 여기고 도전할 수 있도록 기회를 부여하는 삼성의 기업문화가 있기에 가능한 일이다.

일본의 히토쓰바시 대학 명예교수인 노나카 이쿠지로는 1990년 『지식 창조의 경영』이라는 책에서 미들 업다운 경영(Middle Up Down Management)이라는 용어를 사용하였다. 중간리더의 역할과 중요성을 강조한 것이다. 삼성의 경우 최고경영층의 비전과 사원들의 창의성을 통합하고 조직의 팀 리더로서 원활한 파이프라인 임무와 코디네이터의 역할을 하고 있는 사람들이 바로 중간리더인 셈이다. 조직이 크면 클수록 세대 간의 갈등을 완충시키면서 의견을 조합, 통합하는 역할이 중요하다. M&A의 구조조정으로 통합된 조직의 경우는 더욱 요구되는 역할이다.

존 코터는 '변화추진팀'이라는 용어를 사용하여 중소기업이나 대기업에서는 처음 1년 동안 3~5명으로 구성된 추진 세력을 둘 것을 제안하였다. 대기업은 본격적으로 진전되기 전까지 20~50명 규모로 팀 인원이 증가되어야 한다고 덧붙였다. 하지만 오늘날은 일시적인 변화추진보다는 상시 변화와 혁신을 요하는 시대이다. 세계적인 변화관리 컨설턴트인 댄 코헨(Dan Cohen) 역시 위기감이 발생하면 강력한 변화선도팀을 구성하여 변화를 이끌어야 한다고 주장하였다.

나는 최고경영자인 CEO 산하에 최고운영책임자 COO, 최고재무책임자 CFO(Chief Financial Officer), 최고마케팅책임자 CMO(Chief Marketing Officer), 최고기술책임자 CTO(Chief Technology Officer) 등 경영관리책임자 이외에 기업문화를 혁신할 미래혁신팀을 구성하여 CIO(Chief Innovation Officer)를 책임자로 둘 것을 기업에 건의한다.

미래혁신팀은 조직의 운영 내용에 익숙한 젊은 중간관리자로서 변화에 대한 욕구와 열정, 신뢰를 받는 인사들로 구성되어야 한다. 그들의 역할은 첫째 아이디어 창구, 둘째 소통의 창구, 셋째 조직문화(2V+2S: Vision, Value, System, Story)의 혁신에 있다.

오늘날 국내 대기업들은 조직문화팀을 만들어 조직문화의 혁신과 변화 추구에 관심을 쏟고 있다. 하지만 조직문화팀은 기업교육팀과 그 역할의 한계가 불분명하다. 내가 말하는 미래혁신팀은 각종 부서(HRD, R&D, 마케팅, 영업, 생산 등)의 중간리더들을 모아 패스트 팔로워 팀과 퍼스트 무버 팀의 형성, 타 부서 간의 소통 창구 역할, 조직원 간의 아이디어 채널 기능을 담당함과 동시에 혁신의 추진세력으로 최고위 간부와 젊은 조직원들을 연결시키는 미들 업다운 경영의 파이프라인 중심세력이다. 이들의 목적은 올바르고 건강한 혁신적 기업문화 창출에 기여하는 연결고리를 마련하는 데 있다.

이를 위해서는 경영진의 멘토링을 받음과 동시에 구성원들의 소통 대표로 전사적 참여 분위기를 조성해야 한다. 또한 정확한 비전과 목표 지침에 따라 전달자의 역할을 충실히 해야 하며, 버텀 업, 스피크 업의 창구 역할도 해야 한다.

변화 전략의 구성에서 실행의 단계를 모니터링하고, 필요한 자원을 확보하는 것도 중요하다.

미래혁신팀의 주요 업무는 과거 암행어사의 직무를 대행한다. 잘못된 관행은 없는지 살펴서 혁신적인 조직으로 변모하기 위한 방안에 대해 상부와 의견을 교환한다. 아이디어와 소통의 채널인 중간허리 역할이지만, 조직을 혁신적으로 발전시키고, 전사적인 움직임으로 조직문화를 개선시키는 임무를 수행한다. 미래혁신팀은 궁극적으로 부서 간의 단일 목표를 조직의 공통된 비전으로 연결시켜 스피드 경영을 가능하게 하며 비전 달성, 기업의 가치와 원칙의 고수, 제도적 보완, 조직 장벽과 부서 이기주의를 타파하여 관계지향적 소통의 기업문화 건설을 주요 업무로 해야 한다.

Question

- 현재 조직에서 변화를 원한다면 변화주도팀 구성원의 조건은 무엇인가?
- 그들이 변화선도팀이 되어야 하는 이유와 주요 업무는 무엇인가?
- 기업에서 미래혁신팀이 필요한 시기는 언제인가?

Activity

R/D(Research and Development)와 C/D(Connect and Development) 사례 연구에 대해 토론해 보자.

Reflection

- 혁신 주도 세력이 탑 다운(Top Down), 버텀 업(Bottom up)일 경우 장점과 단점에 대해 토론해 보자.
- 기업혁신을 위한 미래혁신팀의 결성 조건에 대해 토론해 보자.
- 개인 성과주의, 팀 성과주의, 부서별 성과주의의 장단점을 진단해 보자.
- 현재의 조직에서 사일로 현상을 방지할 제도적 보완책을 강구해 보자.
- 자신이 속한 조직에서 유기적 협력체제를 구축하기 위한 최적의 성과제도에 대해 토론해 보자.

- 현재의 조직에서 새로운 고객, 제품·서비스의 새로운 용도, 사회적 책임의식을 바탕으로 하는 혁신의 단계를 점검해 보자.
- 현재의 조직에서 활용될 수 있는 디지털화·빅데이터, 파트너십 활용에 대해 논의해 보자.

5

위기가 때론
반전이다

바다가 잔잔하면 유능한 뱃사람이 나올 수 없다.
– 영국 속담

휴브리스 [3]

　　영국의 역사학자 아놀드 조셉 토인비(Arnold Joseph Toynbee)는
『역사의 연구(A study of history)』에서 제1차 세계대전 후 문명의 몰락을

3　영국의 역사학자이자 문명비평가인 토인비가 과거에 성공한 사람이 자신의 능력과 방법을
　우상화함으로써 오류에 빠지게 된다는 뜻으로 사용한 역사 해석학 용어이다. 신의 영역까
　지 침범하려는 정도의 오만을 뜻하는 그리스어에서 유래한 용어로, 영어에서도 지나친 오
　만, 자기 과신, 오만에서 생기는 폭력 등을 의미한다.

예견하는 서구문화의 분위기 속에서 미래의 전망을 찾고자 하였다. 그는 "결코 사그라지지 않을 것 같았던 찬란하고 거대하였던 문명들이 왜 하루아침에 도태하였을까?"라는 의문을 제시하고 그 원인을 규명하고자 하였다.

"개인이나 사회, 나아가 문명이 과거의 성공 경험을 과신하고 그 방법과 자기 능력을 절대적 진리로 착각하여 실패하는 '휴브리스(hubris)'가 세계 문명들의 흥망성쇠 역사에서 비일비재하였다."

한 문명의 흥망성쇠는 자연적 조건이나 외적의 침입으로 결정되는 것이 아니라 조직의 구성원들이 각종 도전에 얼마나 잘 응전할 수 있는지로 정해진다는 것이 바로 토인비의 이론이다. 즉 멸망의 원인이 외부가 아닌 내부에 있다고 보았다.

그리스의 헤로도토스(Herodotos)는 "이집트는 나일 강의 선물이다."라고 하였는데, 해마다 겪게 되는 나일 강의 범람이 바로 태양력과 기하학, 건축술, 천문학을 발달시킨 계기가 되었기 때문이다. 이러한 원리를 토인비는 '도전과 응전의 원리'로 설명하였다. 자연적 수해의 위기가 학문과 문화의 발전을 도모한 셈이다.

자동차의 왕으로 불리는 헨리 포드(Henry Ford)는 '대중을 위한 차'를 목표로 미국인의 마이카 시대를 앞당겼다. 그는 1908년 같은 모양, 같은 성능, 같은 색깔을 가진 T형 자동차만을 생산할 것을 선언하였다. 단일 업종의 생산은 생산공정을 단일화시킬 수 있었다. 처음으로 공장에 컨베이어 벨트를 설치한 포드는 끊임없이 돌아가는 벨트의 부품에 노동자들이 일렬로 서서 똑같은 작업을 반복하는 라인 생산 시스템을 창출함으로써 합리적 경영을 할 수 있었다. 그 결과 포드 자동차는 5%가 아닌 95%를 위한 대중적 소품종 대량생산의 기틀을 마련하였고, 이는 대성공이었다.

1930년대 들어서서 T형 단일 품종의 생산을 고집하는 포드에게 아들 에셀은 경쟁사인 GM처럼 차의 성능보다 디자인을 강조하고, 다양한 모델을 선보일 필요가 있다고 맞섰다. 다른 임원들 역시 시대가 바뀌었고, 보다 다양한 색과 디자인으로 소비자의 취향을 고려해야 한다고 하였다. 그러나 포드는 여지없이 검정색 T형 자동차만을 고집하였다. 결국 그의 독선과 오만으로 포드사는 파산 직전까지 갔다.

강한 카리스마의 소유자로 자동차의 왕이라고 불리던 포드는 비전형 리더였으나 타인에게 자율권을 주고 위임하는 데에는 인색하였다. 모든 국민의 자동차 소유 시대를 예언하였지만, 고객들의 다양한 소비 욕구를 읽는 데는 실패한 것이다. 그는 다른 사람들의 말을 경청하지 않은 관료주의적 리더였다. 토인비가 말한 것처럼, 미국의 자동차 포드가 자동차 경쟁에서 선점하지 못한 이유는 포드의 '휴브리스'로 인해 유럽과 아시아 자동차의 도전에 응전하지 못하였기 때문이다.

세계적인 전자 기업으로 명성을 날렸던 소니 제품은 한때 전 세계인의 선망의 대상이었다. 우리 집에도 거실에는 소니 TV가 놓여 있었고 대학 시절 소니의 워크맨을 가지고 다니는 것은 최첨단 트렌드의 상징이기도 하였다. 그런데 소니는 2011년에 무려 6조 8,000억 원의 적자를 기록하였다. 최고 기술을 보유하고 있던 소니는 도대체 왜 몰락하고 있는 것인가? 왜 소비자들은 소니를 외면하게 된 것일까?

소니라는 거대 항선의 침몰에는 소비자의 취향을 무시한 '휴브리스'가 있다. 지금은 사라져버린 VCR의 경우 소니는 베타 형식인 반면, 다른 기업들은 VHS를 사용하였다. 이때 다른 기업들은 기술적 열세를 극복하기 위해 파트너십을 구축하였다. 이어 유명 영화사들이 VHS 방식으로 비디오를 제작 판매하자 소비자들은 값비싼 VCR을 외면하기 시작하였다. 하지만 소니는 VCR의 실패에 교훈을 얻지 못하였다. 음반시장에서도 소니의 미니디스크는 MP3와의 경쟁에서 밀리게 되었고, 영화 시장에서는 블루레이가 인터넷 다운로드와의 경쟁에서 열세에 놓이게 되었다. 최근의 전자책 시장에서 소니의 리브리에와 아마존의 킨들 사이의 경쟁에서도 소니는 기술을 독점하고 아무하고도 손잡지 않고 있다. 바로 이것이 소니의 몰락 이유이다(조선일보 위클리 비즈. 최종학 교수의 경영학 레슨).

핀란드의 대표적 기업인 노키아는 세계 최초로 터치스크린을 갖춘 스마트폰을 개발하고도 고객들이 원하지 않을 것이라고 자체적으로 잠정결론을 내린 후 더 이상의 연구를 중단하였다. 이 한 번의 결정이 노키아가 애플의 아이폰, 그리고 뒤이은 삼성의 야심찬 갤럭시 공격에 고전을 면치 못하게 된 이유이다. 노키아는 휴대전화 제1인자의 아성에 사로잡혀 있었다. 화웨이의 노키아 인수설이 불거져 나오더니 마이크로소프트가 결국 노키아를 인수하였다. 단 한 번의 잘못된 경영전략이 돌이킬 수 없는 사태로 발전되는 것이 현재의 산업 구조이다.

조직의 리더는 급변하는 정세에 항상 촉각을 세울 수밖에 없는 실정이며, 혼자의 결정보다는 파트너십을 통한 전문적 상호의존적 관계를 필요로 한다. 일방적인 지시와 명령보다는 조직 내에서의 긴밀한 업무 관계와 소통이 중요해짐에 따라 조직의 구조가 수직관계보다는 수평관계를 지향하게 되었다. 이는 변화에 신속하게 반응하는 데 도움을 주기 때문이다.

김영식 천호식품 회장은 중앙비즈니스포럼에서 "성공하는 데는 10년이 걸리지만, 망하는 것은 하루아침이다."라고 하였다. 21세기 들어서 위기경영, 최소의 비용으로 리스크를 최소한으로 억제시키는 대응 능력, 미래의 변화를 내다보고 역경에 예비하는 능력이 강조되는 이유이다.

20세기 중반까지만 해도 기업 구조는 독과점이 지배적이었고, 산업 구조의 전환이 완만하고 느리게 진행되었다. 하지만 오늘날 21세기 산업은 빠른 속도로 글로벌 경쟁화되고 있으며, 급변하는 산업 구조로 전환되고 있다. 시대의 흐름에 발맞추어 변화되지 않으면 멸망하고 도산하는 것이 현대의 기업 현황인 것이다.

삼성 이건희 회장의 리더십은 위기를 계기로 한 혁신경영을 그 축으로 하고 있다. 이건희 회장은 "국제화 시대에 변하지 않으면 영원히 2류나 2.5류가 된다. 마누라와 자식 빼고 다 바꾸자."라는 1993년 6월의 신경영 선언을 필두로 1998년 1월 신년사에서 "바람이 강하게 불수록

연은 더 높게 뜰 수 있다. 지금 우리에게 필요한 것은 위기를 도약의 계기로, 불황을 체질강화의 디딤돌로 삼을 수 있는 땀과 희생, 그리고 용기와 지혜이다."라고 말하였다. 2010년에는 "앞으로 10년 내에 삼성을 대표하는 사업과 제품은 대부분 사라질 것이다. 머뭇거릴 시간이 없다."라고 강조하면서 위기감을 조성해 왔다.

이 회장은 2012년 취임 25주년 기념식에서는 "삼성이 망할지도 모른다는 위기의식을 절감하고 신경영을 선언하여 낡은 관행과 제도를 과감하게 청산하였다."라고 회고한 바 있다. "우리의 갈 길은 아직 멀다."라며 경각심을 일깨운 뒤 "위대한 내일을 향해 새로운 도전을 시작해야 한다. 다시 한 번 혁신의 바람을 일으켜 삼성의 제품과 서비스로 삶을 더 풍요롭게 만들고 인류사회의 발전에 기여하자."면서 경영혁신에 대한 강한 의지를 표명하였다.

삼성그룹에 끊임없이 긴장과 위기를 조성하는 이 회장의 철학에는 '메기론'이 바탕이 되어 있다. "최고 경영자는 좋은 의미에서 메기가 되어야 한다. 미꾸라지가 있는 연못에 메기를 풀어 놓으면, 미꾸라지들은 살아남기 위해 더 열심히 움직여서 튼튼해진다."

이와 같이 그는 현재 시장구조의 불황을 거센 파도와 위기의 태풍의 상황과 비교하여 더 열심히 할 것을 강조하고 있다. 삼성에게 가장 큰 적은 방심이라고 생각하고 있는 것이다. 이처럼 이건희 회장은 삼성이 '휴브리스'에 빠지지 않기 위해 위기경영을 강조하고 있다.

역경지수(AQ)

미국의 커뮤니케이션 이론가인 폴 스톨츠(Paul G. Stoltz)는 『역경지수: 장애물을 기회로 전환시켜라(Adversity Quotient : Turning Obstacles into Opportunities)』에서 역경의 상황에서 볼 수 있는 세 유형의 사람들을 소개하고 있다

첫 번째 유형은 힘든 상황에서 포기해 버리는 사람(Quitter), 두 번째 유형은 어려움에 도망가지는 않지만 뚜렷한 대안을 찾지 못하고 현실에 안주하는 사람(Camper), 셋 번째 유형은 역경이라는 산을 등반해서 정복하는 사람(Climber)이다. 스톨츠는 정복하는 자가 역경지수(AQ)를 갖춘 자로, 현대가 필요로 하는 리더로 보았다. 21세기는 시련과 역경을 어떻게 슬기롭게 대처하고 대응하느냐가 리더의 주요한 자질로 여겨지는 세상이다.

세계적인 카메라 전문회사 코닥이 파산신청을 하리라고 상상이나 해 보았겠는가? 코닥은 세계 최초로 디지털 카메라를 만들고도 "카메라는 싸게 팔고 그 소모품인 필름에서 이익을 내자."라는 안이한 경영전략으로 인해 좌초되었다. 반면에 캐논은 전 세계 수만 명의 카메라 사용자들을 대상으로 조사한 결과 "소비자들은 좋은 카메라를 원하는 것이 아니라, 사진을 잘 찍고 싶어 한다."라는 결론에 도달하였다. 이후 캐논은 니콘의 수동식 카메라와 경쟁하기보다는 전자동 칩을 내장한 자동 카메라에 전력을 다하였고 현재 니콘과 함께 카메라 시장의 양대

산맥으로 거듭나게 되었다.

나는 2010년 1월 도요타의 아키오 사장이 미국 하원 청문회 후 가진 '직원과의 대화' 기자회견에서 눈물을 흘린 장면이 아직도 기억에 생생하다. 이 사건은 미국에서 가속페달 결함 차량 230만 대를 리콜하면서 시작되었다. 급가속과 관련된 8개의 차종에 대한 판매가 중단되고, 전 세계적으로 총 1,000만 대 리콜사태로 이어졌다. 이어서 엔고를 통한 판매부진, 기업 이미지 추락, 경쟁업체의 약진, 게다가 일본 지진으로 인한 부품과 생산망 붕괴 등 최악의 위기를 맞았다. 고 도요타 기이치로 창업주의 옛 자택인 현재 도요타 기념관 정원에는 작은 벚꽃 나무가 심어져 있다. 그 위에는 '2011년 2월 24일 도요타 재출발의 날'이라는 팻말이 붙어 있다. 아키오 사장은 신차 '크라운'의 핑크색 모델을 출시하면서 신입사원 입사식에서 자신의 각오와 사원들의 헌신을 벚나무에 비유하여 다음과 같이 말하였다. 그리고 실제로 재기에 성공하였다.

"크라운의 핑크는 벚꽃 색깔입니다. 가혹한 겨울을 이겨 내고 아름다운 꽃을 피우는 벚나무의 저력에 도요타의 재탄생을 비유한 것입니다."

2000년대 중반 세계 1위가 되겠다는 열망으로 생산 능력을 늘리고 자동화기기를 투입하였으며, 충분히 숙련되지 않은 인력을 현장에서 활용하였던 도요타는 무리한 확장으로 인한 위기를 겪으면서 도요타를 애용해 주는 고객에 대한 사랑이 무엇보다 소중한 가치라는 것을 깨달았다. 이후 문제를 원점에서부터 다시 돌아보고, 최선의 방법을 찾기 위해 폭스바겐이 추진해 온 '레고블록형 설계', 즉 자동차의 공통 부품을 레고블록처럼 끼워 맞추는 '마스터플랜'을 벤치마킹하였다. 또한 소통을 강화하여 아이디어 수립에서 최종 결정까지 '원스톱'으로 가능하게 하였으며, 필요할 때마다 '태스크 포스'를 활용하였다.

도요타는 아키오 사장의 지시로 삼성 인재개발원을 방문, 삼성의 지역전문가 제도와 해외 현지 기업 육성정책을 살펴보고, 현대자동차를 집중 연구하여 의사결정 과정의 스피드를 혁신함으로써 유사 시 기업 손실을 최소화하는 방안을 모색해 나갔다. 이어 도요타는 신차 모델 출시, 하이브리드 차량 판매 증가, 과감한 설계 디자인, 보다 가까이 고객에게 다가가는 현지화된 서비스 정신으로 재무장하였다. 이러한 노력의 결과, 2011년 세계 주요 기업 연구개발 투자지출 1위를 기록하였으며, 2013년 글로벌 시장에서 자동차 판매 1위 자리를 탈환하였다.

"자만은 자멸을 부른다."를 교훈으로 삼았던 도요타는 자만해서 위기를 맞았지만, 실패의 교훈을 바탕으로 혁신을 이루었으며, 위기 후 더 강해지고 있다. 놀랍도록 높은 역경지수를 가진 기업이 바로 도요타이다.

변화의 속도 추월에는 실패하였지만, 역경을 이겨 내고 변신을 거듭하며 위기를 극복한 대표적 기업이 있다. 미국의 컴퓨터, 정보기기 전문업체인 글로벌 기업 IBM이다. IBM은 대공황에도 종업원을 해고하지 않는 독특한 경영철학을 가지고 있었으며, 뉴딜정책의 결과로 확대된 PCS(personal communication services) 시장의 85%를 독점하고 있었다. 하지만 1980년대 중반 이후 급변하는 세계시장에 적절하게 대응하지 못함으로써 생긴 경영 악화와 생산성 하락으로 1990년대 초반 심각한 경영난을 겪게 되었다.

"현재 시점에서의 문제는 과연 IBM이 회생할 수 있을까? 지금까지 분석으로는 IBM의 회생 가망성은 거의 없다."『컴퓨터 전쟁(Computer Wars: How the West Can Win in a Post-IBM World)』의 저자 모리스와 퍼거슨, 그린버그가 한 말이다. 월스트리트 저널 리포터인 폴 캐롤(Paul Carroll)은 "IBM은 다시는 컴퓨터 산업에서 주역이 될 수 없을 것이다."라고 하였다. 1980년대 「포춘」지가 선정한 4년 연속 최우량 기업 1위를 차지하였던 IBM은 미국 컴퓨터업계의 선두 기업이었지만, MS와 인텔이 숨 가쁘게 달려오고 있다는 사실을 직면하지 못한 채 안일한 경영을 지속하였다. 디자인 혁신, 경쟁력 향상에 민첩하게 대응하지 못한 결과 메인프레임 사업에서 퇴조를 맞이하게 된 것이다.

거스너는 1993년 IBM이 적자를 기록할 때 CEO로 임명되었는데, 게이츠는 그가 선임될 당시 "IBM은 7년 이내에 망한다."라고 할 정도로 위기상황이었다. 거스너는 취임 후 조직을 효율적으로 축소하여 위기감을 조성하고, 요점만 말하는 회의와 결제체계를 단순화시키는 등 관료적 구조와 체제의 모순을 제거해 가면서 혁신의 신호를 시작하였다. 거스너는 문제를 해결할 수 있는 사람이라면 직위에 관계없이 회의에 참석시켜 솔직하고 분명한 의사 교환을 갖고자 하였다.

IBM의 파산 직전에 CEO가 된 거스너는 사실 IT쪽에서 일한 경력이 없는 외부영입형이었다. 기술 전통에 대한 자부심이 매우 강한 조직문화를 갖고 있던 IBM에서 거스너가 가장 먼저 한 일은 여론의 동향을 주시하고, 현장상황을 파악하여 확실한 해결책을 찾아내고 관계를 구축하는 쪽으로 현명한 선택을 내린 것이었다. 이어 변화의 타당성을 직원들에게 끈질기게 설득하며, 방만한 조직 시스템을 가진 경직된 조직문화에 손을 대기 시작하였다.

그는 부임 후 2년 동안 일하는 시간의 40% 이상을 임직원들과 면담하는 데 보냈다. 대부분의 시간을 위기의식을 불어넣어 주면서 변화를 유도하고 새로운 목표를 제시하여 함께 나아갈 것을 강조하는 데 투자한 것이다. 결국 거스너 회장은 임직원들을 설득하는 데 성공하였다.

"나는 숨김없이, 단도직입적으로, 솔직하게 말하였다. 임직원들의 자존심, 이겨 내야겠다는 경쟁의식, 실적을 개선하겠다는 의지에 호소하였다."(무굴 판다, 로비 셸, 세상을 변화시킨 리더들의 힘).

거스너 회장은 소비자들의 목소리에 귀 기울여 시대의 흐름을 읽는 데 많은 시간을 투자하였다. 점점 복잡해지는 정보 시스템에서 소비자들은 한자리에서 쇼핑을 끝내고 한곳에서 모든 것을 해결하기를 원한다는 심리를 파악한 후, IBM만이 이 서비스를 제공할 수 있는 적임자라고 단정하였다. 훗날 이 서비스 제공 부문이 IBM의 두 번째 매출이 되었으며, 이러한 서비스 부문에서 IBM은 최고의 존재로 부각되었다.

그는 고객서비스에 만전을 기해 직접 소비자를 만났다. 내외적 혁신 경영은 IBM을 회생시켰고, 그것이 바로 비즈니스 컨설팅과 글로벌 서비스 기반의 기업으로 성장할 수 있도록 만들어 주었다. IBM은 기존의 PC 사업부를 중국의 레노보(Lenovo)에 매각하고, 프라이스워터하우스&쿠퍼스(PwC) 컨설팅 사업 부문을 인수하여 과거 PC라는 물리적인 제품에서 지식과 서비스 사업으로 탈바꿈하였다.

IBM은 이제 지구의 혁신을 꿈꾼다. 오바마 대통령은 2009년 1월 28일 취임 직후, 산업계 지도자들과의 공동 기자회견 자리에서 팔미사노 전 IBM 회장의 발표를 통해 미래 비전을 공개하였다. "지구의 한정된 자원을 효율적으로 똑똑하게 활용하여 비효율과 낭비를 없애는 것이 최우선 과제이다. 이를 기업에 적용하면 의사결정 과정이나 업무 배치 및 업무 방식 상에 존재하는 낭비와 비효율을 찾아서 없애는 경영 혁신이 된다." 현재 IBM은 '스마터 플래닛'이라는 구호 하에 세계의 굶주림을 해결하고, 세계 경제를 구하고, 지구를 살리는 거대한 지구촌 혁신 프로젝트를 수행하고 있다(이휘성, 지구촌 혁신을 꿈꾸는 IBM의 똑똑한 세상 이야기).

팔미사노 전 IBM 회장은 IBM 창립 100주년 기념식장에서 기업이 장기적으로 살아남기 위해서는 가치를 제공하고 폭넓은 협력을 도모하고, 변화를 포용해야 한다고 하였다. 과거 관료적인 기업문화를 갖추었던 IBM에서 여성 CEO 버지니아 로메티의 탄생 역시 가히 혁신적인 것이었다. 이제 IBM은 소셜 비즈니스 기반 인적자원 관리 솔루션 기업 케넥사를 인수하여 소셜 엔터프라이즈 사업을 강화하고, 특허를 공유, 공개하는 방식으로 성장을 거듭하고 있다. 2004년 PC 사업에서 손을 떼고 컨설팅과 소프트웨어 전문 업체로 거듭난 IBM은 꾸준히 리눅스[4]를 지원하며 완벽한 체제 전환에 성공하였다는 평가를 받는다. IBM은 높은 역경지수를 바탕으로 자만과 실제적 난관을 극복하고 기회를 만들어 가고 있는 스마트 기업인 것이다.

삼성 창업주인 고 이병철 회장은 변화의 예측에 눈이 밝았는데, 기업의 생존은 바로 통찰력과 순발력에서 나온다고 보았다. 1980년대에 여러 가지 리스크의 부담 속에서도 삼성이 반도체와 같은 고부가가치 첨단산업에 투자한 것은 바로 세상의 변화를 읽어내는 이병철 회장의 탁월한 혜안 능력 덕분이었다.

"사업은 반드시 시기와 정세에 맞추어야 한다. 첫째, 국내외 정세의 변동을 정확히 통찰해야 하며, 둘째 자기능력과 한계를 냉철하게 판단해야 한다. 셋째, 요행을 바라는 투기는 피하고, 넷째 직관력의 연마를 중시하는 한편 제2대비책을 강구해 두어야 한다."(이병철, 호암자전).

고 이병철 회장의 "만약 대세가 기울어 실패라고 판단되면 깨끗이 미련을 버리고 차선의 길을 택해야 한다."라는 말을 실제로 실천한 일본의 기업이 있다. 바로 전자, 건설, 금융, 물류서비스를 거느린 히타치(HITACHI)이다. 히타치는 현재 글로벌 인프라 기업으로의 변신을 꾀하고 있다. 신흥국의 철도, 전력 시스템 구축 및 중국을 중심으로 환경

---

4 리눅스는 운영체제 소프트웨어로, 운영체제의 핵심 요소는 커널(Linux=Kernel) 자유소프트웨어 개발과 배포에 앞장선 프리웨어(Freeware)이자 오픈소스 운영체제로서 수많은 개발자와 사용자들이 이용하게 되었다.

도시 건설과 상하수도 전력망 구축 등 인프라 사업으로 전환하여 일본 기업 중 최대 순이익을 내고 있다. 돈 안 되는 사업은 과감히 정리하고 전력과 인프라 사업에 집중하고 있는 것이다. 새로운 점은 히타치의 '열린 글로벌화' 정책이다. 나카니시 히로아키 사장은 미국 스탠퍼드대학 유학파 출신으로 탈(脫) 일본, 글로벌 최우선정책, 개방형 리더십으로 위기상황에 응전 중이다.

이카루스의 모순

그리스 신화에 나오는 이카루스는 아버지인 다이달로스와 함께 크레타 섬의 높은 탑에 갇히게 되었다. 다이달로스가 미궁을 만들었는데, 미노스 왕은 자기 이외에 미궁의 구조가 알려지는 것을 원하지 않아 다이달로스와 그의 아들 이카루스를 탑에 가두어 외부와 단절시켜 버린 것이다. 이에 다이달로스는 조그만 구멍을 통해 들어오는 새의 깃털과 벌집을 이루는 밀랍을 보고 탈출방법을 고안해 냈다. 새의 깃털과 밀랍으로 날개를 만들어 감옥에서 탈출을 시도한 것이다. 그런데 아들 이카루스는 높이 날지 말라는 아버지의 경고를 무시하고 하늘 높이 날아올라갔다가 햇빛에 날개의 밀랍이 녹아버려 에게해에 빠져 죽고 말았다.

'이카루스의 모순'이란 말은 교만에 빠지면 몰락한다는 의미이다. 이는 마치 세계에서 가장 큰 증기기관 선박이었던 타이타닉 호의 침몰을 연상하게 한다. 당대의 혁신적인 기술을 자랑하는 타이타닉 호는 이중 바닥, 16개의 방수 격실, 특정 수위가 되면 자동으로 닫히는 문으로 절대 가라앉지 않는 배, 일명 '불침선'으로 불리기도 하였다.

에드워드 스미스(Edward Smith) 선장은 20여 년 이상의 경력에 대서양을 최단시간에 항해한 배에 수여되는 '블루리본상'을 받은 베테랑 중에서도 고참 선장이었다. "타이타닉은 얼마나 튼튼한지 하나님조차 이 배를 침몰시킬 수 없을 것이다.", "68척이나 되는 구명보트가 왜 필요한가? 최소한의 구명보트만 비치하라.", "이 배는 최단 시간 대서양을 횡단하는 신기록을 세울 수 있는 유일한 배이다." 그러나 영국의 자랑인 타이타닉 호는 항해 2시간 40분 만에 침몰하였고, 이로 인해 1,500여 명의 사망자가 발생하였다.

타이타닉 호는 거대한 빙산을 만나 침몰할 당시, 조난을 알리는 적색 신호포를 아예 준비하지 않아 축포로 쓰이는 백색포를 대신 쏘아 올렸다. 이후 자정이 가까워지고 내부의 소방통로까지 물이 점차 차오르면서 배는 왼쪽으로 기우는데도 승무원 대부분은 사고 사실을 모르고 있었다. 객실 구역에는 비상벨이나 경고등이 전혀 없었고 확성장치도 없었기 때문에 300명의 승무원이 승객들을 일일이 찾아가서 사고를 알려야만 하였다. '떠 있는 궁전' 타이타닉 호의 침몰은 부실 건조와 빙산과의 충돌이 직접적인 원인일 수 있지만, 지나친 자만과 방심이 자초한 인재라고 해도 과언이 아니다.

기업에서도 한 치 앞을 내다보지 못하고 자만에 빠져 자신들만의 논리를 주장할 때 '이카루스의 모순'이란 표현을 사용한다. 지나친 자신감과 과거의 성공이 도리어 새로운 패러다임을 읽는 것을 방해하고 자멸로 치닫게 만든다는 교훈을 담고 있다. "성공은 하루 만에 잊어라." 유니클로의 야나이 다다시 회장의 말이다. 현재의 타성에 젖어 있는 기업과 새로운 전환의 시대에 수동적으로 대응하는 조직에 대한 경고의 메시지이다.

1967년 와이셔츠 무역상인 대우실업으로 시작해서 30년 만에 삼성, 현대를 잇는 3대 재벌로 자리매김하였던 대우의 성공 요인은 김우중 전 회장의 도전과 능력 때문이었다. 하지만 대우의 몰락 원인 역시 상당 부분 그의 리더십에 문제가 있음을 부인할 수 없다. 김 회장은 국내 자금조달에 능하였는데, 이러한 능력을 바탕으로 부실기업을 인수하여 공격적인 경영을 할 수 있었다. 그는 세계경영에 걸맞은 제품은 자동차라고 확신하고 이 분야에 올인하였지만, 대우는 제품의 첨단적이면서 토착적인 기술력보다는 마케팅에 전념하였고, 외환위기 이후에는 기술력과 자본력을 GM에 의지할 수밖에 없게 되었다. 게다가 내수시장의 악재에 GM이 수출 주력 국가에는 대우 자동차의 수출을 제한한다는 계약 조건 때문에 해외 진입도 어려워지게 되었다.

대우는 자동차, 섬유, 무역, 건설, 조선, 중장비, 전자, 통신, 관광, 금융 등 여러 주요 핵심 사업 부문을 두었으며, 1993년 세계 경영전략 채택 이후 글로벌 초 우량기업으로 성장하였으나, 결국 몰락하고 말았다. 포항공과대학교 구형건 교수는 삼성, 현대, LG가 세계 수준의 기술력을 축적한 사이 대우는 핵심 역량으로 발전시키지 못한 채 기술 축적, 시장 개척, 전략적 제휴를 통한 내실 있는 기업 경영에 실패하였으며, 가치투자보다는 거품투자에 집중한 것을 몰락의 원인으로 보았다.

대우는 확장경영에 따른 막대한 자금난으로 1999년 워크아웃에 돌입하였고, 부채는 500억 달러(당시 환율로 62조 원)에 달하는 상태였다. 대우의 몰락을 말할 때 정부와의 갈등, 구조조정의 실패 등 아직까지도 후담이 전해지고 있지만, IMF 이후 부채비율을 낮추는 데 실패한 대우는 결국 그룹 해체라는 막대한 손실을 입힌 채 역사 속으로 사라졌다. 한때 대우는 '대우맨'이라는 말이 있을 정도로 열정과 도전의 상징이었지만, 이카루스 날개를 무리하게 믿고 너무 높게 올라간 것도 몰락의 한 원인이라고 볼 수 있다.

찰스 다윈(Charles Robert Darwin)의 『종의 기원』을 보면 "생물의 진화 과정에서는 강한 자도, 똑똑한 자도 아닌 변화에 가장 민감한 자가 살아남는다."라고 쓰여 있다. 수십억 년 동안 지구 상에 나타난 생명체 중 99.9%가 멸망하였으며, 활동 기간도 대개 2000만 년을 넘지 못한 것처럼 기업 역시 50~100년을 넘기는 경우가 극히 희박하다.

김승유 하나금융지주 회장은 김정태 회장에게 인수인계를 하면서 단 한마디 "변화에 대응하라."라고 당부하였다고 한다. 김 전 회장이 30여 년 동안 사무실에 걸어 놓았던 액자에도 "끊임없이 변화하는 시장, 제품, 환경은 변화에 대한 준비가 되지 않은 어느 조직이라도 파괴할 수 있다."라는 무서운 경구가 쓰여 있었다. 후임 회장에게 매일 액자 속의 문구를 다지면서 긴장감을 늦추지 말 것을 당부한 셈이다.

기업은 변화에 대응하고 적응하여 글로벌 선도가 가능한 경쟁력을 갖추기 위해 안간힘을 쓰고 있다. 어느 시대보다도 조직의 흥망성쇠가 예측하기 힘들게 됨에 따라 현상유지가 아닌 계속해서 진화, 발전할 수 있는 전략을 병행해 나가야 하는 것이다. 21세기 기업은 장기적 비전도 중요하지만, 중·단기적인 목표 설정과 더불어 위기 경영 전략으로 도태되지 않고 살아남아야 하는 적자생존식 생태계에 몸담고 있다. 진화 과정에서 도태되면 사라지는 생물처럼, 변하지 못하는 기업은 살아남지 못한다. 생존 전략은 새로운 환경에 적응하여 진화하는 방법이다.

"첫째, 국가 차원에서는 자연도태 시스템을 확실히 정립하는 것이 급선무이다. 둘째, 기업 차원에서는 환경변화에 가장 민첩하게 적응할 수 있도록 조직을 재구축하는 것이 중요하다. 셋째, 기술발전과 고객의 욕구 변화 등 사회 전반에 걸쳐 야기되는 진화의 동조화 현상을 예의 주시하고 이 흐름에 동참하여야 할 것이다. 특히 기존에 강점을 가졌던 사업이나 기술 분야를 새로운 흐름에 발전적으로 접목시키는 진화전략이 강조되어야 할 것이다."(LG 경제 연구원, 선진기업 사례로 본 제조업 진화 방향).

21세기 들어 위기관리의 중요성이 부각되면서 기업은 시대의 변화에 대응하여 역경을 이겨 내는 위기관리체제를 대비하고 있다. '불안

(anxiety)'이 조마조마하고 두려운 상태라면, '위기(crisis)'는 위험한 시기이지만 결정적이고 중대한 단계라는 뜻을 함축한다. 소설의 플롯에서 위기는 사건의 반전을 가져오거나 클라이맥스의 전조가 되며, 뒤따르는 절정과 해결의 주요 모멘트를 제공한다. 네덜란드 속담에 "소용돌이치는 물에서 고기가 더욱 잘 잡힌다."라는 말이 있듯이 생각하기에 따라 위기는 때론 기회가 될 수 있다.

Question

• 현재 우리 조직에서 가장 자만하고 있는 분야는 무엇인가?

• 조직의 역경지수를 높이기 위한 방법은 무엇인가?

Activity

대표적 위기극복 사례를 검토하여 리더십과 조직에 변화를 일으킨 기업의 성공 사례에 대해 토의해 보자.

Reflection

• 경영혁신 과정에서 일어나기 쉬운 과오는 무엇이며, 그에 따른 결과에 대해 생각해 보자.

• 자신이 속한 조직에 필요한 경영 혁신 과정에서 측정해 보아야 할 항목을 기재해 보자.

• 위기관리에 돋보이는 리더의 대처력에 대해 토론해 보자.

- 조직의 위기관리 시스템과 매뉴얼의 체계화 과정에 대해 생각해 보자.

- 위기를 극복한 기업과 극복하지 못한 기업을 조사하고, 그 차이에 대해 논의

  해 보자.

4부

조직문화의 혁신

Leadership in transition

1

조직문화는
다를 수밖에 없다

> 조직문화란 기차의 마지막 칸과도 같다. 변화의 엔진은 벌써 모퉁이를
> 돌았지만, 전체적인 문화는 가장 마지막으로 모퉁이를 돌게 되는 것이다.
> – 나이젤 페인

조직문화의 유형

워렌 베니스는 모임에 세 명만 모여도 반드시 리더가 필요하다고 하였다. 야기될 수 있는 혼란을 미연에 방지하는 것이 바로 그가 지적한 리더의 필요성이다. 우리는 일상생활에서 유사한 경험을 한다. 친구들과의 약속에서 장소를 어디로 할지, 메뉴는 무엇으로 할지 고민할 때에도 이러한 의견을 종합, 통일해서 적절하게 결정해 주는 친구가 있기 나름이다.

작은 팀을 결성하는 수준을 넘어서 조직이라는 단체에서 리더의 역할은 단지 혼란을 방지하는 차원을 넘어선다. 리더는 실력과 자질을 기반으로 신뢰와 존경을 얻어야만 조직을 성공적으로 이끌어나갈 수 있다. 조직에서 리더가 중요한 이유는 그들이 조직의 문화를 형성하고 유지하며 변화시키는 존재이기 때문이다.

로저스와 스타인팻은 문화란 "사람들이 배우고 공유하는 행동양식, 가치, 규범, 그리고 물질적인 것으로 이루어진 총체적 삶의 양식"이라고 정의하였다. 즉 문화란 구성원들이 당연하게 여기는 행동양식으로, 인간을 둘러싼 다양한 환경적 생태계인 가정, 이웃, 학교, 지역사회, 국가에 따라 그 문화도 다양하다. 우리들은 이러한 여러 겹의 문화 속에서 생활하고 있다. 학교에도 고유의 전통과 문화가 있으며, 가정에도 각각의 문화가 존재한다. 개인은 우리를 둘러싼 다양한 겹의 생태계 존재 자체에 영향을 받는다기보다 다양한 문화적 차이에 의해 영향을 받는다.

예를 들면 어느 미국인이 파란 주름말을 발견하는 사람에게 100만 달러를 주겠다는 광고를 내면, 독일인은 바로 도서관으로 달려가고, 영국인은 아프리카 지도를 산다고 한다. 프랑스인은 당나귀에 파란 페인트칠을 하며, 일본인은 밤새도록 꼼꼼하게 당나귀에 푸른 털을 하나씩 심는다는 유머가 있다. 이와 같이 민족성은 한 나라의 문화를 대변한다.

우리나라 유머에 '사무실에 뱀이 나타났을 때 기업별 대처방식'에 대한 것이 있다. 이 유머는 뱀이 나타났을 때 임기응변적으로 어떻게 대응하느냐에 대한 우스갯소리이지만, 실제로 그 기업의 문화를 반영하고 있다. 같은 사건에 대한 다른 대처가 바로 문화를 이해하는 시작이라고 할 수 있다.

사무실에 뱀이 나타났을 때 기업별 대처방식

- 현대: 일단 잡아놓고 고민한다.

- 삼성: 전략기획실에 물어보고 결정한다.

- LG: 삼성의 처리결과를 지켜본다.

- 한화: 가죽장갑과 야구방망이를 준비하고 회장님께 보고한다.

- 네이버: 뱀이 사무실에 들어왔다고 뉴스캐스트에 올린다.

- 다음: 아고라에 뱀 잡는 방법을 물어본다.

- 구글: 뱀을 잡은 직원에게 포상한다.

- 애플: 뱀 잡는 방법을 특허를 낸 뒤 경쟁기업에 소송을 건다.

- 닌텐도: 뱀 잡는 새로운 방법을 내놓는다.

- BBQ: 뱀의 목 부분만 빼고 튀겨서 판다.

조직문화를 선도하기 위해서는 그 조직만이 가지는 행동양식과 규범, 가치가 분명해야 한다. 그 조직의 독특한 문화가 조직의 존재 이유를 규명하는 것이며, 조직과 조직원을 성장 발전시킨다. 여기에서 조직을 효율적으로 움직이기 위한 기본적 문화 형태를 제시하려고 하는데, 무엇보다 자신의 조직의 우선적 기업문화 유형에 대한 이해가 필요하다. 내가 생각하는 조직문화의 유형은 크게 세 가지이다.

첫 번째 유형은 '제조생산업'이다. 제조생산업은 양질의 제품 생산이 주요 목적으로, 생산 준비단계에서 좋은 가격에 제품을 제공하기까지의 과정을 중심으로 최적의 제조공법을 설정하는 것이 조직의 목표이다. 일관된 품질을 제공하기 위해서는 비용을 낮추고 생산성을 높여 이익을 내는 프로세스 엔지니어링 사업구조를 추구한다. 생산성의 핵심 기능은 설비중심적인 기술에 중점을 둔다. 운영시스템적 구조체제하에서 조직의 문화는 위계질서적이며 규율과 질서가 강화된다. 제조생산업의 대표적인 기업인 GE에서 6시그마, 전사적 품질경영기법(TQM)을 활용하는 이유도 효율적 운영이 가장 중요하기 때문이다.

두 번째 유형은 '고객만족형'이다. 이 유형은 고객의 요구를 잘 맞추는 것이 가장 중요한 가치창출 방법이다. 조직은 개별화된 고객의 요구를 파악하고 만족시키기 위해 존재하는 것이므로 고객 관리차원에서 장기적 관계유지를 위한 체계화된 전략이 필요하다. 자산가치가 높은 브랜드를 가진 조직이나 고객유지관리가 중요한 호텔, 레스토랑, 백화점, 금융기업과 같은 서비스업이 대표적인 예이다.

리츠칼튼 호텔의 설립자 호스트 슐츠(Horst Schultze)의 재임기간 중에는 객실 청소원, 도어맨을 포함한 모든 직원이 고객문제해결을 목적으로 사용 횟수에 제한 없이 2,000달러까지 쓸 수 있는 재량권을 갖고 있었다. 실제로 메리라는 직원은 중요한 발표를 담은 노트북을 두고 간한 사업가의 다급한 요청에 따라 애틀란타에서 하와이까지 직접 노트북을 배달해 주었다. 택배직원이 그의 발표시간보다 늦게 도착할까봐직접 하와이까지 가서 물건을 전달한 것이다. 그녀는 이 일로 회사에서 감사패를 받았다. 이와 같이 리츠칼튼은 고객을 위한 모든 가능한서비스를 제공하기 위해 현장직원의 빠른 문제해결을 존중하고 자율적 권한을 위임하였다.

세 번째 유형은 '기술선도형'이다. 이 유형은 제조업에서의 한계를보완한 고유한 기술, 즉 첨단기술을 기반으로 하는 산업으로, 조직의목표는 계속된 혁신을 통해 고객만족과 제품 품질향상을 추구하는 것이다. 따라서 고객의 제품사용가치를 지속적으로 향상시켜 경쟁사보다 우위적 품질과 서비스를 생산하는 데 총력을 기울인다. 지식기반산업, IT 기업이 이에 해당한다. 고도의 전문성을 기반으로 창의력을요구하는 기업의 경우, 지속적인 경쟁력이 중요하므로 R&D에 중점을둘 수밖에 없다. 기업문화 자체도 자율성이 강조되고, 획일화된 규율보다는 개인적인 자유와 아이디어가 우선이기 때문이다.

기업이 자신들의 조직문화에 맞는 인재를 원하는 것처럼, 개인 역시취업준비나 이직 전에 "나는 어떠한 조직문화에 맞는 인재인가?", "어떠한 조직 내에서 나의 잠재능력을 펼칠 수 있는가?", "나는 어떠한 부서의 일에 가장 장점이 있는가?"에 대해 고민해야 한다. 매뉴얼적인사고와 원칙, 시스템 구조 안에서 일하는 것을 좋아하는 사람과, 사람과의 관계형성에 뛰어나며 호기심이 많고 가만히 두어도 일을 찾아서 할 줄 아는 내적 동기부여가 뛰어난 사람에게 어울리는 조직문화는 서로 다를 수밖에 없다. 업무수행 능력이 뛰어난 사람이 있는 반면에 브레인스토밍과 토론에 강한 사람이 있다. 자신에게 어울리는 조직문화에 대한 이해가 우선인 것이다.

미국의 구글이나 페이스북, 우리나라의 엔씨소프트나 제니퍼소프트, 일본의 미라이공업의 조직문화 동영상을 보여 주면 사람들은 자신의 조직과 비교하며 이를 부러워하다 못해 자신의 신세를 한탄하곤 한다. 회사에서 자유롭게 돌아다니며 고급 카페테리아에서 식사하고 사내 시설에서 운동하며 각종 복지를 누리는 자유로운 분위기의 기업은 매뉴얼적인 사고가 아닌 창의적인 아이디어를 요구하는 집단이다. 자유시간과 복지가 다른 기업보다 발달되어 있는 이유는 아이디어를 산출해 내는 조직 분위기 조성에 그것이 필요하기 때문이고, 조직원들은 아이디어 산출과 창의적 제품으로 보답해야 한다.

3M의 비전은 '가장 혁신적인 기업, 소비자가 가장 선호하는 공급자가 되는 것'이다. 비전에 명시된 것처럼 혁신을 목표로 하기 때문에 개인의 상상력과 창의력을 최대한 자유롭게 이끌어 내는 기업문화를 만들기 위해 노력하였고, 이러한 창의적인 아이디어가 결합하여 신상품 개발로 이어졌다. 대표적인 것이 10%, 15%, 30% 원칙으로, 10% 원칙은 최근 1년 내 개발된 신제품 매출이 전체 매출의 10%가 되어야 한다는 것이다. 15% 원칙은 자신의 고유 업무 이외에 다른 관심분야

에 총 근무시간의 15%를 활용할 수 있는 것이고, 30% 원칙은 총매출의 30%가 최근 4년 이내에 출시한 신제품에서 비롯되어야 한다는 것이다. 이것은 혁신적인 신상품 개발을 단행하지 않으면 지키기 어려운 원칙이다. 따라서 다른 사람들이 보기에 부러운 조직문화를 갖추었지만, 브레인스토밍과 아이디어 제안이 어려운 사람에게는 버거운 조직일 수 있다.

새로운 조직에 임명된 리더가 조직과 조직원의 특성을 고려하지 않고 기존 기업의 성공사례를 그대로 활용하여 실패하는 경우가 있다. GE 출신의 제임스 맥너니(James McNerney)는 3M 사장으로 옮긴 후 GE식 비용절감식 6시그마 경영을 시행하였다. 그러나 비용과 효율을 골자로 한 GE과는 달리 자율성을 강조한 창의 지향적 문화를 가진 3M의 직원들의 반발에 부딪혀 제대로 시행하지 못하였고 결과적으로 3M은 혁신기업에서 밀려나게 되었다.

상황이 악화되자 맥너니 대신 3M의 문화에 익숙한 조지 버클리(George W. Buckley)가 새로 부임하였다. 그는 근무시간의 15%에 해당하는 시간을 자유 연구시간에 할애하도록 하고 R&D에 투자를 확대하면서 3M의 주가를 예전 수준으로 돌려놓았다. 조직의 변화를 유도하는 일은 과자를 찍어 내는 일이 아니다. 조직의 특성과 상황에 맞는 경영기법을 채택하여 실행해야 변화에 성공할 수 있다.

기업문화는 일관성과 통일성을 갖출 수 없으며, 기업 형태에 따라 생산성 향상을 목적으로 형성된다. 모든 기업이 구글과 3M의 기업문화를 벤치마킹하지 못하는 이유도 이 때문이다. 기업의 리더는 그 조직이 존재하는 목적에 대한 이해가 우선되어야 한다. 병원, 항공기 운항 사업, 식료품, 의약품, 자동차 생산 사업처럼 고객의 생명과 안전을 책임지는 조직에서는 규율과 질서가 전제되어야 한다. 이러한 기업은 다른 조직과 달리 한 번의 실수가 돌이킬 수 없는 결과를 초래할 수 있다.

LG화학 최재훈 기업문화팀장은 한 기업 내에서도 사업 파트에 따라 조직문화가 동일할 수 없다고 말한다. 석유화학 분야는 의사결정 실수로 인해 발생되는 비용손실이 크고 산업 사이클이 비교적 길기 때문에 의사소통 방식에 있어서 상하수직적이고 규율이 중요한 반면, 전지사업 분야는 전반적으로 조직원의 연령이 낮고 산업 사이클이 짧기 때문에 의견을 제시하는 데 자유로우며 도전적인 문화를 가지고 있다는 것이다.

"고등학교 때 학교 방송국에서 일하였는데, 당시 방송국의 조직문화가 딱딱하고 엄격해서 선배들에게 자기주장을 내세우는 것이 매우 어려웠다. 더욱이 개인적인 일로 방송국 일을 빠지는 것은 있을 수 없는 일이었다. 그런데 대학교 방송국은 너무 자유로운 분위기여서 크게 충격을 받았다. 내가 생각하였던 방송국의 모습과는 전혀 달랐기 때문이다. 어느 정도 규율은 존재하지만, 선후배끼리 자유롭게 이야기할 수 있고 작품에 대한 피드백과 비판에 대해서도 수용적인 분위기였다. 덕분에 자유로운 분위기에서 창의적인 아이디어도 내고 도전적으로 영상을 만들어 보면서 재미있게 대학생활을 할 수 있었다. 하지만 지금 생각해 보면 고등학교 방송국은 정해진 시간에 아침방송을 진행하고, 조회시간에 방송장비를 점검하여 실수나 착오가 없어야 하는 생방송적인 측면이 강한 반면에, 대학교 방송국은 좀 더 참신한 영상 제작에 초점을 맞추었기 때문에 조직문화가 서로 달랐던 것뿐이라는 생각을 하게 되었다."

위 글은 내 강의를 수강한 학생이 올린 토론 글이다. 생방송을 목적으로 하는 방송국은 규율과 질서가 필요하고, 창의적 콘텐츠를 개발하는 방송국에서는 도전과 자율성이 보장되는 분위기가 연출되는 것처럼, 모든 조직의 문화가 동일할 수는 없다. 따라서 각 조직은 조직의 특성에 맞는 문화를 선택하여야 한다.

빠른 변화를 요구하는 현대의 기업환경 속에서 단 한 가지 유형의 조직문화 형태를 고수할 수는 없다. 기업마다 조직원들의 잠재력과 역량을 발휘할 수 있는 조직문화를 구축하는 일은 매우 중요하지만, 절대적으로 하나의 최상의 조직문화란 존재하지 않는다. 각 조직의 제품과 서비스에 따라 문화가 다르고, 기업 간의 문화도 다르듯이, 기업 내 조직 안에서도 부서별 문화는 다를 수밖에 없다.

조직의 리더라면 성공한 조직의 문화를 일방적으로 모방하기보다는 조직의 다양한 특성을 올바르게 이해하고 자신의 조직에 맞는 문화를 구축하는 것이 중요하다. 리더의 역할은 조직과 조직원의 성장을 위한 최선의 조직문화를 만들어 주는 일이다. 문화를 만드는 일이 쉬울지 모르지만, 정착화하는 데는 긴 시간이 필요하다. 이쯤에서 정착되었다고 생각하면, 그 문화는 또 다시 변화하기 시작한다.

나이젤 페인이 말한 것처럼 조직문화란 기차의 마지막 칸과도 같다. 변화의 엔진은 벌써 모퉁이를 돌았지만, 전체적인 문화는 가장 마지막으로 모퉁이를 돌게 되는 것이다. 조직원이 익숙해져서 하나의 문화로 자리 잡기 위해서는 여러 해의 기간을 거쳐야 한다. 조직문화에 맞는 경영기법을 운영 중이더라도 리더는 계속 모니터링하며 조직원들과 소통하면서 제도를 보완해 나가며 문화를 개선해 나가야 한다.

조직문화 방식

한국예술종합학교 건축학과 이종호 교수는 신사옥 건설 중인 애플은 중앙 집권적 일원적 시스템을 나타내고, 페이스북은 수평적 소통 공간의 모습을 나타내는 등 사옥 자체가 조직문화를 드러내고 있다고 지적하였다. 사옥이 기업의 문화를 대변하는 하나의 요소가 되는 것처럼, 조직문화는 기업경쟁력과 직결되고 성장으로 이어진다. 전반적인 기업문화의 변화는 전문성을 바탕으로 한 창의성의 발휘, 능력과 성과주의의 도입, 수평적인 문화로의 전환을 의미한다.

기업마다 각기 다른 문화적 특색이 있지만, 우리나라의 경우 대부분의 기업에서 시스템적 경영이 이루어지고 있다. 평사원, 팀장과 임원 등 그들 각각의 자리가 바로 업무를 설명한다. 최근 삼성전자가 휴대전화 판매 세계 1위, 분기 영업이익 10조 원을 돌파한 글로벌 초일류기업으로 성장함에 따라 세계 각국의 기업들이 삼성의 경영시스템을 벤치마킹하기 위한 연구를 하고 있다. 오늘날 삼성은 "관리, 인재, 혁신, 생산, 마케팅, 물류시스템 등에서 교과서적인 프로세스를 갖추고 있다."라는 평가를 받고 있다.

시스템적인 기업의 경우 중앙집권적이며 체계적이다. 배덕상 컨설턴트는 『인사이드 삼성』에서 "삼성은 한마디로 시스템으로 시작해서 시스템으로 끝난다."라고 표현하고 있다. 10년에 걸쳐 1조 원을 투자해서 만든 자체 시스템은 전 세계 100여 개 판매법인과 40여 개 생산법인의 업무 흐름과 매출 현황을 파악할 수 있도록 설계되어 있다. 체계적인 분석과 객관적인 자료를 바탕으로 하기 때문에 사람으로 인한 과오를 예방하고, 매뉴얼화된 시스템으로 운영될 수 있다는 것이 장점이다.

'대한민국에서 일하기 좋은 기업' 부문에서 4년 연속 대상을 수상하고 GWP(Great Work Place) 코리아 주관 '2013 여성(워킹맘)이 일하기 좋은 기업' 대상에 빛나는 기업이 있는데, 바로 한국마즈이다. 한국마즈라고 하면 이름을 모르는 사람도 많을 것이다. 하지만 M&M, 스니커즈 초콜릿을 모르는 사람은 거의 없다. 초콜릿, 반려동물식품, 식품, 드링크, 껌을 생산하는 식료품 기업 마즈는 시스템 경영이라기보다 가치 경영을 실천하고 있다. 우수성(quality), 책임(responsibility), 상호성(mutuality), 효율성(effiency), 자유(freedom)를 5원칙으로 삼고 있는 가족기업으로서 철저하게 가치 중심적인 체제를 가지고 운영된다.

김종복 한국마즈 상무는 5가지 경영 원칙을 실제 업무에 그대로 적용하고 있다고 설명하였다. 첫째, 제품의 우수성을 위해 농민 교육과 유전체 프로젝트를 실시하고, 다량의 수확을 위해 해충해 방지를 하는 등 코코아 생산 농부들을 지원하고 있다(우수성). 둘째, 시스템에 의한 결정이 아니라 5원칙에 따라 모든 직원이 결과에 대해 직접 책임을 지고, 결단력과 판단력을 행사한다(책임). 셋째, 마즈의 상행위에 경쟁자를 이용하여 불이익을 얻지 않으며, 직원, 소비자, 거래파트너, 사회와 환경에 상호이익을 제공하기 위해 노력한다(상호성). 넷째, 자원을 최대한 이용하여 낭비하지 않으며 가장 잘할 수 있는 것만을 선택하고, 가장 효율적인 의사결정 프로세스를 따른다(효율성). 다섯째 미래를 설계하기 위한 개인의 자유를 존중한다(자유).

이와 같이 마즈는 사회, 환경, 인류를 향한 지속적인 성과와 협조적인 관계를 추구하고 실천하고 있다.

5개의 경영이념을 실천하기 위한 마즈의 독특한 기업문화는 자유롭고(free) 공정하며(fair) 개방적(open)이고, 개개인의 역량을 발전시키기 위한 몰입도 향상(engaging)을 추구한다. 마즈는 직원들이 마즈 대학의 이러닝 프로그램을 이수할 수 있도록 하고 있으며, 각 사업의 유니트(unit)는 5개 경영철학을 준수하는 소비자 중심 기업이 되기 위한 목표를 달성하기 위해 책임을 지고, 의사결정에 자율권(empowering)을 가진다.

한국마즈를 방문해 보면, 오픈된 구조의 사무실에 뭉치와 꼬맹이 두 마리의 고양이가 돌아다닐 정도로 분위기가 자유로우며, 직원들도 자유로운 의사 표현을 위해 직함을 배제하고 별칭으로 부르는 것을 볼 수 있다. 한국마즈의 김광호 대표는 조셉, 김종복 상무는 JB라고 불린다. 김종복 상무는 우리나라의 직함을 수반한 존칭 문화가 자유로운 소통과 창의적 사고를 저해시키는 요소가 될 수 있음을 시사하였다. 관료적이라기보다 지방분권적인 유니트 문화가 성공적일 수 있는 이유는 바로 철저한 마즈의 비전과 가치철학에 대한 교육 실시, 그리고 그 가치를 현장에서 그대로 반영, 준수하는 기업문화의 안정적인 시스템이 뒷받침해 주고 있기 때문이다. 마즈는 체계적인 시스템을 뛰어넘어 마즈만의 독특한 '5원칙'의 가치를 바탕으로 지속적인 성과와 협조적인 관계 속에서 직원의 행복과 인류에 공헌하는 기업으로 성장하고 있다.

시스템 위주와 가치 위주의 기업 중에서 어느 한 가지의 경우가 옳다고 말할 수는 없다. 주목할 점은 양쪽 모두 리더십이 요구된다는 점이다. 시스템 위주의 기업은 가장 상위에 존재하는 CEO가 최종 의사결정을 하는 탑 다운식 경영이기 때문에 리더의 리더십이 한 기업의 흥망성쇠를 좌우한다. 중요한 것은 유능한 리더가 CEO가 되어야 한다는 점이다. 시스템적으로는 안전하게 보이지만, 사람 중심의 경영 이념을 어떤 방식으로 추구할 것인가에 대한 고민이 필요하다. 가치 위주의 기업은 빠른 의사결정을 내리기 힘들며, 위기상황에서 결단의 리더십 부재현상으로 이어질 수 있다. 기업의 가치를 꾸준히 이어가는 오너 가문의 노력과 다수의 현장 리더의 존재가 필수적이다.

Question

- 자신을 포함해서 조직원의 리더십 역량의 장단점을 알고 있는가?

- 자신이 속한 조직의 존립 그리고 존재 이유는 무엇인가?

- 현재 자신의 조직에서는 계단식 의사소통이 이루어지고 있는가?

- 조직의 가치관과 목표에 비추어 직원을 평가하는가?

Activity

자신에게 맞는 기업군의 조직문화를 체크해 보자.

Reflection

- 시스템을 위주로 하는 기업문화와 가치를 우선으로 하는 기업문화를 비교하고 서로의 장단점을 살펴보자.

- 조직문화를 성공적으로 이끈 동인이 어디에 있는지 살펴보자.

- 당신이 속한 조직 또는 부서는 어떠한 조직문화 유형을 필요로 하는지 생각해 보자.

2

2V(Vision+Value)
2S(System+Story)로
조직문화를 이끈다

조직의 건강성이야말로 탁월한 조직을 만드는 가장 중요한 키워드이다.
– 패트릭 렌시오니

샤인 교수는 조직문화의 순조로운 작동을 위해 가치(values), 가정(assumptions), 상징(symbols/artifacts)의 세 요소가 필요하다고 하였다. 가치란 조직이 해야 할 일에 대한 지침으로 비전이나 미션이 이에 해당되며, 가정은 인간관계, 인간의 본성, 진실, 환경, 보편성과 특수성 등말로 표현되지 않는 신뢰를 뜻한다. 상징은 조직의 스토리, 언어, 신화, 의례, 복장, 건물, 로고, 영웅, 사무실 인테리어 등이 포함되며 눈에 보이는 요소이다(해크먼&존슨, 소통의 리더십). 내가 생각하는 조직문화의 기본 요소는 2V2S이다. 즉 조직의 목적을 제시하는 영감적인 비전(Vision)과 경영 목표를 준수하는 윤리적 가치철학(Value)의 2V, 공정성과 규율을 보장하는 시스템(System)과 공동체에게 감동을 주는 감성 스토리(Story)의 2S이다.

비전(vision); 미래지향적 청사진

자신의 직업에 소명의식을 가진 사람은 일에 대한 책임감이 남다르다. 영화제에서 상을 타고, 인기를 얻고, 광고에 발탁되어 고수익을 원하는 배우와 대중에게 감동과 용기를 주는 연기자가 되겠다는 인생 목표를 갖고 있는 배우가 있다고 가정해 보자. 유명해지는 시점은 다르겠지만, 후자의 경우가 기억에 남는 명연기로 더 오랫동안 대중의 사랑을 받기 마련이다. 인기는 잠깐이지만 연기는 지속적이다. 마찬가지로 돈과 명예는 순간이지만, 소명의식은 영원하다.

기업도 마찬가지이다. 비전은 기업이 존재하는 이유이며, 어떠한 방향으로 나아가야 하는지에 대한 중심이자 방향성이다. 비전은 기업이 '왜' 존재하는지, 우리가 '왜' 함께 일하고 있는지에 대한 믿음을 담고 있다. 하지만 대부분의 리더는 실천의지를 담은 행동지표인 비전에 대해 조직원과 대화하는 데 시간을 할애하지 않는다. 조직원들에게 비전이란 조직의 웹 페이지에 새겨져 있는 거창한 문구일 뿐이다. 조직원들은 비전에 대해 언급하는 일이 없으며, 의논하지도 고민하지도 않는다. 조직을 향한 연대감과 소속감, 주인의식이 결여될 수밖에 없다. 조직에서 일하는 것은 단지 연봉과의 계약이 아니다. 조직의 비전이 개인의 비전과 연결될 때에 조직원의 소속감과 주인의식이 상승될 수 있다. 기업의 올바른 비전과 실천은 조직원의 자부심이다.

'위대한 리더들이 행동을 이끌어 내는 법' TED 강연으로 더 유명해진 사이먼 시넥(Simon Sinek)은 "나는 왜 이 일을 하는가(Start with why)?"에서 골든 서클(Golden circle)을 설명하였다.

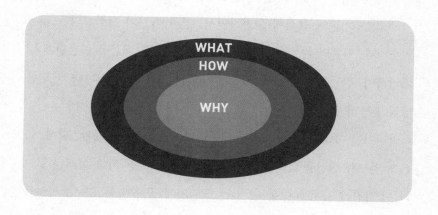

"세계의 모든 훌륭하고 영감을 주는 리더와 단체들은 애플이 되었건 마틴 루터 킹이 되었건 라이트 형제가 되었건 모두 같은 방식으로 생각하고 행동하며 소통합니다. 그리고 이 방법은 분명히 다른 모든 사람들과 완전히 반대였죠. 제가 한 것은 단지 이것을 체계적으로 정리

한 것뿐입니다. 아마도 그것은 세계에서 가장 단순한 아이디어일 것입니다. 저는 이것을 골든 서클이라고 부릅니다."

그는 애플의 예를 들면서, 대부분의 기업은 "우리는 훌륭한 컴퓨터를 만듭니다. 그것들은 매우 아름다운 디자인에 쉽게 이용할 수 있고 편리합니다. 구입하고 싶나요?"하는 식의 마케팅 전달방법(무엇-어떻게-왜)을 구사하는 반면, 애플은 전달방법이 다른 회사와 다르다고 하였다. 즉 애플은 왜-어떻게-무엇의 순서로, 왜 이 일을 하는지에 대한 비전, 신념, 가치를 먼저 말하고 어떻게 만들어졌는지, 그리고 그 결과 제품이 무엇인지에 대해 설명한다는 것이다.

"우리는 기존의 현상에 도전하면서, 전혀 다르게 생각한다는 것을 믿습니다. 기존의 현상에 도전하는 우리의 방식은 제품을 아름답게 디자인하며, 간단히 사용할 수 있고, 편리하게 만드는 것입니다. 우리는 방금 훌륭한 컴퓨터를 만들게 되었습니다. 구입하고 싶은가요?"

비전이란 미래를 보여 주는 청사진이다. 세상을 보다 좋게, 낫게, 다르게 만드는 헌신을 약속하는 비전에 동참하는 일은 가슴 설레는 일이다. 조직원 혼자서는 이룰 수 없는 꿈이기에 공동의 목표는 조직원들을 하나로 모으는 접점의 역할을 한다. 기업이 존재하는 이유인 비전은 기업의 혼이자 사회의 미래이고, 개인의 자부심이다. 따라서 조직의 리더는 조직원과 함께 비전을 공유하는 데 많은 시간을 할애해야 한다.

아모레 퍼시픽의 비전은 'Asian Beauty Creator'로 기억되는 것이다.

내면과 외면의 미를 강조하고 아름답고 건강하게 살고자 하는 인류의 영원한 꿈을 향해 나아가는 소명을 담고 있다. 당신의 삶에 아름다운 변화, 'Make up your life' 슬로건이 말해 주듯이 여성이 주고객인 화장품업체로서의 특징을 살려 유방암 환자 돕기, 암환자 화장 지원, 한 부모 여성가장 창업지원 등 다양한 사회공헌활동을 펼치면서 비전을 실천하고 있다. 즉 비전은 실천이 중요하다.

가치(value); 경영철학

미국 평가기관인 브랜드 파이낸스의 2012년 조사 결과에 따르면, 구글, 마이크로소프트, 월마트, IBM이 브랜드 가치 1~4위를 차지하였고, 애플은 8위였다. 우리나라의 경우 삼성전자가 18위, LG전자가 168위, 현대자동차가 213위에 머무르고 있다. 구글은 왜 브랜드 가치 1위 기업인가?

대다수의 젊은이들은 취직 전에는 브랜드 인지도와 연봉이 높은 기업을 선호하다가 취업 후에는 좋은 기업문화를 갖춘 직장을 부러워한다. 그렇다면 좋은 조직문화란 무엇인가? 젊은이들이 선호하는 조직문화란 수평적이고 참여적이며, 존중 받는 사내 분위기이다. 구글은 미국 내에서 '꿈의 직장'이라고 불린다. 염동훈 전 구글 코리아 대표는 작은 조직, 창의적 문제해결, 빠른 실행, 새로운 관계 형성, 다른 사람에 대한 존중, 윤리적 실행, 더 나은 세상, 혁신과 창의성을 북돋우는 아이디어의 공유가 바로 구글의 조직문화라고 하였다. 구글이 브랜드 가치 1위 기업인 이유는 구글만의 조직문화이며 '구글이 발견한 10가지 진실'이라고 불리는 십계명에 그 해답이 있다.

1. 사용자에게 초점을 맞추면 나머지는 저절로 따라 온다.
2. 한 분야에서 최고가 되는 것이 최선의 방법이다.
3. 느린 것보다 빠른 것이 낫다.
4. 인터넷은 민주주의가 통하는 세상이다.
5. 책상 앞에서만 검색이 가능한 것은 아니다.
6. 부정한 방법을 쓰지 않아도 돈을 벌 수 있다.
7. 세상에는 무한한 정보가 존재한다.
8. 정보의 필요성에는 국경이 없다.
9. 정장을 입지 않고도 업무를 훌륭히 수행할 수 있다.
10. 위대하다는 것만으로 만족할 수 없다.

구글 코리아의 김태원 차장은 국내 기업에서 조직 자체가 중요하다면 구글에서는 구글맨 각자가 소중하다는 것을 인식시켜 주고 있다고 하였다. 구글 오피스의 자유로운 환경과 뷔페식 카페테리아, 복장의

자유로움이 창조적 인재의 중요성을 대변해 주고 있다. 구글에는 20%
프로젝트라는 독특한 문화가 있는데, 이는 업무시간의 20%는 일을 중
단하고 자신이 하고 싶은 일을 마음껏 하도록 하는 것이다. 아이디어
를 구상하기도 하고 다른 직원들과 협력하여 공동작업을 하기도 하며,
일주일 치를 모아 두었다가 사용하기도 한다. 20% 프로젝트를 통해
지메일, 구글맵스, 구글토크가 개발되었다. 구글은 혁신적 사고를 탄
생시키기 위해서 놀듯이 일하는 자유시간, 동료와의 브레인스토밍과
콜라보레이션의 장을 마련해 준 셈이다.

　출퇴근 시간이 탄력적인 기업, 최고의 다양한 메뉴가 무료인 구내식
당, 언제나 즉석토론이 가능하며 내부통신망을 통해 서로의 업무 확인
이 가능한 투명성과 동료의 협력이 가능한 체제, 자유로운 분위기 속
의 철저한 평가, 직책에 상관없는 동등한 복지문화가 바로 구글의 조
직문화이다. 구글 CEO가 카페테리아의 식판을 들고 다니면서 직원들
과 구글의 혁신적 경영철학을 토론하는 기업문화와, 직원이 행복해야
생산성이 향상된다는 가치철학의 실천이 바로 구글의 브랜드이다.

　인재등용을 위한 노력과 그에 걸맞은 대우, 사용자 체험을 우선하는
정신, 악하지 않아도 돈을 벌 수 있다는 구글의 경영철학은 단지 구호
로만 끝나지 않는다. 구글은 유튜브를 16억 5,000달러(약 1조 8,340억 원)
에 인수하는 등 자신들이 추구하는 가치를 실제로 실천하고 있다. 세
계에서 발생하는 모든 정보를 수집, 분석하는 검색엔진 기업에서 통
신, 스마트폰, 자동차, 로봇, 생명과학 회사로 분야를 넓혀 나가면서 실

제로 위대한 것에 만족하지 않고 있다. 브랜드의 가치를 높이는 일은 옵션을 장착하여 업그레이드된 신제품을 출시하는 일이 아니고, 기업이 추구하는 핵심 가치철학을 실제로 실천하여 보여 주는 일이다.

삼성전자는 2011년부터 한국전 참전용사 자손에게 3년째 장학금을 수여하고 있다. 한국의 평화를 위해 목숨을 바친 참전용사들의 희생을 기릴 방법을 고민하다가 그들의 손자들이 대학에 입학할 나이의 세대인 점에 주목하였다. 터키의 전국 100여 개 대학에서 장학금 대상자를 찾았고 사회봉사활동 여부를 기준으로 150명의 대학생을 선발하였다. 삼성전자는 대학등록금과 월 150달러(연10회)를 졸업할 때까지 지급한다. 장학금을 받고 있는 이키트라는 학생은 삼성에 감사한 마음을 갖고 있다고 전하며 장학금으로 자신의 꿈을 구체화하고 있다고 하였다. 삼성의 핵심가치 중 하나인 '상생경영'의 원칙으로 지역사회와 국가, 인류 공동번영을 위해 노력하고 있는 것이다. 이외에도 인재경영, 최고지향, 변화선도, 정도경영의 참모습을 보여 주는 일이 바로 삼성의 브랜드 가치를 높이는 일이다. 삼성은 근래 들어 가치경영과 윤리경영의 실천을 모토로 하고 있다.

기업이 내걸고 있는 슬로건이나 광고에도 기업의 가치가 고스란히 반영되어 있다. 혼다의 'The power of dreams(꿈의 힘)'는 창업자 소이치로의 정신을, 볼보의 'Volvo for life(생명을 위한 볼보)'는 볼보의 안전 철학을 집약해서 보여 주고 있다. 현대자동차의 'New thinking, New possibilities(새로운 생각, 새로운 기회)', 기아 자동차의 'The power to surprise(세상을 놀라게 하는 힘)'라는 도전과 혁신 슬로건도 기업의 가치를 보여 주는 것이다. 그리고 이를 실제로 조직문화로 정착시키는 것이 바로 브랜드 가치를 높이는 일이다.

  뉴욕 맨해튼 인터렉티브 광고인 '현대 라이브 이미지 쇼'는 고객들의 삶 속에서 빛나는 순간을 함께한다는 '리브 브릴리언트(Live brilliant)'를 주제로 한다. 상단에 있는 전광판은 카메라를 통해 전광판 앞 계단의 고객들을 촬영하여 보여 주고, 하단에 있는 전광판은 사전에 제작된 다양한 테마의 이미지들과 상단 화면을 합성한 이미지를 비춰 준다. 자신이 현대자동차의 주인공이 되는 이미지가 옥외 광고판을 통해 펼쳐지는 특별한 경험을 체험하게 되는 것이다. 이 광고는 현대자동차의 브랜드 슬로건 'New Thinking, New Possibilities.' 이미지와 잘 부합한다.

  기업 가치를 광고에 적극적으로 홍보하는 기업은 두산이다. '사람이 미래다'라는 슬로건으로 얻은 기업 이미지는 대중적 호감을 일으키는 데 성공적이었다. 박용만 회장은 인재 유치를 위해 대학을 직접 방문하여 강연을 하면서 두산의 이미지를 높이고 있다. 두산중공업은 '사람이 미래다'라는 인재중심 경영철학을 내부에만 한정하지 않고 협력사 직원에게까지 확대 적용하고 있다. 두산중공업은 협력사에 맞춤형 교육을 제공하고 협력사 직원들의 전문성을 강화시켜 경쟁력을 확보하는 데에 기여하고 있다. 이러한 기업의 이미지가 실제로 기업문화 안에서 제대로 실천될 때 두산의 브랜드 가치도 동반 상승하게 될 것이다.

  비전이 기업의 존재 이유인 'why'라면, 가치는 비전을 향해 나아가기 위한 방법인 'how'이다. 목적지를 향해 갈 때 더 빨리 도착하기 위해 누군가가 심어 놓은 논밭을 밟으며 지나가는 사람이 있는 반면에, 자신의 음식을 남과 나누고, 아픈 사람을 돌보며 도착지에 다다르는 사람이 있다. 오늘날 기업은 어떠한 가치를 갖고 나아가는가에 따라 평가되는 시대로, 가치관 경영이란 조직원의 마음속에 반드시 지켜야 할 '다짐'을 심어 넣는 일이다.

시스템(system); 제도, 규율, 정책

기업에서 조직의 비전과 가치철학이 설정되었다면, 비전경영과 가치경영을 위한 제도와 규율의 강화가 필요하다. 올바른 시스템 구축은 비전과 가치만큼 조직원의 행동을 촉진하는 역할을 한다. 따라서 변화관리, 성과관리, 인사관리, 위기관리 제도의 정립과 개선으로 조직문화의 틀을 시스템화해야 한다.

클라크(Richard E. Clark)와 에스테스(Fred Estes)는 조직원의 수행목표를 달성하기 위해 조직이 해결해야 할 세 가지 요소를 제시하였다. 첫 번째는 지식·기술 제공, 두 번째는 동기부여, 세 번째는 환경적인 장애 제거이다. 리더는 새로운 시스템의 구축과 제도 정비로 조직원들이 적극적으로 참여할 수 있는 여건을 제공해야 한다.

지식과 기술 제공

　　조직의 기능과 성격에 맞는 시스템은 조직을 운영하는 데 필수사항이다. 군대, 학교와 공공기관, 기업에서 요구하는 제도와 규율은 엄연히 다르다. 업데이트된 지식과 기술을 필요로 함에 따라 기업체는 새로운 지식 전수, 기술 개발, 태도 변화의 확립을 위한 교육훈련에 많은 투자를 하고 있다.

　LG이노텍의 허영호 사장은 2001년 부임 1년 만에 흑자전환을 이루었고, 경이적인 성장세를 보이며 글로벌 부품 기업으로 도약하는 기반을 마련하였다. 그는 기업 전략의 실행 주체는 결국 사람이라고 생각하고 혁신 마인드와 강한 실행력을 갖춘 인재교육에 많은 신경을 썼다. '우리'라는 동질성과 자신감을 고취시키는 내용을 담은 '혁신학교'를 설립하고 전 사원이 교육을 받게 하였으며, 사장이 교육 프로그램에 직접 참여하는 열정을 보여 주었다. 2005년에는 사내 전문코치 양성과정을 개설하고, 임원코칭교육을 실행하였다. 또한 인정과 배려의 문화를 구축하는 '청정문(聽情問)' 커뮤니케이션 프로그램을 실시하여 조직원들이 이해하고 인정하며 자율성과 창의성을 높이는 소통 교육을 추진하였다. 이것은 허 사장이 부임 당시 직원들의 의견을 경청한 것에서 시작되었다. 당시 직원들은 사장이 자주 바뀌고 투자를 하지 않으며, 교육을 시켜 주지 않는다는 공통된 불만을 건의하였다. 그는 이 세 가지 약속을 반드시 지키겠다고 다짐하고, 이를 솔선수범하여 보여 주었다. 그는 탑 다운식 경영보다는 직원들의 의견을 듣고 방향을 정하여 함께 나아간다는 '참여적' 리더십을 발휘한 대표적 IT 리더로 평가된다.

허 사장은 LG이노텍에 10년 동안 재임하면서 R&D 투자를 확충하고, "경영성과 창출의 주체는 사람이다."라는 확신하에 교육에 많은 투자를 하였다. 전 사원의 공동체 의식을 위한 전사적 교육 실시, 임원교육, 전문 역량 향상 교육과정을 맞춤형으로 개발하고, 체계적으로 실시하였다. 이러한 노력의 결과, 재임 10년 동안 각종 제도와 시스템 구축으로 13배의 성장을 이루었으며, 세계 10위권 전자부품 업체 반열에 올려놓았다.

동기부여

감성 리더는 조직원을 고무시키고, 감동을 줌으로써 내재적인 동기부여를 고취시킨다. 지식과 기술이 할 수 있다는 '자신감'을 고양시킨다면, 동기부여는 계속 움직이게 만드는 '에너지' 역할을 한다. 따라서 조직의 리더는 개인의 동기부여뿐만 아니라 집단의 동기부여 향상에 항상 신경을 써야 한다. 현재 많은 기업에서 성과와 평가제도의 효율성뿐만 아니라 자발적 업무추진 역량 강화에 신경을 쓰고 있는데, 사려 깊은 리더는 현재 조직원의 사기를 떨어뜨리는 제도적 결함이 무엇인지, 결과적으로 어떠한 영향력을 미치는지 세심하게 관찰해야 한다.

현대카드는 2012년 2월부터 콜 센터로 전화를 걸어 직원들에게 성희롱적 언사와 비속어를 사용하는 고객에 대해 두 번의 경고 메시지를 보낸 후 응대를 중단하는 정책을 도입하였다. 이 정책은 첫째, 진상고객의 전화를 끊어버리는 것이 오히려 직원 보호를 통해 업무 전체의 효율성을 높이고, 둘째 진상고객으로 인한 대기시간의 연장이 다른 일반 고객들의 피해로 이어진다는 것을 이유로 들었다. 이 제도를 도입한 결과 2010년 상담원 이직률이 15%였던 것이 2년 만에 4%로 줄어들었고 고객들을 위한 빠른 일 처리가 가능해졌다. 고객 서비스뿐만 아니라 조직원의 인권까지 보호하는 제도적 장치가 애사심을 고취시키고 이직률 하락으로 이어지는 결과를 나타낸 사례이다.

환경적인 장애 제거

지식과 기술 교육을 통해 조직원들의 자신감을 향상시키고, 동기부여를 해주어도 환경적인 제도와 규율의 시스템적인 장애를 제거하지 못한다면, 올바른 조직문화를 개선해 나가기 어렵다. 조직의 유지와 강화를 위해 필요한 것은 바로 제도적 장치와 보완이다. 최근에는 변화경영에 따른 제도적 장치를 개편하는 움직임으로 주로 다운사이징, 팀별 업무제, 파트너십, 인수합병, 리엔지니어링 과정에 대한 시스템 구축이 이루어지고 있다.

마이클 해머(Michael Hammer)는 1990년에 버드비즈니스리뷰지에 리엔지니어링(reengineering: 업무재구축) 개념을 처음으로 소개하였는데, 이것은 연구개발이나 생산, 판매 등 기능별로 나누어진 업무를 '고객을 만족시키는 구조'로 재설계하는 일을 의미한다. 최근에는 조직구조, 정보기술, 조직문화, 측정시스템 등을 포함하는 제2단계 리엔지니어링 단계로 넘어서서 불필요한 부분을 제거하고 자원의 낭비를 막는 제도와 시스템으로 재설계하고 있다. 한 부서와 제품의 변화보다는 기업경영 프로세스에 대한 전반적인 보수로 근본적인 체질 변화를 목적으로 하는 것이다.

두산그룹은 3M, OB맥주, 코카콜라, 네슬레, 코닥 등 소비재 중심의 기업에서 한국중공업(현 두산중공업), 대우종합기계(현 두산인프라코어) 등을 인수해 중공업 위주의 그룹으로 통합, 성장하고 있다. 2001년 두산중공업은 연공서열제를 폐지하고 능력별로 차등 지급되는 성과급 제도를 도입하여 공기업의 체질 바꾸기에 돌입하였다. 2010년에는 임원 직급을 없애고 직무 중심으로 전환하는 인사제도를 도입하였고, 2013년에는 줄세우기식 점수제 인사고과제도를 폐지하고 개인별 역량에 초점을 둔 '신 인사평가 및 보상제도'를 발표하였다. 리더십과 성과를 가장 큰 축으로 하여 인재 양성, 공정성, 열린 소통, 투명성, 혁신 마인드, 근성, 사업적 통찰력 등 45개 항목에 따라 평가하는 방식이다. 평가 결과에 따라 팀장은 팀원과 충분한 대화를 해서 객관성을 높이고 직무 적정성에 대한 공감대를 형성한다.

미국의 기업은 직원 우선주의라기보다 기여도에 따른 평가와 보상의 성과주의를 따른다. 애플은 기본급의 30% 정도를 보너스로 지급하고, 스톡옵션을 통해 주식을 저가에 매입할 수 있는 기회를 수시로 제공하고 있다. 상위 20%의 직원이 보너스 60%를 지급받지만, 개인의 성공과 더불어 팀과 조직의 성공을 염두에 두도록 한다. 잡스의 자부심인 애플의 핵심 인재 톱 100명은 공헌도에 따라 결정되는데, 그 구성원은 매해 바뀐다. 가장 훌륭한 제품으로 세상을 변화시킨다는 자부심, 투명하고 객관적인 평가와 보상, 자신의 능력이 인정받는 조직문화가 애플을 존재하게 만들었다.

MS의 조직문화를 연구한 커트 아이켄월드(Kurt Eichenwald)는 상대평가적 '직원별 순위 프로그램'이 MS의 혁신성을 추락시켰다고 하였다. 이 프로그램은 직원을 1~5등급으로 나누고, 5등급 직원을 해고하는 인사제도이다. 팀원이 10명으로 이루어진 경우, 20%인 2명은 최고, 70%의 7명은 보통, 나머지 10%인 한 명은 최저의 평가를 받게 되어 있다. MS는 직원의 장점을 활용하고 참여도를 적극 장려하였지만, 조직원 간의 지나친 경쟁심리를 자극하여 조직의 관료적 경직성을 불러일으켰다. 젊은 리더에게 자율권을 위임하고 상대평가로 엘리트 직원을 상위 순위로 자리매김하였지만, 사업부 간의 긴장과 조직원 간의 경쟁으로 관리적 리더십의 한계에서 벗어나지 못한 것이다. 이후 2013년 MS의 순위평가제도가 폐지되었다. 월스트리트저널에 따르면 세계 500대 기업 중 30% 정도만 상대평가제도를 유지하고 있으며 치열한 등급관리제는 폐지되고 있다. 현재의 기업은 개인 성과보다는 팀 업적을 강조하며, 인재들의 협업을 도모하기 위한 체제에 대해 고민하고 있다.

 스티브 발머는 2013년 초 5년 만에 최대의 구조조정을 단행하고, '하나의 전략, 하나의 MS'라는 비전을 구상하였다. 먼저 윈도를 책임지던 줄리 라슨-그린(Julie Larson-Green) 엔지니어링 부문 총괄 부사장(CVP)에게 '엑스박스(X-Box)'와 '서피스' 등을 포함한 모든 하드웨어를 총괄하는 임무를 새롭게 부여하였다. 그리고 8개의 개별 사업부 조직을 제품 위주의 4개의 엔지니어링 중심으로 개편하였다. 제품 개발에서 마케팅 과정을 전체 그룹차원에서 관리하고, 전략, 리서치, 법무, 회계 등은 전문 그룹이 전담하도록 조직화하였다. 이는 기존 부서 간의 지나친 경쟁과 갈등을 해소하고 제품 개발에서 소프트웨어 개발까지의 과정을 통합하는 새로운 조직 구성이었다. 오늘날에는 MS를 비롯하여 현대에 많은 기업들이 환경적인 불필요한 장애 요인을 제거함으로써 조직문화 혁신을 시행 중이다.

스토리(story); 감성경영

 머릿속에 오랫동안 기억되는 강연이나 연설이 있는가? 마틴 루터 킹의 'I have a dream.', 잡스의 스탠포드 대학 졸업식 연설에서 그들은 논리적 사고보다는 자신의 바람을 진솔하게 풀어냈다. 유명강사의 경우 자신의 어린 시절부터 실패담을 솔직하게 이야기로 엮어내는 재주가 있다. 그들은 남들이 눈여겨보지 않는 주변의 사물과 현상을 감동적인 이야기로 만들어 낸다. 조직의 리더 역시 '스토리텔러'여야 한다. 우리들은 사람들의 이야기를 통해 영감을 받고, 그 감동을 오래 기억한다. 스펙보다 스토리텔링이라는 말이 나올 정도로 감성은 때론 논리와 이성보다 설득적이다.

어린 시절, 운동회 날이면 각각 복장을 달리한 후 청군과 백군으로 나뉘어 자신의 팀을 응원한 기억이 있을 것이다. 이때 각 팀의 의복과 응원가는 팀을 하나로 연결시켜 주는 도구들이었다. 그 안에는 우리들만이 아끼고 기억하고 싶어 하는 추억담이 남아 있다.

중학교 1학년 초에 담임선생님이 중간고사 성적이 90점 넘은 학생들을 시골에 있는 딸기밭에 데려간다고 약속하여 공부를 열심히 한 기억이 있다. 그리고 나를 비롯하여 몇몇 친구들을 실제 딸기밭에 데리고 가셨다. 아직도 수확 시기의 밭에 있는 딸기를 보면 그때 생각이 난다. 교복이 아닌 사복 입은 모습을 처음 본 반 친구들끼리 서로의 옷차림에 대해 품평회를 하고, 딸기밭에서 딸기를 잔뜩 따서 신문지에 싸 가지고 온 것, 친구들과 딸기 꼭지를 잡은 채 설탕에 찍어 먹으며 수다를 떤 사소한 기억들이 지금도 생생하다. 지금 생각해 보면, 선생님의 정성으로 가슴속에 자리 잡은 소중한 추억들이다.

조직도 마찬가지이다. 조직의 이야기는 조직원의 감성을 자극한다. 의복, 프로 스포츠팀, 건물과 편안한 느낌의 인테리어, 유머러스한 기업 분위기, 사내등산단합대회, 음악경연, 봉사활동, 이벤트 행사 및 사회공헌활동 등 모든 것이 하나의 스토리로써의 상징성을 가진다. 오늘날 많은 기업은 감성경영에 대한 필요성을 느끼고 여러 가지 사내외 이벤트를 하고 있다. 하지만 대부분 일회성 이벤트에 그치고 만다. 조직문화에서 중요한 것은 각종 이벤트성 행사가 아닌 고유한 스토리의 공유이다. 우리 조직만이 가지는 감성 스토리는 조직원을 하나로 묶는 역할을 한다.

현대카드의 정태영 사장은 스토리를 만들어 내는 CEO이다. 멘토가 되어 달라는 한 고등학생에게 보낸 장문의 답글은 SNS에서 퍼지기 시작하여 일간지에 그 스토리가 보도되기도 하였다. 자신의 학창시절, 전공 소견, 청춘들에게 전하고 싶은 당부와 메시지 등을 담은 진솔함으로 화제가 되었다.

"광고도 중요하지만, 기업에 대한 소비자의 인식을 형성하는 표현 요소 모두가 중요합니다. 예를 들어 블로그에 글을 올려 우리는 어떤 사람이고, 어떤 생각을 갖고 있으며, 어떤 문화를 추구하는지 이야기하는 것도 우리에 대한 인식을 만들어 가는 작업이죠. 우리가 벌이는 이벤트, 심지어 우리의 사옥까지도 기업의 표현수단입니다." 현대카드의 정태영 사장은 마케팅의 무게중심이 '광고'에서 '표현'으로 옮겨갔다고 강조한다(이지훈, 현대카드 이야기).

현대카드는 레이디가가, 에미넴과 같은 슈퍼스타의 내한공연을 기획하여 세간의 이목을 끌었다. 이뿐만 아니라 뉴욕현대미술관(MoMA)

과의 파트너십 체결을 통해서 한국인 인턴을 선발함으로써 한국의 미술 인재들이 세계로 진출하는 데 지원하고 있다. 소위 문화마케팅을 통해 현대카드의 고급스러운 이미지를 구축하려는 상징적 시도가 다양한 스토리로 이어지고 있는 것이다. 대표적인 것이 바로 현대카드의 'Make your rule' 광고 복싱편과 멘토편이다. 이 광고는 우리나라에서는 보기 드물게 한 편의 영화처럼 구성하여 "너 자신의 기준에 따르라", "나만의 생각과 나만의 방식대로 만들어 가는 인생"이라는 강력한 메시지를 전달하였다. 이러한 표현적 상징은 그대로 현대카드의 창의성과 도전을 중시하는 기업문화로 이어지고 있다.

미국에서도 자신의 직원을 아끼는 CEO로 화제가 된 인물이 있는데, 바로 콘티넨탈항공의 고든 베튠(Gordon Bethune) 회장이다. 어느 날 고든 베튠은 승객들이 탑승하는 동안 조종실에서 기장, 부기장과 대화를 나누고 있었는데, 최고위 상류층 인사 한 명이 더 좋은 일등석 좌석을 고집하면서 승무원에게 욕설을 퍼붓는 장면을 목격하였다. 베튠 회장은 승객에게 다가와 탑승권 요금을 전액 환불해 주고는 썩 내리라고 소리 지르며 내쫓아 버렸다. 그는 추후 자신의 책에서 "고객이 항상 옳다."라는 개념은 콘티넨탈항공에는 부적합하였다고 말하였다. 직원을 존중하고 아끼는 리더의 마음은 사기진작과 자긍심 고양에 최고의 선물이다.

내가 생각하는 조직에서의 유능한 리더란 변화와 혁신으로 전진하는 동시에 건강하고 따뜻한 조직문화를 만드는 사람이다. 고객뿐만 아니라 조직원을 귀히 여기며 함께 가는 공동체의식을 창출해 내야 한다. 그 귀하게 여기는 마음이 스토리를 만든다.

조직문화의 4요소인 비전과 가치, 시스템과 스토리를 자신만의 고유성으로 만들어 간 CEO가 있다. 바로 미국의 메리케이(Mary Kay) 화장품의 창업자 메리케이 애쉬(Marykay Ash)이다. 그녀는 판매업계에서 불리한 여성의 위치를 몸소 경험하였기에 45세의 나이에 전 재산 5,000달러를 투자하여 화장품 회사를 설립하였고 '여성들을 위한 꿈의 회사'를 비전으로 두었다.

그녀는 '첫째는 하나님, 둘째는 가정, 셋째는 직장생활'을 인생철학으로 하고, 남에게 대접받고 싶은 대로 먼저 남을 대접하라.(마태복음 7장 12절)"라는 골든 룰 경영(Golden Rule system of management)을 기반으로 남을 돕고 배려하는 존중의 가치철학으로 기업 문화를 이끌었다. 20세기의 최고의 여성창업자로 존경받는 메리케이 애쉬는 메리케이 화장품을 창업하여 50만 명 이상의 여성이 사업체를 갖도록 자극하고 동기부여하며 도움을 주었다.

그녀는 회사에 CEO실이라는 직함을 내걸지 않는 등 권위를 드러내지 않았으며, 신입사원 미팅에 참석하기 위해 대통령의 식사초대도 거절하였다는 일화로도 유명하다. 리더는 조직원의 본보기가 되어야 한다는 신념으로 '리더의 속도가 바로 조직원의 속도'라고 믿고 행동하였다. 메리케이 사는 매년 달라스에서 판매왕들에게 핑크색 캐딜락 승용차를 수여하는 행사를 열고 있다. 애쉬는 사람들은 누구나 인정받고 싶어 하는 욕구가 있으며, 자신들이 조직에서 중요한 사람임을 인식한다면 업무능력도 상승될 것이라고 믿었다. 인정과 칭찬의 상징인 핑크색 캐딜락은 메리케이 사원들에게 주는 최고의 명예이다.

우리나라의 메리케이 코리아는 판매왕에게 캐딜락 대신에 핑크색 벤츠를 수여하고 있다. 또한 여성 소비로 얻은 이익을 여성에게 되돌려 준다는 취지하에 2008년부터 전국 18곳의 핑크드림 도서관을 지속적으로 후원하고 있다. 이는 메리케이의 글로벌 사회공헌 캠페인 중 하나이다. 핑크드림 도서관은 핑크색 책장과 의자로 장식되어 어린이들에게 꿈을 심어 줄 수 있는 공간으로 꾸며져 있다. 이미 35개국의 지사에서 '아름다운 실천'이라는 모토로 사회공헌 활동을 펼치고 있으며 한국에서 고안한 도서관 후원 활동은 다른 나라에서도 지표로 삼을 만큼 긍정적인 평가를 받고 있다.

손익계산서(Profit & Loss)를 의미하는 P&L이 '사람과 사랑(People & Love)'이라고 명명한 애쉬는 평생을 인간을 향한 사랑과 존중, 용기와 배려, 격려와 인정, 경청과 칭찬으로 직원들의 행복을 위한 경영을 실천하였다. 그녀가 추구한 아름다운 핑크빛 스토리는 '핑크 리더십'이라는 이름으로 그녀의 사후에도 전 세계에 널리 전해지고 있다.

좋은 부모란 자식이 하고 싶은 대로 편하게 내버려 두는 부모가 아니다. 좋은 기업 역시 쉽고 편한 일터를 뜻하는 것이 아니다. 좋은 부모는 자식에게 꿈과 존재 가치를 일깨워 주며, 사회에서 지킬 규율과 법을 가정교육으로 훈계하면서도 자녀들을 사랑으로 돌본다. 좋은 기업문화는 비전, 가치, 체계적인 시스템, 고유한 스토리로 조직원들의 단합을 이끌어 내고, 이러한 조직의 리더는 조직원을 진심으로 대우한다.

위대한 위인 뒤에 훌륭한 부모가 존재하듯이, 좋은 조직문화를 갖추고 있는 조직 뒤에는 반드시 좋은 리더가 있기 마련이다. 그들은 조직의 존재 이유를 일깨워 주며, 조직의 계속성에 대한 신뢰와 경영철학을 존중하면서 목표를 향해 전진한다. 좋은 리더들이 잊지 않는 것은 조직원과의 소통철학이며, 그들 조직만의 가치와 스토리를 나누는 일이다. 이처럼 문화에는 혼과 정신, 규율과 감성이 담겨 있다.

조직문화의 성공적 리더들

페리클래스

미국의 철학자 몰티머 애들러(Mortimer Adler)는 아리스토텔레스의 '수사학'을 인용하면서 좋은 리더는 에토스, 파토스, 로고스를 갖추어야 하며, 에토스는 윤리적인 인격, 파토스는 마음이나 감각을 통한 감정적인 움직임을 야기하는 능력, 로고스는 논증을 제시하여 지적으로 사람들을 움직이는 힘이라고 하였다.

애들러는 뉴욕 타임스와의 인터뷰에서 고대 아테네의 정치가 페리클래스(Pericles)를 역사상 가장 위대한 리더로 뽑았는데, 그 이유는 무엇일까? 애들러는 항존주의(perennialism)를 추구한 학자로서 그는 항구적 진리를 가지고 있는 고전을 바탕으로 고전과의 대화를 통한 인간 지성의 계발을 추구하였다. 아리스토텔레스의 사상에 많은 영향을 받은 애들러의 관점에서 페리클래스는 에토스, 파토스, 로고스를 갖춘 자로 해석되었으며, 이 세 가지로 다른 국가와 구별짓는 아테네만의 문화적 변혁을 이루었다.

페리클래스는 개인과 조직 간의 균형이라는 이상을 추구하였던 아테네 황금시대의 주역으로서, 소위 '조직문화(그 당시는 국가문화)'라는 개념을 처음으로 시도하였다. 따라서 조직문화의 유래는 고대에 시작되었다고 해도 과언이 아니다. 애들러가 생각한 최고로 위대한 리더란 건강하고 행복한 국가문화를 만든 사람이었다.

페리클래스는 빼어난 용모에 훌륭한 인품을 지니고 귀족출신이면서도 개혁에 앞장서며 아테네 하층민의 정치적 위상을 도모하였다. 또한 관리자를 희망자 중에서 추첨으로 선출하는 등 민주주의의 씨앗을 뿌렸다. 그는 도편추방제를 당할 위험에 처해 공직에서 물러나야 하였을 때도 다른 정치인들처럼 쿠데타나 암살이라는 비윤리적 수단으로 자신의 권력을 지키려고 하지 않았으며, 오직 성난 군중 앞에서 고개를 숙이고 눈물로 자신의 무죄를 주장하였다.

외교상으로는 페르시아와 '카리아스의 화약'을 맺고, BC 446년 스파르타와 향후 30년간의 화약을 맺는 등 강국과는 평화를 유지하는 한편, 델로스동맹의 지배를 강화하였다. 그는 로고스적인 협상 능력과 웅변술을 겸비하였으며, 애들러의 말처럼 이성과 감성, 윤리철학을 지닌 고대 그리스 아테네 민주정치의 선구자였다. 기원전 431년, 페리클레스는 전몰자들을 추도하는 장례식 연설에서 절정에 달해 있었던 아테네의 민주주의를 아래와 같이 찬양하였다. 이 연설은 1863년 자유와 평등, 그리고 민주주의의 상징인 '국민의, 국민에 의한, 국민을 위한 정부'를 강조한 링컨의 게티스버그 연설을 연상시킨다.

"우리의 정치체제는 이웃나라의 관행과 전혀 다릅니다. 남의 것을 본뜬 것이 아니고, 오히려 남들이 우리의 체제를 본뜹니다. 몇몇 사람이 통치의 책임을 맡는 것이 아니라 골고루 나누어 맡으므로, 이를 데모크라티아(민주주의)라고 부릅니다. 개인끼리 다툼이 있으면 모두에게 평등한 법으로 해결하며, 출신을 따지지 않고 오직 능력에 따라 공직자를 선출합니다. 이 나라에 뭔가 기여를 할 수 있는 사람이라면, 아무리 가난하다고 해서 인생을 헛되이 살고 끝나는 일이 없습니다. (중략) 실로 우리는 전 헬라스(그리스)의 모범입니다."

내가 페리클래스를 '조직문화'의 창시자라고 여기는 이유는 조직이 공유해야 할 가치와 신념을 역설한 점이다. 현대의 조직이 유념하여야 할 점은 리더는 조직의 독특한 문화를 만들고 결정해야 한다는 점과 조직원들에게 그 독특한 차이를 이해하기 쉽게 효과적으로 전달해야 한다는 점이다(클레멘스, 서양고전에서 배우는 리더십).

페리클래스는 개인의 성공과 조직의 성공을 일치시키고자 하였으며, 개인의 자유를 존중하고 강제적이지 않았다. 그러한 자발적인 정신이 아테네 국력의 핵심이 되었으며, 아테네 시민으로서의 자부심을 고취시켰다. 그는 고대 그리스 시대에 보상과 처벌이라는 외재적인 동기부여보다는 자발적 선택과 자긍심, 재미라는 내재적 동기부여를 우선시하였다. 또한 페리클래스는 아테네의 문화적 특성을 시민의 성격적 특성을 찾는 데서 출발하였다. 아테네인들의 긍정적이고 개방적인 생활방식에서 모티브를 얻어 인간의 능력과 잠재력을 바탕으로 한 직업 선택의 자유를 강조하였다. 그가 추구한 국가적 가치는 법 앞의 평등, 능력에 의한 승진, 인간에 대한 존엄을 담고 있다.

"열심히 일한 당신 떠나라"라는 유명 광고 카피 문구처럼 페리클래스는 이미 그 당시 "열심히 일하고 열심히 놀자"라는 '편경영' 정신을 실천하고 있었다. 열심히 일한 후에 즐기는 다양한 국가적 행사를 비롯해서, 되도록이면 가족과 많은 시간을 보낼 것을 권장하였다. 페리클래스는 사우스웨스트 항공이 추구하는 인정(recognition), 보상(rewards), 재미(fun)가 조직의 성공에 핵심이 된다는 것을 이해하고 있었다. 그에게 국가 경영에서 가장 중요한 것은 기술이나 전략보다는 인간에 대한 이해와 공감이었다.

페리클래스는 인간의 자유와 평등, 인간존엄을 최고의 가치로 여기지만 아테네 시민들이 개인의 선(善)보다는 국가의 선을 우선으로 여기기를 원하였다. 그리고 강압이 아닌 자발적인 정신으로 협조하기를 바랐다. 그는 조직원을 존중하고, 사랑하며, 그들이 올바른 팔로워십으로 리더를 지원하고, 리더와 조직원 모두 조직 자체를 내 가족처럼 아끼는 문화를 만들고 싶어 하였다. 이러한 조직문화는 조직원의 내재적인 동기부여를 촉진시키며, 조직원으로서 자부심을 가지는 일이기 때문이다.

조직의 가치를 인식하고 자신이 해야 할 임무를 이해하며, 자신의 일이 조직에 얼마나 중요한지에 대한 자부심을 가질 때 조직은 성장하고 건강해진다. 모든 조직원이 같은 방향을 향해 나아갈 수 있도록 하나로 결속시킬 수 있는 리더는 위대한 리더임에 틀림없다.

유비

나관중의 소설 『삼국지』는 국가의 통일과 분열이라는 역사적인 사건보다 인물에 대한 매력, 즉 영웅호걸에 대한 흥망성쇠 속에서 그들이 그려내는 갈등과 교훈에 초점을 두고 있다. 당시 내려오는 정사와 이야기를 기초로 쓴 『삼국지』는 현재까지도 인재경영에 대한 영감을 주는 경영서적으로 꼽힌다.

『삼국지』의 조조, 유비, 손권의 세 영웅 중에서 누가 현대판 리더인가? 손권이 승계형 오너였다면, 조조와 유비는 창업형 CEO였다. 조조가 과업지향적이면서 전략적 행정가였다면 유비는 문무 지략면에서 개인의 역량은 떨어지지만, 인간중심적인 비전형 경영자라고 할 수 있다. 비전만으로 경영이 가능한 것은 아니지만, 지적 능력과 전략적 사고만으로는 위대한 지도자가 될 수 없다는 해석이기도 하다.

유비는 비전이라는 큰 그림을 제시하고, 천하통일의 대의를 위해 조직원이 해야 할 기여와 헌신의 중요성을 강조하였다. 유비는 이것이 모두 힘을 합쳐 달성 가능한 목표라고 생각하고, 이러한 대의를 위해 각각의 인재를 적재적소에 배치하였다. 또한 인재영입을 위한 노력에 헌신적이었고 한 번 믿은 인재는 신뢰하며 존중하고 역할을 위임하였다. 이와 같이 유비는 훌륭한 인재를 모아 그들이 최고가 될 수 있도록 조직문화를 제공할 줄 알았다.

유비, 관우, 장비 세 영웅의 도원결의나 제갈량을 얻기 위한 삼고초려에서 볼 수 있는 것처럼, 그는 인재경영을 중요시하였다. 그는 신하에 대한 신뢰와 애정을 보상이 아닌 진심으로 보여 주었다.

조조가 손수 자신이 지휘하고 경영하는 권위적 수직적인 권력형 리더였다면 유비는 자신의 신하에게 위임하는 민주형 리더의 모습을 보여 주고 있다. 현대에서 말하는 자율권(empower)을 주고 위임(delegate)할 줄 아는 보다 민주적이고 수평적 리더십을 보여 준 셈이다. 자신이 기획하고 직접 하기보다는 조직원의 역량에 맞추어 그들이 자신의 역량을 발휘하도록 고무시킨 리더십이다. 모든 전략적 결정은 공명과 법정의 뜻을 따르고 존중하였다. 이러한 용인술이 개성 강한 인재들을 각자의 위치에서 최고의 능력을 발휘할 수 있도록 한 것이다. 이 이야기는 오늘날 많은 기업의 창업주와 전문 경영인과의 관계, 위임과 권한에 대한 중요성을 일깨워 주는 대목이 아닐 수 없다.

한편 유비는 조조에 비해 전략적인 책략이 부족하고, 제도적인 변화와 혁신을 단행하지 못하였기 때문에 현대의 관점에서 보았을 때 무능하다고 표현되기도 한다. 하지만 권모술수보다는 원칙과 윤리를 바탕으로 대의에 따른 비전을 가지고 유능한 인재를 모으는 전략, 한 번 맺은 인연은 덕으로 다스리는 신뢰 경영, 인재들의 역량을 최대로 이끌어내는 통치수완을 발휘하여 조직원을 존중하는 신뢰경영자로 평가된다.

한비자는 "삼류 리더는 자기의 능력을 사용하고, 이류 리더는 남의 힘을 사용하고, 일류 리더는 남의 지혜를 사용한다."라고 하였다. 게이츠가 "21세기의 리더는 남에게 위임하는 자"라고 말한 것처럼, 유비는 남의 지혜를 소중히 여기고 위임할 줄 아는 현대형 리더였다.

세종대왕

우리나라에서 창의적이면서 민주적인 조직문화 창조를 구현한 인물을 꼽으라면 나는 단연 세종대왕이라고 말하고 싶다. 그는 조선이 중국과 다르다는 전제하에 조선만의 독특한 언어와 문화를 창조하였다. 페리클래스가 아테네를 스파르타와 차별화된 문화 창조에 헌신한 것처럼 세종대왕 역시 중국과 다른 조선만의 독립적이고 자주적인 문화 창달에 온 힘을 기울였다. 그 결과가 훈민정음 창제이다. 또한 그는 정치제도와 문물제도를 정리하여 행정체제를 갖추었고, 경제·국방·문화 등 다방면에 훌륭한 치적을 쌓아 수준 높은 민족문화의 창달과 조선 왕조의 기틀을 마련하였다. 이 모든 치적은 바로 그의 가치인 백성을 긍휼히 여기는 데에서 시작되었다.

세종대왕은 민주적이고 참여적인 리더십 유형을 보여 주고 있지만, 그중에서 으뜸은 위민, 애민 사상이다. 그의 문민정치는 훈민정음의 창제와 반포에서 여실히 엿볼 수 있다. 백성을 불쌍히 여긴 측은지심이 바로 세계에서 유일하게 글자를 창제한 인물과 날짜, 원리가 알려진 독특한 표음문자를 창조하게 된 원동력이었다. "태평성대란 백성이 하려고 하는 일을 원만하게 하는 세상"(세종 13년 6월 20일자 세종실록)이라는 문구는 세종대왕의 한없는 백성 사랑을 단편적으로 보여 주고 있다.

전 세계에서 오로지 한글과 알파벳만이 휴대전화에 문자판으로 존재한다. 중국어, 일본어, 아랍어, 타이어 모두 알파벳을 이용해서 자기네 나랏말을 발음대로 친 후 그 알파벳을 자기네 나랏말로 바꿔서 글자를 만든다. 천지인 자판을 사용하는 몇 백 년 후의 모바일 시대를 선도하게 만든 한글을 창제한 세종대왕은 가히 혁신적이며 미래지향적이었다.

"우리나라 말이 중국말과 달라, 한문 글자와는 서로 잘 통하지 아니하여 어리석은 백성은 말하고자 할 바가 있어도 제 뜻을 표현해 내지 못하는 사람이 많은지라. 내 이를 딱하게 여기어 새로 스물여덟 글자를 만드노니, 사람마다 쉬이 익혀서 날로 씀에 편하게 하고자 할 따름이다."

세종대왕은 혁신적 사고를 가지고 있었지만, 절차를 중요시하며 점진적인 변화와 발전을 도모하는 점진적 개혁을 취하였다. 그는 조직을 변화시키는 데 성급하지 않았고 기존의 전통을 존중하면서 서서히 실행해 나갔다. 조직의 미래를 위해 과거의 역사를 중요시 여겼으며, 단

절이 아닌 미래의 가능성을 위한 재정비 작업을 꾸준히 함으로써 혁신적인 변화를 추진하였다.

"무릇 잘된 정치를 하려면, 반드시 전대에 잘 다스려진 세상과 어지러운 세상의 역사에 남긴 자취를 보아야 할 것이다."(세종 23년 6월 28일).

존 스튜어트 밀(John Stuart Mill)은 『자유론』에서 국가가 개인의 자유와 권리를 지나치게 제한하는 것을 반대하였으며, 설득적인 토론을 통한 참여적인 조직 운영을 강조하였다. 세종대왕도 밀이 말한 것처럼 취임 후 신하들과 토론을 하는 일을 가장 우선시하였고, 신하들의 적극적인 국정 운영을 도모하였다. 놀라운 것은 1430년에 전국 17만 2,806명을 대상으로 여론조사를 한 후 17년간 토론하여 조선왕조의 세제개혁을 이루었다는 것이다.

세종대왕은 관리를 임명할 때도 혼자 처리하지 않았는데, 이것은 자신의 마음에 드는 인물보다는 그 일에 가장 적임자를 찾기 위해서였다고 한다. 또한 정적이건 불경한 신하건 마다하지 않았으며, 인재라고 여기는 사람일 경우 서얼, 무관, 관노 출신도 마다하지 않고 전폭적인 지지를 하였다.

"내가 인물을 잘 알지 못하니, 신하들과 의논하여 관리를 임용하고자 함이다."(세종 원년 8월 12일)(EBS 지식채널, 왕과의 인터뷰, 2010.10.04).

이와 같이 세종대왕은 자유와 평등, 인간존엄 사상을 가진 철학자였으며, 토론문화를 만들어 많은 반대와 저항 속에서도 묵묵히 자신이 원하는 세상을 만들어 나간 실천가이기도 하였다. 오늘날 우리나라에서 가장 존경 받는 인물로 지목되는 것도 이 때문일 것이다.

세종대왕이 동양사상에서 나오는 지도자의 덕목인 인(仁)과 의(義)를 중시한 덕치주의에 머물지 않고 서구적 리더십 전형인 비전과 실천, 헌신과 봉사를 앞세운 리더십을 추구하였다는 점은 그 당시 유교문화의 전통 속에서 보기 힘든 덕목이다. 세종대왕은 자신의 애민사상의 가치를 바탕으로 백성을 위한 정책을 펼쳤으며, 중화사상의 문화 속에 한글을 창제하고 반포하였다. 신분차별이 심한 조선사회에서 관노인 장영실을 등용하는 인사정책, 젊은 선비들과의 자유로운 토론 문화 조성 등 그 당시로는 가히 혁신적인 새로운 조직문화를 이룩한 위대한 인물이다.

조직이란 소통이 가능한 곳임에도 불구하고 때론 소통이 가장 원활하지 않은 곳이기도 하다. 세종대왕의 겸손과 인내, 관리들의 참여를 유도하는 지속적인 소통이 조선시대 토론 문화를 창출해 냈다. 세종대왕의 국가관은 백성의 눈물과 고통, 한자 사용의 불편함에 대한 측은지심에서 시작되었으니, 성공하는 조직의 리더는 인간에 대한 사랑, 즉 휴머니즘에서 시작된다고 해도 과언이 아니다.

국가경영자	비전	가치	스토리	시스템
페리클래스	민주정치	평등, 인간존엄	명연설	민주주의제도
유비	한실(漢室) 회복 천하통일	신뢰, 덕치	도원결의, 삼고초려	인사만사 (人事萬事)
세종대왕	민족문화창달	평등, 애민, 위민	한글 창제	관료, 조세, 재정, 형법

Question

- 현재의 조직에서 가장 부족한 또는 필요로 하는 조직문화 요소는 무엇인가?

- 팀이나 조직을 이끈 경우 어떠한 문화요소를 만든 것이 성공적이었는가?

- 조직의 비전과 가치가 문화로 자리 잡지 못하는 원인은 무엇인가?

Case study

이재원 씨는 직원이 800명인 사무용 의자 회사에 디자인 부서 부장에 선임되었다. 디자인 부서에는 모두 60명의 직원이 있으며, 6개의 작업 팀으로 이루어져 있다. 이 회사는 글로벌 기업으로 도약하기 위해 수출을 목표로 디자인 부서에 보다 많은 투자와 인재 양성에 치중하고 있다. 이재원 신임부장은 부서 내의 분위기를 조성하기 위해 근무시간 내의 부서모임을 조성하고 팀장과의 공식적인 모임을 규칙적으로 실시하였다. 그리고 한 달에 한 번 회식을 주관하고 있다.

- 비전, 가치, 시스템, 스토리에 해당되는 것은 무엇인가?

- 조직 요소에 부족한 점은 무엇이며, 어떠한 방법으로 보완되어야 하는지 그 방안을 제시해 보자.

- 이재원 부장이 창의적인 디자인 육성에 맞는 조직문화를 위해 앞으로 더 해야 할 일은 무엇인가?

Reflection

현재 조직의 리더로서 어떠한 조직문화 요소를 실행하고 있는지 작성해 보자.

비전 경영	가치 경영	시스템 경영	스토리 경영

- 조직문화를 혁신하기 위해 필요한 또는 폐지해야 할 제도와 시스템이 있는지 생각해 보자.

- 조직의 많은 사내외 행사가 상징적 스토리가 되지 못하고 이벤트성 행사로 끝나게 되는 원인을 생각해 보자.

3

수평적 조직문화는 존중에서 시작된다

보스는 가라고 말하지만, 리더는 가자고 말한다.
– 더글라스 맥아더

수평적 조직문화

　　강성욱 GE 코리아 사장은 21세기에 새롭게 요구되는 리더십으로 다음의 세 가지를 제안하였다. 첫째는 본질을 꿰뚫어 보는 '다차원적 사고의 리더십,' 둘째는 생태계의 흐름을 예측해 변화를 선도해 나가는 '변화 추구 리더십', 셋째는 이해관계자와 구성원의 역량을 결집시켜 신속한 의사결정이 가능한 '포용과 결단의 리더십'이다. 이러한 리더십을 기르기 위해서는 기업환경이 보다 수평적인 조직구조로 변화되어야 하며, 소통의 능력을 배양하고, 전통적 경영관리 역량을 넘어 높은 전문성을 함양해야 한다고 하였다. 나 역시 이러한 새로운 리더십의 필요성에 대해 동의한다. 보다 다차원적이고 창의적인 전문적 인재, 소통과 예지력, 통찰력과 협력을 통한 올바른 의사결정 능력이 어느 때보다 강조되고 있다.

우리나라 대학생들은 기존 세대에 비해 창의적이며 어느 나라보다도 기술력이 높다. 이 점은 우리나라의 미래가 밝다고 생각될 정도로 고무적인 일이다. 하지만 젊은이들의 창의성은 안에 숨겨져 있고, 본인들조차 잘 알지 못한다. 기업이 보다 수평적인 조직으로 변화된다면 우리의 젊은이들은 그동안 획일적인 교육에 억눌려 있던 창의력과 기술력을 쏟아낼 것이라고 생각한다.

조지 워싱톤대학의 교수이자 컨설턴트인 마이클 마쿼트(Michael Marquat)는 특히 조직문화의 중요성을 강조하였다. 그는 『질문 리더십 (Leading with Questions)』에서 질문과 코칭의 중요성을 역설하였다. 과거의 카리스마적인 리더가 조직원들에게 물고기를 잡아 주었다면, 21세기 리더는 역동적인 시대를 살아 나가기 위해 스스로 물고기를 잡고 싶도록 만들어야 한다는 것이다.

실제로 조직의 리더는 단정적인 답변을 하는 경향이 있다. 마지막 결정은 리더가 해야 할 임무라고 믿기 때문이다. 마쿼트 교수의 '질문하는 문화'에서는 조직의 학습능력, 창의적인 문제해결과 의사결정을 촉진시킨다고 보았다. 리더의 질문하는 환경 속에서 자율성과 자신감이 생기고, 이것이 개인의 성장과 더불어 조직의 발전으로 이어지는 것이다.

추궁적이고 비판적 질문이 아닌 연관적이며 생산적인 질문, 즉 깊은 사고를 요구하는 질문은 자연스럽게 조직의 학습문화에도 도움이 된다. "왜 이 일이 계획보다 많이 늦어지는가?"에 대한 질문보다 "이 일이 늦어지고 있는 원인은 무엇인가?" 또는 " 이 일에 어떠한 문제가 있는가?", "내가 도움이 될 일이 있는가?"와 같은 열린 질문이 리더와 조직원의 원활하고 건강한 상호관계를 발전시킴과 동시에 과학적 사유를 촉진시킨다.

나는 초등학교 때 몸이 아파 방학을 제대로 보내지 못한 적이 있었는데 개학 후 담임선생님께서 처음 한 질문이 "모두들 방학 잘 보냈지요?"라는 것이었다. "네."라고 대답하는 친구들 사이에서 혼자 물끄러미 칠판만 바라보고 앉아 있었던 기억이 있다. 단순한 예지만, 리더는 단지 "네.","아니오."를 수반하는 닫힌 질문보다는 "어떠한가?"와 같은 열린 질문에 익숙해져야 한다.

미국에 유학할 당시 자주 접하였던 글이 있다. "언제나 자유롭게 주저하지 말고 질문하라."라는 것이다. 서양권 사회는 각계의 모든 조직과 기관에서 실제로 청자가 화자에게 질문하는 것이 매우 자연스럽고 때로는 거침이 없다. 미국의 학회에 가면 논문 발표 후 질문이 너무 많고, 한국 학회에 가면 반대로 질문이 거의 없다. 마쿼트 교수는 리더가 생산적인 질문을 해야 한다고 하였는데, 이에 앞서 우리나라에서는 조직원들이 리더에게 자유롭게 질문하고 건의하는 문화부터 조성되어야 한다.

대학에서 학생들을 가르치면서 내가 가장 초점을 두는 부분은 자유롭게 질문하고 토론하는 문화를 형성하는 일이다. 그리고 수업을 재미있는 놀이라고 여겨 주었으면 좋겠다는 것이다. 아직까지도 고등교육기관인 대학에서도 자신의 의견을 자유롭게 표현하고 의견을 주장하는 데 눈치를 보는 교실문화가 남아 있는데, 학문 탐구에 반드시 경직되고 엄숙한 교실 분위기일 필요는 없다는 것이 내 생각이다.

요즘 수평적인 조직문화라는 표현이 자주 쓰이고 있는데, 여기에서 수평은 동등의 동의어가 아니다. 수평의 개념은 명령과 복종의 상하관계에서 벗어나 동료의식을 바탕으로 도움을 주고받는 협력적 파트너십이다. 우리나라와 같이 관료적 성향과 연공서열제에 익숙한 조직에서 수평적인 조직문화가 가능하기 위해서는 리더뿐만 아니라 팔로워의 자세와 태도 역시 중요하다. 리더의 배려 못지않게 조직원의 올바른 팔로워십, 상호 간의 인격적 존중이 전제되었을 때에 비로소 수평적 조직문화가 이루어질 수 있다.

젊은 세대들은 수평적인 조직문화에 대한 요구가 많다. 하지만 대다수의 우리나라 젊은이들과 직장인들은 연공서열이 강한 문화에서 어떻게 평등할 수 있겠느냐며 회의적이다. 수평적 조직문화를 만들기 위해 필요한 것은, 첫 번째 서로의 역할이 다르다는 것을 인정하는 문화이다. 직업에는 귀천이 없으며, 지위란 다른 역할이며, 리더와 팔로워모든 역할에는 어려움이 있다는 것을 공감해야 한다.

두 번째는 세대 간의 존중과 서로 간의 예우이다. 각 세대의 장점을 충분히 인정하고 서로의 장점을 배우려는 구조 안에서 상호 신뢰가 구축된다. 서로의 개성과 인격을 바탕으로 할 때 조직의 성장, 시너지 있는 화합이 이루어진다.

세 번째는 자유로운 발언권을 가지고 거리낌 없이 소통할 수 있는 분위기이다. 물론 불손한 태도를 말하는 것이 아니다. 반대되는 의견도 비난이 아닌 다른 의견으로 받아들이는 자세가 중요하다. 업무적인 측면에 있어서는 조직원들끼리 자유로운 의사 교환과 의견 전달을 보장해야 한다. 우리나라에서는 세대 간의 간극이 있지만, 이해를 바탕으로 의견을 나누고 토론하는 문화를 만들어야 한다.

우리나라 젊은이들은 자신들에게 창의성이 있는지조차도 잘 모르는 경우가 많다. 그들은 수평적이고 친화적인 문화 안에서만 자신들의 숨겨진 창의적 사고를 조심스럽게 표현한다. 창의적인 인재를 원하는 조직이라면, 이를 잘 끌어낼 수 있어야 한다.

호칭문화

외국인들이 내게 관심있게 물어보는 몇 가지 질문이 있다. 그 중의 하나가 바로 한국인의 호칭문화이다. 음식을 주문할 때 '언니', '이모'라고 부르는 한국인의 호칭에 대해서 의아해 하였다. 대학시절

남녀공학에 다니던 친구들은 선배 남자들을 부를 때 '형'이라는 호칭을 많이 쓰며, 남편을 부를 때도 '오빠'라고 호칭하는 사람들이 많다. 백화점이나 쇼핑 센터에서 매장 점원이 '어머니'라고 호칭하였다며 이제 자신은 늙었다고 상심해 하던 친구도 있었다.

대학생들 역시 팀 활동을 하기 전에 가장 먼저 하는 것이 바로 나이를 밝히는 일이다. 오빠, 언니 또는 선배님으로 자신들의 서열을 정한다. 아무리 4학년이라도 군대 후 복학한 2학년에게는 오빠라고 부른다. 새로운 집단이 생기면, 나이를 공개한 후 호칭을 결정하는 것이 일반적이다. 나이든 어른들이 처음 본 젊은이들에게 반말을 하거나 나이 어린 서비스 직원에게 함부로 대하는 경우도 흔히 볼 수 있다. 지하철과 같은 대중교통 내에서 벌어지는 노소 간 갈등의 발단도 대개 어른들이 젊은이들을 야단치는 데서 시작되며, 이것은 십중팔구 반말 사용에 대한 다툼으로 발전한다. 우리나라에서 나이가 든다는 것은 업적과 상관없는 무조건적인 권력이다.

우리나라 중년 남자의 실직과 퇴직은 계급의 박탈을 의미하고, 자아의 상실로 발전한다. 한 번 장관을 지낸 분은 영원히 장관님으로 불리기를 원하고, 작은 가게의 상점주는 사장님으로, 택시 기사는 기사님으로 불리기를 원한다. 직업이 무엇인지 모르는 사람들은 선생님이라는 호칭으로 통한다. 내가 듣는 호칭도 교수님, 선생님, 박사님, 사모님, 이사님, 집사님, 자매님, 고객님 등 여러 가지이다.

이집트에서는 진짜 이름과 가짜 이름이 있고, 진짜 이름은 죽을 때까지 비밀이라고 한다. 몽고의 경우도 자신의 이름을 은폐하기 위해서 '몽'이라는 글자를 집어넣는다고 한다. 우리나라도 실명을 부르지 않게 하기 위해 '아명'과 '자' 그리고 불특정수의 '호'가 있었다. 과거의 이름 기피는 이름을 사람의 생명의 일부로 여겨 액으로부터 노출하지 않기 위한 일종의 보호 차원의 가명 현상이었다.

유교적 전통인지, 장수를 기원하는 문화의 영향인지 모르지만, 우리나라에서는 자연스럽게 나이와 직함으로 서열을 정하는 관료적 권위주의적 문화가 형성되어 있다. 예를 들면 우리나라에서 장관(長官)의 '장'은 우두머리 장을 의미하는데, 미국과 영국의 장관을 뜻하는 'minister'와 'secretary'의 어원은 하인, 종, 비서를 의미하는 봉사직을 나타내고 있다. 이와 같이 우리나라에서는 반장, 과장, 부장, 사장 등 모두 우두머리 '장'자를 쓰고 있으며 남보다 우월하다는 차별화된 권력을 나타낸다. 이는 사회학에서 말하는 '계급주의', '능력주의'를 뜻하며, 특정한 직업과 직장에서의 지위는 다른 사람과 다르다는 명예와 위신을 대표한다. 지위구조체계와 상관없는 경우에는 언니, 누나, 어머니 등 가족체계의 호칭이 빈번히 사용되고 있다.

나는 새로운 집단에 가면, 눈치를 보는 경향이 있다. 명함을 받으면 그 직함에 맞게 호칭하면 되지만, 명함 교환이 이루어지지 않는 경우, 사람들이 어떤 존칭을 사용하는지 먼저 탐색하게 된다. 미국 유학 시절 부러웠던 점 중의 하나는 간편한 호칭문화이다. 공식적인 행사에서는 존칭(Mr. Ms. Doctor)이 쓰이지만 대부분의 일상관계에서는 이름을 부른다. 처음에는 익숙하지 않았지만, 이름을 부르는 것은 친근하게 만드는 역할을 하고, 개인적인 사생활과 유머가 통하는 사이로 발전하게 한다.

우리나라의 호칭을 통한 위계서열 문화의 병폐를 빠르게 고쳐서 성공한 사람은 바로 월드컵 4강 진출의 히딩크 감독이다. 선후배 간의 권위 장벽이 시합에도 영향을 미친다고 생각한 히딩크 감독은 식사 테이블과 방 배정에서도 선후배 구분을 짓지 않았다. 선후배 간의 거리를 없애기 위해 존칭을 쓰지 말라는 히딩크 감독의 지시가 떨어지자 선수들 사이에 어색한 침묵이 흘렀다고 한다. 그러자 "명보, 밥 먹자."라며 김남일 선수가 정적을 깼다고 전해진다. 스포츠계는 선후배 간의 위계질서가 강한 조직이다. 히딩크 감독은 선수 간의 의견교환과 팀 분위기 개선을 위해 호칭문화를 없앴고, 이것이 4강 성공의 직접적 요인이라고 말할 수는 없지만, 우리나라의 수직적 문화에서 수평적 문화로 전환시킨 대표적인 사례로 남는다.

요즘에는 수평적인 조직문화를 위해 직급 대신에 '님', '매니저', 영어이름 등의 호칭을 사용하는 기업이 늘고 있다. CJ는 자유로운 기업문화를 선호하는 학생들에게 인기 있는 기업으로, 상사와 부하직원 상관없이 서로를 '님'으로 부르는 호칭문화가 있다고 한다. 이는 기업의 이미지 개선에 도움을 주고, 젊은이들의 취업 선호도 순위를 높이는 역할을 하고 있다.

SK는 공통 호칭으로 '매니저'를 사용한다. 이것은 회사 규모가 성장하면서 인사 적체가 발생하여 상위 직급 인원이 증가한 것의 해결책으로 실시한 것이다. 이것은 직급이 올라갈수록 현업에서 손을 놓는 것이 일반적인 국내의 기업 문화를 지양하고, 관료적 보수성을 탈피하는 문화를 지향하는 데도 효과적이다. SK 관계자는 "직급이 올라가도 현장에서 열심히 뛰라는 뜻"이라며 "호칭이 모두 같아 동기들보다 승진이 늦은 경우에도 표시가 안 나는 장점이 있다."라고 귀띔하였다. 포스코, 한화, 롯데 등 일부 대기업들도 직원 호칭을 '매니저'로 일원화하여 호칭의 간소화를 실행하고 있다.

다국적기업처럼 직급, 직책, 존칭을 모두 떼고 영어 이름만 쓰는 기업도 있다. 벤처기업 카카오는 부서나 팀별로 나누어져 있지 않고 상황에 맞게 프로젝트별 TF를 구성하여 일을 한다. 프로젝트에 따라 팀장이 팀원이 되기도 하기 때문에 일정한 직급이 불필요하다. 와인을 좋아하는 이석우 대표는 'Vino', 이제범 공동대표는 한글 이름의 이니셜을 딴 'JB', 창업자 김범수 의장은 'Brian'이라는 영어 이름을 쓴다. 고유한 한글을 두고 영어를 사용하는 상황이 아이러니지만, 부르기에 간편한 데다 자유롭고 수평적인 문화를 조성하기 용이하여 효과적이다. 이와 같이 기업마다 자유로운 대화와 토론으로 정서적 친밀감과 아이디어를 공유하는 소통 문화로 전환하기 위해 다양한 노력을 전개 중이다.

모든 직원들이 연공서열과 직함에 상관없이 존댓말 쓰기 문화를 실천하는 기업이 있다. 타라의 강경중 회장은 시간에 쫓겨 작업하면서 반말과 속어로 점철된 인쇄공장의 병폐를 개선하기 위해 회장은 물론 전 직원이 존댓말을 사용하여 상대방을 존중하고 배려하는 문화를 만들었다. 회의나 결재, 회식자리에서도 존댓말이 표준어가 되도록 일반화시켰다.

나 역시 대학생들에게 존칭을 쓰고 있다. 존칭어 사용은 학생들을 한 명의 인격체로 대우하는 존중의 의미도 있지만, 교수라는 지위를 함부로 사용하지 못하게 하는 거름망 역할을 하기도 한다. 일반 가정에서도 자식들은 부모를 존중하고, 부모도 자식을 존중하여 자식의 말을 경청하고 권위를 내세워 함부로 야단치지 않아야 한다. 그래야만 친구처럼 자유로운 대화와 비판적인 토론이 가능한 가정문화를 이룰 수 있다.

KT는 2010년 폐지하였던 '직급제'를 부활시켰다. 이는 대규모 명예퇴직으로 침체된 사내 분위기를 쇄신하기 위해서이다. 그동안 직급제 폐지가 수평적 기업문화의 확산으로 이어지기보다 직원 사기 저하, 부서별 리더십 확보의 어려움으로 지적되어 왔다. 우리나라 기업에서는 직급에 따른 책임 소재가 분명한 체제이기 때문에 통솔의 곤란으로 이어질 수 있다. 서구식으로 호칭을 바꾸지 않으면 수평적 조직문화 형성은 힘든 일일까?

수평적 조직문화에서 가장 중요한 것은 상대에 대한 예우이다. 일방적이기보다 교호적인 관계를 유지하고, 단독적이기보다 참여적인 문화를 만드는 일이 우선적이다. 그러기 위해 리더는 권위라는 옷을 내려놓아야 하고, 팔로워는 수동성이라는 옷을 벗어야 한다. 똑같이 매니저라고 불리는 기업문화 속에서도 서로의 업무와 역할이 다름을 인정해야 한다.

수평적 관계를 위해 리더만 노력해서 될 문제는 아니다. 팔로워 역시 업무에 대한 자발적 참여와 적극적 책임의식이 동반되어야 한다. 물론 그러한 환경적 분위기를 만들어 주는 일은 리더의 몫이다. 무조건적으로 서구 문화를 따르기보다 우리 실정에 맞는 조직문화에 대한 고민이 필요하다.

Question

- 현재의 조직에서 수평적인 조직문화를 가로막는 장애는 무엇인가?
- 호칭문화가 수평적인 조직문화 형성에 도움이 되고 있는가?
- 조직 안에서 토론이 가능한 온·오프라인 공간이 있는가?
- 리더로서 조직원에게 적절한 피드백을 주고 있는가?

Activity

수평적인 조직문화 case study 사례에 대해 이야기해 보자.

Reflection

우리나라의 기업구조에서 수평적 기업 문화를 형성하기 위해 필요한 방안과 시스템이 무엇인지 생각해 보자.

4

세대 간의 다름을 인정하고 차세대 리더를 육성한다

진정한 리더란 자신을 희생할 줄 알고 뒤로 물러서서
다른 사람을 리더로 세울 줄 아는 그런 사람이다.
– 마이클 조던

세대 간의 조화

베이비붐 세대와 X세대

현재 기업의 고위 임원급은 대부분 베이비붐(미국: 1946~1964
년, 한국: 1955~1963년) 세대이다. 이들은 전쟁 후 태어난 세대로, 대부분
부모들의 가난을 보고 자랐다. 이 때문에 그들은 경제적으로 성공하기
위해 인내와 절제로 부를 축적해 나갔다. 그들은 대부분 가족을 위해

희생하였으며, 자녀의 교육과 성공에 헌신적이다. 그들은 소위 논리와 이성적 사고를 요구하는 관리자 교육을 받아 왔으며, 위계질서와 권위로 무장되어 있다. 따라서 그들은 자신만의 성공론과 방법론에 의해 자기자신을 개발시켜 부와 명예를 취득하였다. 믿을 사람은 부모와 자기 자신이며, 어떻게 하면 '나' 자신이 더 많은 지식과 기술, 부의 독점을 유지해 나갈 것인가의 사고에 익숙하다.

X세대란 용어는 1991년 더글러스 쿠플랜드(Douglas Coupland)의 장편소설 『Generation X』에서 유래되었다. 1965년에서 1978년 사이에 태어난 세대로, 베이비부머와 Y세대의 중간에 낀 세대이다. 최근 서울 신촌 대학가의 한 하숙집을 배경으로 인기를 끈 "응답하라 1994"라는 드라마는 1970년대 출생, 90학번 세대의 이야기를 다루고 있다. 바로 X세대의 이야기이다. 이들은 기성세대와는 확연히 구분되는 탈권위주의적이며 개성이 뚜렷한 특징이 있다. 이들은 아날로그적인 놀이와 디지털 게임을 즐긴 세대로 양쪽 세대의 특징 모두를 가지고 있어 가교 역할을 한다. 따라서 X세대는 베이비부머의 상급자, Y세대의 신입사원들과 더불어 조화로운 조직문화를 형성하는 데 힘써야 하는 세대이다.

버릇없는 Y세대

많은 학자들은 1979부터 1994년 사이에 태어난 디지털 문명 세대를 Y세대로 규정하고 있다. 인류 역사상 가장 똑똑한 세대, 풍요

속의 결핍 세대, 소비의 세대, 글로벌 세대, 밀레니얼(millennial) 세대, 에코붐(echo boom) 세대, 넷(net; network) 세대라고 불리는 현재의 젊은이들이다. 이들은 풍요로운 환경에서 자라 유행에 민감하고 쇼핑을 좋아하며, 어려서부터 컴퓨터와 친숙하고 최신 첨단 IT 기술이 생활화되어 있다. 그들에게 가장 중요한 것은 나의 삶, 내 시간, 내 마음대로 하기이다. Y세대라는 용어 자체도 "왜 내가 해야 되는가?"의 'why'에서 유래되었다고 한다.

이들은 기껏해야 한두 명의 형제자매가 있는 가정에서 자라서 X세대보다 자신의 목소리를 내고자 하는 욕구가 강하며, 참여에 대한 욕망, 소속감 못지않게 독립의식이 강하다. 정보화 시대에 태어나서 지식의 독점보다는 지식의 공유가 익숙하기 때문에 권위와 위계질서에 반발적이다. 가정에서도 마찬가지이다. 명령과 꾸짖음에는 그만한 이유가 있어야 수긍하고 따른다. 이들에게 조직에서의 무조건적인 권위는 통용되지 않는다.

Y세대는 컴퓨터게임을 하고 자란 세대이다. 자신이 좋아하는 게임상의 가상세계에서는 자기 자신이 주인이자 때론 영웅이다. 기성세대가 다른 사람이 두는 바둑과 장기를 지켜보고 훈수를 해본 경험이 있다면, Y세대는 가상현실 속에서 자신이 나아갈 방향을 혼자 설정하고 계획하여 실행한다. 기성세대의 입장에서 이들을 보았을 때 버릇없어 보이는 이유도 그들의 자기중심적인 강한 주관 때문이다.

대기업을 다니다가 글로벌 회사로 옮긴 젊은 친구가 있었다. 그 친구가 이직한 이유는 아무런 결정력과 책임감 없이 상사가 시키는 일을 무조건 하는 부속품과도 같은 지금의 상태보다는 일이 많아도 자신이 결정하고 결과물에 책임을 지는 존재감 있는 사원이 되고 싶었기 때문이다. 그들은 자신이 하고 싶은 일, 자기 자신을 즐겁게 해 주는 일에 관심을 갖고 일을 하는 세대이다. 그러나 기성세대는 대기업을 다니다가 작은 회사로 옮기는 것 자체를 탐탁지 않게 생각한다.

베이비붐 세대는 Y세대가 다른 행성에서 왔다는 것을 인정해야 한다. 마치 '화성에서 온 남자, 금성에서 온 여자'처럼 세기적 패러다임의 변화 속에 태어난 Y세대는 자신의 주관이 분명하며, 서구적 마인드가 자리 잡고 있고 자신이 하고 싶은 일에 대한 충동이 강하다는 사실을 받아들여야 한다. 베이비붐 세대들은 세대 간 격차를 인정한 후, 젊은 Y세대의 창의적 에너지와 열정, 테크놀로지 기반의 정보기술과 디지털 사고를 조직에 유익하게 활용되도록 흡수해야 한다. 기존의 수직적 조직 구조에서는 그들이 가지고 있는 끼와 역량을 제대로 발휘할 수 없다. 입사 1년도 안 되어서 퇴직하는 신입사원이 30%에 달한다는 기사가 있었다. 이것이 과연 신입사원들만의 문제인지 한 번 짚고 넘어가야 할 것이다.

산만하지만 집중과 선택이 가능한 세대

베이비붐 세대가 결핍에서 시작하였다면 Y세대는 출생 당시

부터 풍요에서 출발하였고 각종 테크놀로지와 문화적 향유를 당연하게 누린다. 기성세대가 선형적 사고를 한다면 Y세대는 한 번에 여러 정보를 처리하는 병렬적 사고에 익숙하다. 소위 Net 세대라고도 불리는 디지털 Y세대 젊은이들은 기성세대보다 열린 사고를 가지고 있으며 동시에 멀티태스킹이 가능하고 테크놀로지에 익숙한 장점을 가지고 있다. 과제를 하면서 음악을 듣고, 동시에 여러 업무를 해결하는 그들은 개성 있고 독창적이며, 깊이보다는 역동적 학습에 익숙하다.

초등학교 시절 남동생과 함께 아버지가 운영하셨던 통조림 공장에 간 적이 있었는데, 당시 모든 것이 기계화, 자동화되어 있었고, 사람들의 움직임은 극도로 정적이었다. 그들이 하는 일은 움직이는 동선도 짧고 간단해 보였지만 세밀한 공동체 작업이어서 각자의 할당량을 채워야 하는 업무 체제였다. 이들은 실수를 하지 않기 위해 일사분란하게 움직였다. 이와 같이 베이비부머들은 획일적이고 명령적이며 일사분란함에 익숙한 세대이다.

혹시 벌꿀 통을 본 적이 있는가? 시끄럽고 분주하며 혼란스러워 보이지만 각각의 벌들은 자신들의 임무와 역할을 수행하고 있는 중이다. 한 개의 벌집에는 수만 마리의 벌이 있는데, 여왕벌, 수벌, 먹이찾기벌, 육아벌이 각자의 역할을 책임감 있게 담당하고 있다.

지식채널에서 방영된 "그들의 댄스"는 꿀벌의 소통에 대해 설명해주고 있다. 한 정찰벌이 우측으로 40도 기울인 후 30초 동안 엉덩이춤을 추면 이는 태양 우측 40도 방향 30킬로미터 떨어진 위치에 보금자리를 발견하였다는 뜻이다. 각 정찰벌이 알아낸 정보를 가지고 어느 지역이 가장 적합한 후보지인지를 겨루기 위한 마지막 경합을 하게 된다. 한 곳의 완벽한 후보지를 위해 마지막 경합자는 자진 사퇴를 결정하고 만장일치로 가장 안전한 위치의 보금자리를 선정한다. "그들은 거의 언제나 올바른 선택을 한다." 생물학자인 토마스 D. 실리(Thomas D. Seeley)의 말이다.

꿀벌이 일하는 모습은 Y세대와 흡사하다. 산만한 가운데 질서가 있으며, 직급과 권위보다는 업무와 책임으로 역할을 규정짓는다. 자신이 맡은 일을 하는 것에서 끝나기보다 소통을 통해 의사결정을 한다. 경쟁보다는 최선의 선택을 중요시하고, 권위가 아닌 효율과 효과성에 승복할 줄 안다.

이러한 꿀벌의 생태구조를 반영하는 경영구조 속에서 Y세대는 조직에 충성하고 자신의 역량을 발휘한다. 규율과 규제 속의 자유로움, 보다 자유로운 의견수렴과 건의가 가능한 소통체제, 경쟁이 아닌 협력이 가능한 기업환경 속에서 잠재된 혁신적 사고와 창의력이 살아난다. 그들은 억지로 하는 것에 길들여져 있지 않다.

미국 미네소타대학 공동연구팀은 미국 대학생들을 상대로 정리된 회의실과 정리되지 않은 회의실에서 창의력을 실험하였다. 탁구공의 쓰임새를 10가지 정도 제시하는 방법으로 측정하였는데, 연구 결과 정리되지 않는 환경에서 새로운 것을 보다 더 잘 수용하고 창의적인 성향을 나타냈다. 질서는 전통을 보전하지만, 약간의 무질서는 전통에서 벗어나 남다른 사고를 유도해 낸다는 사실이다. 산만함 가운데 질서, 선택과 집중의 멀티태스킹이 가능한 세대가 바로 Y세대이다.

서로 다른 경제관념

"Y세대는 그 어느 세대보다 지갑을 쉽게 연다. 소비하려고 돈을 모으기 때문이다."(브래드 스졸로제, 리퀴드 리더십).

커다란 바구니에 한아름의 사과가 담겨 있다. 베이비부머들은 그중에서 가장 많이 썩은 사과부터 먹기 시작해서 가장 탐스럽게 익은 사과의 마지막 정복을 기대하며 인생을 살아간다. 최후의 그 날을 위해 인내하고 절약하며 훗날을 기약하는 데 익숙하다. 반면에 Y세대는 가장 좋은 사과부터 먹기 시작해서 나중에 남은 사과는 버리는 세대이다. 월급이 많은 숙식 가능한 공장보다는 폼 나는 패스트푸드 레스토랑에서 일하는 것을 선호한다. 자신이 하고 싶은 일에 대한 욕구가 강하고 지금 이 순간의 행복이 중요한 것이다.

유명 브랜드의 커피를 하루에 몇 잔씩 마시고, 휴대전화를 1~2년에 한 번씩 바꾸고, 집 장만을 위해 평생 고생하는 대신 좋은 차를 몰고, 휴가 때마다 국내는 물론 외국으로 여행을 가고, 자녀에게 최고급 장난감을 사 주는 낭비 세대이다. 베이비붐 세대 입장에서는 이런 Y세대가 못마땅할 수밖에 없다. 경제관념에 무지한 어리석은 세대로 생각하여 걱정이 앞서기 때문이다. 그러나 Y세대는 돈을 모아 한 가지씩 장만

해 본 부모 세대를 이해하지 못한다. 제품의 홍수 속에서 자라난 젊은 세대는 물건 구매가 은행 저축보다 더 친숙하다.

어느 한 기업가가 대학생들을 대상으로 한 강연에서 가족과의 시간을 포기하고 휴가를 반납해 가면서까지 노력한 결과 현재 CEO의 꿈을 이루었다고 자신의 성공담에 대해 이야기하였다. 하지만 젊은이들의 반응은 그리 환영적이지 않았다. 그들은 가족과 자신의 행복을 담보로 성공하고 싶지 않기 때문이다. 그들에게 중요한 것은 야망이 아니라 웰빙이다. 부모와 자식의 성공을 위해 태어난 것이 아니라, 자기 자신이 행복하기 위해 태어난 것이다.

구세대보다 참을성이 없는 젊은 세대에게 현대의 취업난은 고통일 수밖에 없다. 정부는 비정규직의 정규직화, 퇴직 연령의 상향 조정, 리턴십 제도의 활성화에 적극적이다. 하지만 이러한 제도는 청년실업을 가중시킬 소지가 높다는 것을 인정해야 한다. 기성세대보다 환경적으로 참을성이 떨어지고, 주관이 강하며 지갑을 열기 위해 태어난 Y세대의 미래에 대해 기성세대는 진지하게 고민해 보아야 한다.

글로벌 Y세대

최근 딜로이트(Deloitte) 컨설팅의 보고서에서는 Y세대를 '험난한 글로벌 경제의 주역이 될 잠재력 높은 숨은 발전소'라고 표현하였다. 우리나라의 Y세대들은 대부분 베이비부머를 부모로 둔 에코부머

(Echo Boomer) 세대로 볼 수 있다. "나는 고생하더라도 내 자식만은 최고로 키우겠다."라는 과도한 관심을 받고 자란 이들로, 부모의 높은 교육열로 인해 지식과 어학 및 첨단 기술 활용 능력이 그 어느 세대보다 뛰어나다. 이들은 다양한 가치와 환경에 노출되어 왔기 때문에 강한 개성을 지니고 있다. 이러한 특성이 창의적인 아이디어로 이어진다면, 향후 직장 내 혁신과 변화를 주도할 가능성이 크다."(LG경제연구원 '직장 내 Y세대에 대한 오해와 Y세대 리더십).

Y세대는 X세대보다 세계화에 익숙하다. 외국 생활 적응도도 어느 세대보다 강하며, 외국문물과 문화에 쉽게 동화되는 특성을 가지고 있다. 베이비붐 세대와 달리 글로벌 역량과 새로운 기술을 기반으로 한 사업가적 기질을 타고난 세대이다.

세계적 트랜드는 이미 지식·정보화를 거쳐 디지털 창조 기반의 시대로 옮겨가고 있다. 그렇다면 우리의 젊은이들은 얼마나 글로벌화되어 있는가?

기성세대는 우리의 젊은이들이 더 적극적으로 글로벌 네트워크에 참여하여 세계로 진출할 수 있을까를 고민해야 한다. 기성세대들은 젊은이들이 전문성을 갖추어 세계 무대를 향해 그들의 콘텐츠를 수출할 수 있는 역량을 갖추도록 지원해 주어야 한다. 세상을 상대로 돈을 벌어들일 수 있는 글로벌 인재로 성장시키도록 가정과 사회, 정부가 관심을 기울여야 하는 것이다.

공감과 협업으로

지식의 독점에서 공유의 시대를 거쳐 집단 지성을 통한 협업 시대로 접어들어가면서 베이비부머와 Y세대는 같은 시대에 다른 생각을 하는 이질적인 존재로 여겨지고 있다. 베이비부머의 입장에서는 젊은 세대를 이해하기 힘들며, 젊은 세대 역시 테크놀로지에 문외한이고 권위와 명령, 게다가 통제를 강요하는 기성세대와의 교감이 쉽지 않다.

디지털기기는 많은 정보와 편리함을 주지만, 깊은 사고에는 치명적인 단점이 있다. 젊은이들은 쉽게 읽히는 책보다는 고전과 철학을 통한 인문학적 사고를 배양해야 하며, 독서를 통한 집중된 사고력과 토론을 통해 연역적 사고와 귀납적 사고를 개발해야 한다. 앞으로의 세대에 필수적인 문제해결 능력과 응용능력은 정보가 아닌 깊은 사고에서 나온다는 사실을 명심하길 바란다.

다음은 앨빈 토플러(Alvin Toffler)가 『미래 쇼크』에서 한 말이다.

"21세기 문맹자는 글을 읽고 쓸 줄 모르는 사람이 아니다. 배우려고 하지 않고, 낡은 지식을 버리고 새것을 학습하는 능력이 없는 사람이다."

베이비붐 세대와 Y세대 모두 서로를 배우려는 노력을 해야 한다. 먼저 베이비붐 세대는 젊은 세대들과 함께 일하며 협력하는 기업문화를 조성해야 한다. 그들에게 발언권을 주고 참여시키며, 개개인이 주체적인 주인의식을 발휘하도록 지원해야 한다. 그들의 의사소통 능력, 공감능력, 문제해결 능력 같은 아날로그적 전문지식을 전수해 주어야 하는 동시에 그들의 참신한 아이디어와 창의적 사고의 전환을 이해하고 받아들여 조직의 발전으로 흡수시키는 조직문화를 이루어야 한다.

"너희의 젊음이 노력해서 얻은 상이 아니듯, 나의 늙음도 잘못으로 받은 벌이 아니다." 이 말은 박범신의 소설을 영화화한 "은교"에 나오는 대사이다. 젊음은 영원하지 않고, 누구나 나이가 든다. 심리학자 로라 카스텐슨(Laura Carstensen)과 제레미 베일렌슨(Jeremy bailenson)은 '몰입형 가상 현실'이라는 첨단 장비를 이용해서 대학생들이 노인이 된 자신의 모습을 상상하는 방법을 개발해 냈다. 거울을 통해 자신의 나이든 미래 모습을 시각화된 화면으로 볼 수 있다. 이 실험은 젊은 세대와 나이든 세대가 서로 다른 분류집단이 아니라는 것, 노화는 단지 인류의 공통된 과정이라는 것을 통해 머릿속에 자리 잡고 있는 편견에 대한 재고를 독려한다.

Y세대가 반드시 알아야 할 점은 베이비붐 세대가 가지고 있는 보이지 않는 능력이다. 그들의 눈에는 기성세대가 디지털기기에 취약한 고집 센 집단으로 보일지도 모른다. 그러나 베이비붐 세대는 젊은이들이 상상하기 힘든 일을 겪었다. 전쟁과 질병, 실패와 가난 속에서 생존하였으며, 경험적 지식과 통찰력으로 지독한 상실의 허망함을 이겨 낸 저력이 있는 세대이다. Y세대는 이러한 기성세대의 인내와 끈기, 한계를 극복하고 목표에 도달하는 집념을 배워야 한다. 나는 요즘 젊은이

들에게 힐링 책보다는 일본 소프트뱅크 손정의 회장의 『지금 너에게 필요한 것은』을 권하고 싶다. "내가 하고 싶은 일을 만나려면 어떻게 해야 할까?", "내 인생을 걸고 무엇을 이루어 낼 것인가?"에 대해 호통치며 강한 젊은이가 되기를 요구하는 손정의 회장은 인생의 실전적 지혜를 말해 주고 있다.

Y세대는 지갑을 열기 위해 태어난 세대라지만, 젊을 때 고생과 도전을 용기로 직면하기를 바란다. 절약과 인내로 미래설계 능력을 키워 자산관리 능력을 보완해야 한다. 지금의 쌈짓돈이 언젠가는 종잣돈이 된다. 기성세대의 근면과 검소가 오늘날의 풍요로운 대한민국을 건설하였다는 사실, 인내와 끈기, 집념, 근면과 검소는 세대를 막론하고 주요한 자기관리 능력임을 잊지 않기를 바란다.

시애틀 종단연구(The Seattle Longitudinal Study)에 의하면, 중년의 나이가 되면 숫자와 공간 지각력은 감퇴하지만, 귀납적 사고는 53세가 되어야 쇠퇴하기 시작하고, 어휘력은 67세까지 건재하다. 물론 분야마다 다르지만 10,000시간의 법칙이 말해 주는 것처럼, 나이가 들어서야 전문성도 완성되고, 문제해결 능력이 유능해지는 분야가 거의 대부분이다.

리더십 능력도 마찬가지이다. 젊은 세대가 반드시 알아야 할 점은 우수한 IT능력, 멀티태스킹, 글로벌 감각이 모든 역량을 대변하지 않는다는 사실이다. 빠른 정보력이나 업무 속도도 중요하지만 깊은 사고 능력을 보완해야 더욱 빛을 발할 수 있는 것이다. 손정의 회장이 말한 것처럼 머리가 터질 정도로 생각해야 한다. 깊은 사고의 연결 속에서 창의적 감각이 창조력으로 발현될 수 있다.

'베이비부머와 Y세대는 인재보고이다.' 동아비즈니스 리뷰의 평론 제목이다. 가장 젊은 세대인 Y세대와 가장 나이 많은 세대인 베이비부머는 긴 세대인 X세대에 비해 2배 이상 많은 인원수를 확보하고 있다. 그렇다면 어떻게 이 두 세대가 화합하여 조직을 발전시켜 나갈 수 있을까?

50개의 다국적 기업으로 구성된 '숨은 인재 유출 TF(Hidden Brain Drain Task Force)'는 이들 세대에 대해 설문을 실시하였는데, 그 후 포커스 그룹과 인터뷰 결과 Y세대와 베이비붐 세대는 '혼합보상체제'를 선호하는 경향을 보인다고 하였다. 이것은 급여 자체보다 탄력적 근무 형태 및 자신의 업무가 사회에 환원되는 기회를 중요하게 여기고 있다는 뜻이다. 두 집단 모두 조직생활에서 금전적 보상을 최고로 여기지 않으며, 삶의 질과 일을 통한 가치 추구라는 공통점을 지니고 있다.

기성세대들은 소비하기 위해 태어난 Y세대의 우선적 가치관이 물질적 혜택과 금전적 보상이라고 미루어 짐작한다. 그것은 Y세대를 잘 몰라서 하는 오해이다. 실제로 내가 수업시간에 대학생들을 대상으로 자신의 핵심가치를 찾는 활동을 하면 그들이 추구하는 가치는 행복, 가족, 사랑, 정직, 봉사와 같은 보다 상위적 개념, 공동체적 가치를 선호한다. 기업은 두 집단이 가치 있는 일에 협업하면서 적절한 보상지원이 따르는 제도 마련에 고민해야 한다.

최근 KT는 Y세대를 적극적으로 참여시키는 방법을 시도하였다.

2013년 2월 스페인 바르셀로나에서 열린 국제 이동통신 전시회 '모바일 월드 콩그레스(MWC)'에 신입사원만으로 구성된 팀을 파견한 것이다. 'KT 아미고스'라고 불리는 새로운 조직은 지난해 하반기에 입사한 새내기로만 구성되어 있다. 팀 이름은 스페인어로 '친구'라는 뜻으로, 신입사원들이 직접 만들었다. 관계자에 의하면, 'KT 아미고스'가 선배들의 전문지식에 신입사원의 창의성과 열정이 더해져 상승효과를 내고 있다고 긍정적으로 평가한다.

앞으로 기업에서 Y세대가 차지하는 비율은 점차 증가할 것이다. 의지와 인내보다는 창의력과 기술력, 조직에 헌신하기보다는 개인의 행복을 추구하는 끼 많은 Y세대의 장점을 어떻게 잘 살릴 것인가? 동시에 사회에 공헌하고 뜻 깊은 일에 참여하고 싶어 하는 젊은 세대를 어떻게 만족시킬 것인가 하는 것이 기업의 과제이다. 베이비붐 세대의 전문성과 Y세대의 창의력이 존재하는 기업 내 내재적 에너지를 어떻게 조직 응집력으로 전환시킬 것인가가 바로 21세기 기업 성공의 나아가야 할 방향이 될 것이다.

차세대 리더 육성

자신이 현재 조직의 리더로서 일한다면 다음 질문에 자문해 보기를 바란다.

1. 당신은 현재 자기 자신만 늘 바쁘다고 생각하는가?

2. 당신은 현재 나보다 나은 부하를 두고 있다고 믿는가?

3. 내가 없어도 조직은 잘 운영되리라고 확신하는가?

4. 당신은 나를 대신할 리더를 육성하는 데 시간을 투자하고 있는가?

첫 번째, 차세대 리더를 육성하기 위해서는 먼저 리더의 열린 사고가 필요하다. 열린 생각의 출발은 젊은 친구들에게 배울 점이 많다는 것을 인정하는 유연적 사고에서 시작된다. 1999년 잭 웰치는 GE의 최고 경영자 시절에 영국 출장 중 말단 엔지니어로부터 인터넷의 중요성에 대한 설명을 듣고 신선한 충격을 받았다고 한다. 이후 그는 출장을 다녀오자마자 500명의 임원에게 직접 후배들을 선택하여 인터넷 사용법을 배우라고 지시하였다. 잭 웰치는 "역멘토링을 통해 새로운 생각을 접할 수 있었다. 그리고 이를 통해 젊은 직원들도 자신의 존재감을 확인할 수 있다."라고 하였다.

P&G에서는 21세 이하의 조언자가 없는 사람들은 회사 서열 200위권에 진입하지 못하는 역멘토링 시스템을 도입하였다. 이는 기존의 멘토링 제도와 반대로 상급자가 아래로부터 지식을 전수받아 습득하는 방법이다. 월스트리트저널은 최근 "역멘토링 제도가 기업문화의 새로

운 트렌드로 다시 부상하고 있다."라고 보도하였다. 미국의 경제월간지 패스트컴퍼니는 변화에 민감한 IT와 광고업체들이 역멘토링 제도를 도입하고 있는데, IMB, 휴렛팩커드, 오길비앤드매더, 시스코, 맥킨지, 쿠츠은행, 타임워너 등을 포함하여 미국 전체 기업의 40%가 역멘토링 제도를 실시하고 있다고 보도하였다. 이 제도는 베이비붐 세대의 임원진과 젊은 Y세대가 서로의 지식과 지혜를 교환하고 배우면서 자연스럽게 세대 간의 갈등을 해소할 수 있는 좋은 소통의 기회이다.

SNS의 확산과 급변하는 기업환경에서 생존하기 위해서는 Y세대의 IT 지식과 참신한 생각을 기업경영에 적극 반영해야 한다는 목소리가 높아지고 있다. 이를 위해서는 첫 번째, 상급자와 하급자가 서로 대화하는 기회를 가져야 한다. 이것은 기업의 문화를 익히는 시작이다. 실제로 구글은 매주 금요일 오후에 CEO와 직원 대부분이 1층 구내식당에서 대화를 나누는 행사가 있다. 이 시간에는 직급에 상관없이 누구나 질문이 가능하다. 서로에 대한 공감과 이해, 허물없는 대화의 시작이 바로 소통으로 가는 문화이다.

두 번째, 하부 조직원의 장점과 역량을 파악하는 일이다. 상급자는 조직원들이 가지고 있는 장점을 찾아내어 이야기해 주어야 한다. 그리고 그 장점이 조직을 위해 어떻게 쓰일 수 있을지 함께 고민해야 한다. 전문성을 키워 주기 위한 방법으로 조직원들의 성격과 업무스타일, 성과지표에 대해 관심을 가지고 기록표를 참고한다. 기업마다 필요하다고 생각되는 리더십 역량이 있으므로, 문제해결 능력, 의사결정 능력,

창의성, 팀워크, 업무수행 능력, 소통능력, 협상력, 통찰력, 혁신실행 능력에 대한 갭을 분석한 후 그 간극을 줄이기 위한 지원을 하는 것도 중요하다. 이 단계에서 필요한 것이 적극적인 코칭이다.

세 번째, 하부 조직원들을 업무에 참여시키고 책임을 위임한다. 모니터링 후, 열정과 헌신적이면서 조직의 비전과 가치관에 부합된 업무 능력을 갖춘 인재를 육성한다. 차세대 리더를 육성하기 위해 잊지 말아야 할 점은 그들은 선임리더를 모델링한다는 사실이다. 따라서 선임들은 신뢰와 존중의 모습을 보여 주어야 하며, 하부 조직원들의 성과를 인정해 주고 뛰어난 장점을 칭찬해 주어야 한다. 또한 조직의 가치와 윤리적 도덕성을 유지함으로써 존경과 신임을 받는 상사가 되도록 노력해야 한다. 리더십의 상당 부분은 리더의 태도와 행동을 보고 익힘으로써 교육되므로, 기업이 추구하는 비전과 경영철학, 윤리적 책임감에 대한 교육을 강화시켜 나가야 한다.

네 번째, 일대일 양육 프로그램을 활용하는 것이다. 일반적으로 교회에는 일대일 제자 양육 프로그램이 있는데, 목사가 신도를 일대일로 만나 교육함으로써 복음 전파의 역할을 한다. 내가 미국에서 경험한 섀도(shadow) 프로그램은 일정 기간 리더의 일과를 하루 종일 쫓아다니는 일이었다. 이것은 리더의 업무 방식을 체험하고 현장적 리더십을 익히는 좋은 기회였다. 리더십은 바이러스와도 같다. 리더십은 리더와의 대화와 문답, 리더의 언행을 답습하면서 성장한다. 따라서 선임 리더는 차기 리더와 다양한 대화와 진지한 토론문화를 형성하여야 한다.

조직문화란 리더가 만들어 낸 중간산물인 셈이고, 인재관리, 변화하는 시장의 판매전략, 효율적인 운영에 효과적인 성과관리까지 모두 사람이 하는 일이므로, 결국 리더의 리더십에 의해 결정된다고 할 수 있다. 따라서 장기적인 기업의 성공을 위해서는 지속적으로 리더를 준비시켜야 하며, 다단계 조직처럼 리더를 육성하는 시스템을 개발해야 한다. 어떠한 외부적 변화가 몰아쳐도 이겨 낼 수 있는 동력은 준비된 리더들의 단합된 능력에서 나온다. 유능한 인재가 존재하는 기업과 국가는 발전한다.

애플의 잡스는 MS 성공의 동력이 게이츠 개인의 카리스마라기보다 그를 대신할 여러 명의 리더를 육성하여 회사를 이끌게 만든 능력 때문이라고 하였다. 좋은 리더는 자신이 유능한 리더라는 것을 증명하기 위해 최선을 다한다. 더 뛰어난 리더는 유능한 조직원을 많이 확보하여 그들의 능력을 적절히 잘 활용하는 데 있다. 게이츠는 능력 있는 인재를 육성하여 차기 리더의 적극적 참여로 MS의 혁신을 추구해 나갔다.

그러나 MS는 게이츠에서 발머의 체제로 전환되면서 경쟁적 조직문화와 연계되어 그 실효성을 얻는 데 실패하였다. 관료적 상대적 평가제로 많은 유능한 인재가 MS를 떠났고, MS식 개인 성과 지향적 경영 실패 케이스는 젊은 리더를 육성함과 동시에 경쟁이 아닌 상생과 협력의 조직문화를 조성해야 한다는 과제를 남겨 두었다. 조직 입장에서는 조직원의 만족감과 참여도, 기여도 모두 고려하지 않을 수 없는 셈이다.

직군별, 기업별, 부서별에 따라 요구되는 리더십은 다르다. 업무 효율성을 증진시키기 위해 관리중심의 수직적 조직문화에서 벗어나 관계중심의 수평적 조직문화의 구조시스템을 필요로 한다. 유능한 인재를 선별하고 발굴하여 별도 육성하는 차세대 리더 양성은 매우 중요하다. 그러나 지나친 경쟁은 지양되어야 하며, 건강한 유기적 기업문화까지 희생되어서는 안 된다는 어려운 과제를 남겨 놓고 있다.

21세기 들어서 조직의 크기는 점점 방대해지고 있는데 반해, 조직에 대한 신뢰는 점차 사라져가고 있다. 리더의 모습도 과거의 권위적 지휘형에서 상황적 과업 수행과 관계수행 능력형으로 바뀌고 있다. 하지만 분명한 것은 조직의 리더는 단기적으로 변화에 대응하도록 준비하면서, 동시에 장기적으로 비전에 맞는 조직으로 강화시켜야 한다는 것이다. 리더 양성 시스템을 통해 인재를 육성하고, 변화 주도적 리더를 준비시키는 일은 장기계획에 속한다. 스티브 코비의 『성공하는 사람들의 7가지 습관』의 시간관리 편에서 말하는 것처럼 '급하지 않지만 중요한 일'이다. 급하지 않지만 중요한 일을 계획적으로 하는 사람이 성공하는 것처럼 조직도 마찬가지이다.

차세대 리더를 육성하는 일은 간단하지 않다. 하지만 조직에서 차세대 리더 육성에 관심이 있다면 그다지 힘든 일인 것만도 아니다. 성공하는 기업은 차세대 리더를 전략차원에서 개발함으로써 성공하는 조직으로 만든다. 이러한 일이 유산(legacy)으로 전수될 때 혁신적이며 창의적인 조직으로 영원할 수 있다.

21세기는 변화와 협력의 시대라는 새로운 패러다임을 써 내려가고 있다. 현재에 만족하지 않고 혁신하고 진화하는 기업만이 살아남는 현실이다. 집단지성을 활용한 협동과 상생의 시대에 필요한 인재는 바로 혁신적 사고와 영감적 창의력, 공감과 소통의 감성 리더십을 갖춘 사람이다. 신뢰와 존중, 협력과 공존, 새로운 가치창출과 공유의 새로운 기업문화가 필요한 시기이다. 우리는 지금, 어제와 다른 리더십이 요구되는 시대에 살고 있다.

Question

- 내가 속한 조직에서 베이비붐 세대와 Y세대 간의 갈등을 없애고, 협력관계를 유지하기 위한 방안은 무엇인가?
- 현재 리더의 일을 대신할 차기 리더가 존재하는가?
- 내가 속한 조직에서 필요한 차기 리더의 핵심역량은 무엇인가?

Activity

- 기성세대에게 배울 점/기성세대가 Y세대에 대해 알아주기를 바라는 점에 대해 알아보자.
- Y세대에게 배울 점/Y세대가 기성세대에 대해 알아주기를 바라는 점에 대해 알아보자.

Reflection

• 상사와의 갈등으로 인한 신입사원 이직률 감소방안에 대해 생각해 보자.

• 조직 내에서 능력자 우대에 대한 이질감을 조성하지 않으면서 역량 있는 차세

대 리더를 육성하는 방안에 대해 생각해 보자.

리더는 타고난 것이 아니라 만들어지는가? 내 대답은 "그렇다."이다. 개인별로 리더십 능력의 차이는 있지만, 리더십은 독서와 경험으로 인한 깨달음과 성찰, 관찰과 분석을 통한 통찰력, 팀워크 활동, 체계적인 학습과 토론을 통해 개발될 수 있다. 내 SAGE Leadership 프로그램은 자기 경영(Self-brand leadership), 조직 경영(Applied Leadership), 글로벌 경영(Global Leadership), 리더십 정신(Exemplary Leadership)으로 이루어져 있다.

2012년 출판한 『자기 브랜드 리더십(Self-Brand Leadership)』은 자신의 선천적 재능을 바탕으로 후천적 지식과 기술 역량을 키워 자신만의 비전을 설계하는 내용을 담고 있다. 『대학(大學)』에서도 '수신제가치국평

천하'라고 하여 자신을 닦고 가다듬는 일에서 세상을 얻을 수 있음을 역설하고 있는 것처럼, 셀프 리더십은 리더십의 뿌리라고 할 수 있다. 셀프 리더는 자신이 인생의 주인공으로써 자신의 삶을 리드할 능력을 갖고 있다고 할 수 있다.

본 책인 『어제와 다른 리더십』에서는 셀프 리더십에 이어 조직의 리더의 응용능력을 강조하고 있다. 한 명의 리더가 조직을 흥하게도 패하게도 할 수 있는 만큼 조직의 리더의 역할과 책임은 무엇보다 중요하다고 할 수 있다.

오늘날 세계는 각종 네트워크의 발달로, 더욱 가까워지고 서로 긴밀하게 연결되어 있다. 이에 따라 오늘날 각종 조직의 리더가 수행하는 리더십 업무도 과거에 비해 더욱 복잡하고 다변화되었다.

기업이 글로벌 시장에서 생존하는 일은 전쟁터와 같은 치열한 경쟁에서 살아남는 일이다. 이 때문에 세상의 변화를 읽고, 성과 창출을 달성하는 일은 기본이고 감성지능경영, 사회지능경영, 위기경영, 윤리경영에 대한 중요성이 그 어느 때보다 강조되고 있다. 전 세계적으로 리더의 리더십이 크게 주목 받고 있는 것도 이 때문이다.

짐 콜린스(Jim Collins)의 『좋은 기업에서 위대한 기업으로』에 보면, 기업이 도약하는 과정을 관성바퀴에 비유하고 있다. 지속적인 힘에 가속도가 붙어 움직이는 관성바퀴가 기업의 도약과 유사하다는 것이다. 그는 도약의 과정을 "규율 있는 인재를 모아, 규율 있는 사고방식을 가르쳐 규율 있는 행동을 하게 하는 것"으로 보았다. 그렇다면 우리 사회에서 필요한 규율 있는 인재와 사고방식, 그리고 행동이란 무엇이고 어떻게 가능한 것일까?

일본의 어느 잡지사는 리더십, 인재투자, 그리고 속도경영이 삼성전자의 성공비결이라고 하였다. 삼성의 인력개발 전략과 교육과정이 기업의 생산성과 성과를 창출하였다는 것이다. 결과적으로 말하면, 각국의 특수한 문화 상황을 감안한 전문적이고 고유한 리더십을 갖춘 다수의 인재가 필요한 것이다.

우리나라에서 리더는 똑똑한 사람으로 대변되는 엘리트 계층으로 여겨져 왔다. 조선 시대에도 과거제도에서 급제한 사람들이 관리가 되었듯이 리더의 존재는 학벌과 연결되어 있었다. 이후 점차 전문성을 우선으로 한 리더가 요구되었지만, 전문성만이 조직 리더의 조건이라고 말할 수는 없다

리더는 무엇보다도 '깨달음'의 사고능력이 필수적이다. 자신을 깨닫는 자아성찰에서 시작하여, 조직의 구조와 조직원의 역할에 대한 깊은 공감적 성찰이 요구된다. 사물과 현상에 대한 통찰력을 바탕으로 하여 전략적 문제해결 능력을 발전시키고, 인간 경영에 대한 소신을 얻는 것이다. 또한 리더는 사고하는 철학자인 동시에 행동하는 실천가이어야 한다. 올바른 판단력과 결단력으로 계획을 실행에 옮기는 planner이자 activist이어야 하며, 기업의 사회적 책임이 강조됨에 따라 지역사회에 유익한 봉사를 자처하는 outreach worker이어야 한다. 고어(Gore)의 CEO 켈리가 말한 것처럼 "리더십은 주어지는 것이 아니라, 스스로 얻

는 것"이다.

리더십 교육은 보다 장기적이면서 체계적인 교육으로 전환되어야 한다. 올바른 품성과 용기의 팔로워십 교육에서 전략적 문제해결 능력, 올바른 리더의 정신과 의사결정 능력을 키워 주는 순차적 교육이 요구된다. 또한 강사 위주의 강연 교육과 일방적 이러닝에서 학습자들이 자발적으로 참여하는 소통의 교육으로 바뀌어야 한다. 리더십 교육의 시작은 깨달음이기 때문이다.

조직의 리더는 자신의 리더십에 대한 성찰은 물론이고, 조직원의 핵심 역량과 리더십 잠재력을 간파해야 한다. 그러기 위해서는 리더십 관련 서적을 포함, 고전, 문학, 역사, 심리, 예술, 사회학, 철학 등 다양한 분야의 서적을 통해 인간의 가치탐구와 표현활동에 대한 학습에 심취되어야 한다. 이러한 인문사회학적 배경을 기초로, 다양한 기업 사례를 자신의 조직에 연결하여 응용하는 심도 있는 교육 훈련을 해야한다. 이 시기가 바로 통찰력이 깨어나는 시기이다. 실제로 현장에서 리더십을 발휘하면서 생기는 성공과 실패 사례에 대해 토론하고 전문가의 피드백을 받는 과정을 통해 리더십 능력이 조금씩 향상된다.

리더십이라는 학문이 실제 현장에서 적용되어 조직의 성장에 기여하기 위해 필요한 것은 자발적 참여의 쌍방향적인 토론교육이다. 조직원의 팔로워십, 관리능력, 리더십의 발휘를 위해 필수불가결한 것이 바로 좋은 기업문화를 만드는 일이다. 리더는 조직문화를 만드는 사람으로, 좋은 리더는 조직의 성격과 조직원의 발전에 유리한 공동체 문화를 구축한다. 세상을 보다 이롭게 만드는 동반자 협력체제로 변모시키는 사람이 바로 위대한 리더이다.

 끝으로 이 책의 출간을 위해 도움을 주신 박유정 선배님, 출판을 맡아 주신 '생각의힘' 관계자 여러분께 심심한 감사의 말씀을 드린다.

2014년

최혜림

참고문헌

고수유(2009), 워런 버핏과 함께한 점심식사(오마하의 현인에게 배우는 가치 있는 성공을 위한 6가지 지혜), 은행나무.

김강석(2009), 세계를 바꾼 괴짜 경영인들의 무한도전 CEO 파워, 향연.

김광로(2012), 인도경영시크릿, 한울

김용구(2012), 김용구의 4.0시대의 중소기업 이야기, 해맞이미디어.

김성근(2013), 리더는 사람을 버리지 않는다, 이와우.

김종훈(2010), 우리는 천국으로 출근한다, 21세기북스.

디지털내일(2005), 현대자동차 글로벌리더십, 휴먼앤북스.

박성봉(2002), 마침표가 아닌 느낌표의 예술, 일빛.

배덕상(2012), 인사이드삼성, 미다스북스

요시다 덴세(2010), 조직을 성공으로 이끄는 리더십 팔로워십, 구현숙 역, 멘토르.

안의정(2010), 한국을 일으킬 비전 리더십, 가림.

야나이 다다시(2010), 성공은 하루 만에 잊어라(成功は一日で捨て去れ), 정선우 역, 김영사.

양창삼(2007), 리더십과 기업경영, 경문사.

이영석(2012), 인생에 변명하지 마라: 돈도 빽도 스펙도 없는 당신에게 바치는 '이영석' 성공수업!, 쌤앤파커스.

이지훈(2012), 현대카드 이야기, 쌤앤파커스.

이타가키 에켄(2001), 기적을 만든 카를로스 곤의 파워 리더십, 강선중 역, 더난출판.

이휘성(2011), 지구촌 혁신을 꿈꾸는 IBM의 똑똑한 이야기, 뮤진트리.

사라토리 하루히코(2010), 니체의 말, 박제현 역, 삼호미디어.

소프트뱅크 신규채용 라이브 편찬위원회(2013), 지금 너에게 필요한 것은(孫正義動く君たち
　　へ), 정은영 역, 마리북스.

송영수(2008), 리더웨이: 이기는 리더가 되는 17가지 액션, 크레듀.

신원동(2005), 삼성의 팀 리더십, 한국경제신문 한경BP.

신현만(2007), 이건희의 인재공장, 새빛에듀넷.

조서환(2005), 모티베이터, 책든사자.

최치준(2009), 미래를 위한 준비, 삼성전기 LCR 사업부.

한홍(2009), 거인들의 발자국, 비전과 리더십.

홍하상(2005), 세계를 움직이는 삼성의 스타 CEO, 비전코리아.

Brad Szollose(2012), 리퀴드 리더십(*Liquid leadership*), 이주만 역, 유아이북스.

Brown L.M. & Posner B. Z.(2001), Exploring the relationship between learning and
　　leadership, *Leadership & Organization Development Journal*, 22/6 274–280.

Charles Morris & Charles Ferguson(1993), 컴퓨터 전쟁(*Computer wars: How the
　　west can win in a post-IBM world*), 이규창 역, 동아일보사.

Chris Brady&David Bolchover(2006), 90분 리더십, 차영일, 신인철 역, 제이앤북.

Clemens, J. K. & Mayer, D. F.(1987), 서양고전에서 배우는 리더십(*The classic touch
　　lessons in leadership from Homer to Hemingway*), 이은정 역, 매일경제신문사.

Dan S. Cohen(2005), 기업이 원하는 변화의 기술(*The heart of change field guide*), 유영
　　만 역, 김영사.

David M. Herold & Donald B. Fedor(2008), 변화를 이끄는 방식을 바꿔라(*Change the
　　Way You Lead Change; Leadership strategies that Really Work*), 신순미 역, 리
　　드리드 출판.

Donald Sassoon(2006), 유럽문화사(*The Culture of the Europeans*), 오숙은, 이은진, 정 영목, 한경희 역, 뿌리와 이파리.

Frans Johansson(2004), 메디치 효과(*Medici Effect: Breakthrough Insights at the Intersection of Ideas, Concepts, and Cultures*), 김종식 역, 세종서적.

Gary Hamel(2008), 경영의 미래(*The future of management*), 권영설, 신희철 역, 세종서 적.

Gerald Corey(2001), 심리상담과 치료의 이론과 실제(*Theory and practice of counseling and psychology*), 조현춘, 조현재 역, 시그마프레스.

Janet Lowe(2009), 구글 파워(Google speaks), 배현 역, 애플트리테일즈.

John P. Kotter(1996), 기업이 원하는 변화의 리더(*Leading change*), 한정곤 역, 김영사.

John P. Kotter(2003), 변화의 리더십(John P. Kotter on What Leaders Really Do), 신태 균 역, 21세기북스.

Karl Pillemer(2011), 내가 알고 있는 걸 당신도 알게 된다면(*30 lessons for living*), 박여진 역, 토네이도.

Kenneth Blanchard & Jessie Stoner(2003), 비전으로 가슴을 뛰게 하라(*Full steam ahead*), 조천제 역, 21세기북스.

Ken Blanchard(2006), 켄 블랜차드의 상황대응 리더십 2 바이블(*leading at a higher level*), 조천제, 김윤의 역, 21세기북스.

Lee G. Bolman & Terrence E. Deal(2003). Reframing Organizations. Jossey—Bass.

Liz Wiseman, Greg McKeown(2010), 멀티플라이어(*Multiplier: How the best leaders make everyone smarter*), 최정인 역, 한국경제신문.

Marquat, M.(2005), 질문 리더십: 단순한 질문이 혁신의 시작(*Leading with Questions: How Leaders Find the Right Solutions By Knowing What To Ask*), 최요한 역, 흐 름출판.

Mary Kay Ash(2008), 핑크 리더십(*Mary Kay way*), 임정재 역, 씨앗을 뿌리는 사람.

Michael Z. & Johnson, Craig E.(2004), 소통의 리더십(*Leadership: A Communication Perspective*), 김영임, 최재민 역, 에피스테메.

Michael Treasy(2007), 레드오션을 지배하는 1등 기업의 전략(*Discipline of Market Leaders*), 이순철 역, 김앤김북스.

Michael Watkins(2003), 90일 안에 장악하라(*The first 90days*), 정준희 역, 동녘사이언스.

Mukul Pandya, Robbie Shell, Susan Warner, Sandeep Junnarkar, Jeffrey Brown(2005), 세상을 변화시킨 리더들의 힘(*Lasting leadership; What you can learn from the top 25 business people of our times*), 신문역 역, 럭스미디어.

Noel M Tichy(2000), 리더십엔진(*The Leadership engine*), 이재규, 이덕로 역, 21세기북스.

Paul G. Stoltz(1997), 위기대처능력 AQ(*Adversity quotient*), 강미영 역, 세종서적.

Peter G. Northouse(2004), 리더십(*Leadership: Theory and Practice*), 김남현 역, 경문사.

Phil Dourado & Phil Blackburn(2005), 영감으로 이끄는 리더경영(*Seven Secrets of Inspired Leaders*), 박선령 역, 바이북스.

Stephen C. Lundin, Harry Paul, & John Christensen(2000), Fish, Hyperion. Warren Bennis(2003), 워렌 베니스의 리더(*On becoming a leader*), 류현 역, 김영사.

경제투데이 2013.7.29.

경향신문 2013.5.23.

국민일보 2013.8.8.

내일신문 2004.7.7.

데일리 2013.2.22.

동아일보 2012.8.13/ 2013.6.13.

동아비즈니스리뷰(DBR)131호 2013.6.15.

디지털 데일리 2012.2.28, 4.17.

매일경제신문 1999.8.17/ 2012.7.4/ 2013.12.20/ 2014.6.27.

머니투데이 2012.6.20, 7.10, 10.3.

서울경제신문 2012.8.28/ 2014.1.3.

아시아경제 2013.6.18, 7.23.

아주경제신문 2012.5.1.

LG 경제 연구원 "직장 내 Y세대에 대한 오해와 Y세대 리더십" '선진기업 사례로 본 제조업 진
    화 방향'

월간HRD, 한국 HRD협회.

이투데이 2011.4.22.

조선일보 2011.06.18/ 2012.6.20, 7.8, 7.21, 7.22, 7.26, 8.31, 9.21, 9.22, 9.23, 10.24, 11.23,
    11.29, 11.30, 12.1, 12.2, 12.7, 12.8, 12.9/ 2013.1.5, 1.6, 1.12, 1.13, 1.19, 1.20, 1.26,
    1.29, 1.31, 2.7, 2.26, 2.27, 3.11, 4.13, 4.14, 5.16, 6.29, 6.30, 7.3, 7.17, 7.18, 7.31, 8.2,
    8.5, 8.8, 8.9, 9.1, 9.28, 9.29, 12.7, 12.8, 12.14, 12.15, 12.24.

주간한국 2013.8.2.

중앙일보 2005.4.27/ 2011.7.20/ 2012.5.19, 8.23, 8.29, 9.6, 10.25, 11.30, 12.1, 12.6, 12.10,
    12.7, 12.17, 2013.1.26, 1.31, 7.1, 7.2, 7.16, 8.14/ 2014.5.10.

파이낸셜뉴스 2010.6.3/ 2011.12.11/ 2012.9.25.

포브스 2012 1월호, 4월호.

한국일보 2012.2.6/ 2013.5.13, 12.14, 8.17, 12.14, 12.17.

한국경제신문 2011.12.08/ 2013.3.21, 6.19, 6.23, 7.7.

한국경제매거진 2013.7.26.

한국형 리더십 실천사례 수상작 모음(2012.10.30.), 한국형 리더십 연구회, 대한리더십 학회.

헤럴드경제 2012.12.28.

노규성 교수의 스마트 시민광장

http://blog.naver.com/ksnoh114?Redirect=Log&logNo=80152061400

EBS 채널 "나는 산다, 김성근 9회 말까지 인생이다."

Global HR, 6월 20일호.

Derek Sivers "How to start a movement" TED talk.

Simon Sinek "How great leaders inspire actions(위대한 리더들이 행동을 이끌어 내는
법)", TED talk.

어제와 다른 리더십

1판 1쇄 펴냄 | 2014년 8월 10일

지은이 | 최혜림
발행인 | 김병준
발행처 | 생각의힘
등록 | 2011. 10. 27. 제406-2011-000127호
주소 | 경기도 파주시 회동길 37-42 파주출판도시
전화 | 070-7096-1331
홈페이지 | www.tpbook.co.kr
티스토리 | tpbook.tistory.com

공급처 | 자유아카데미
전화 | 031-955-1321
팩스 | 031-955-1322
홈페이지 | www.freeaca.com

ⓒ 최혜림, 2014. Printed in Seoul, Korea.

ISBN   979-11-85585-05-5 03320